GABRIELA BECK

WIE WIR WOHNEN WOLLEN

GABRIELA BECK

WIE WIR WOHNEN WOLLEN

Was unsere Städte brauchen, um wieder lebenswert zu werden

Ein Bauplan für den Wandel

KÖSEL

MIX
Papier | Fördert gute Waldnutzung
FSC® C014496

Penguin Random House Verlagsgruppe FSC® N001967

Neumarkter Str. 28, 81673 München
Redaktion: Kathrin Sabeth Ohl, Hamburg
Umschlaggestaltung: zero-media.net, München
Umschlagmotiv: FinePic®, München
Satz: Satzwerk Huber, Germering
Druck und Bindung: GGP Media GmbH, Pößneck
Printed in Germany
ISBN 978-3-466-37330-7

www.koesel.de

INHALT

EINLEITUNG

SO NEHMEN WIR UNSERE STÄDTE WAHR

ES IST ENG GEWORDEN IN DEUTSCHLANDS STÄDTEN ...

... und es wird noch enger. Das ist nicht nur so ein Gefühl, das wir haben, wenn wir mit offenen Augen durch unser Viertel gehen. Oder wenn wir uns mit anderen in volle Busse und U-Bahnen zwängen. Wenn wir unser Kind an der Wunschschule anmelden wollen und bangen müssen, weil es zu viele Interessent*innen gibt. Wenn wir eine bezahlbare Studentenbude suchen. Oder ein Pflegeheim für unsere Eltern.

Es ist nicht nur so ein Gefühl, denn in Deutschland leben knapp 78 Prozent der Menschen in Städten, Tendenz steigend.[1] Viele tun dies freiwillig und mit Begeisterung. Sie fühlen sich angezogen von dem kulturellen Angebot, den vielen Freizeitmöglichkeiten, dem Austausch mit anderen Menschen. Andere machen die Entscheidung für ihren urbanen Wohnort ganz pragmatisch oder auch gezwungenermaßen davon abhängig, wo es Jobs gibt, die passende Uni oder eine bessere Gesundheitsversorgung, weil man ja älter wird.

So vielfältig die Gründe sind, in die Stadt zu ziehen oder in der Stadt zu bleiben, so vielfältig die Ansprüche sind, so vielfältig sind eben auch die Menschen dort. Es gibt ihn nicht, *den* Stadtbewohnenden. Ob Studierende, Pendler*innen, Familien mit Kleinkindern, Alleinerziehende, Singles, Obdachlose – ob Menschen mit Behinderung, Alte oder Junge, mit oder ohne Migrationshintergrund – sie alle nutzen dieselben Straßen, Plätze und Parks, dieselben Busse, Schulen und Schwimmbäder, dieselben Ämter, Geschäfte und Bahnhöfe. Die Stadt ist gebaute Demokratie: Schließlich müssen alle, müssen wir, die Fähigkeit entwickeln, uns diese Orte zu teilen mit Menschen, die teilweise ganz anders ticken als wir selbst. Die Stadt ist also »eine Weise, Raum gesellschaftlich zu organisieren«, schreibt der Historiker Jürgen Osterhammel.[2] Zugleich sind Städte Zentren politischer, religiöser und ökonomischer Macht, Schmelztiegel der Kulturen und das Versprechen auf ein besseres Leben.

Jede Stadt ist anders. In manchen fühlen wir uns sofort wohl, können uns gut orientieren, finden auf Anhieb reizvolle Läden und gute Restaurants. Wir haben das Gefühl, als sei die Stadt auf einer Wellenlänge mit uns. Sogar die Passant*innen scheinen uns freundlich anzulächeln. Andere Metropolen fühlen sich kalt und abweisend an, nichts ist dort, wo wir es vermuten, die Straßen zu eng oder zu weit. Der Aufenthalt strengt uns an, so als ob sich der Ort gegen unsere Anwesenheit sperren würde. Dass uns eine Stadt querliegt, mag manchmal nur am regnerischen Wetter liegen oder daran, dass wir nicht gut geschlafen und deshalb miese Laune haben. Vielleicht verbinden wir mit ihr auch schlechte Erinnerungen. Manchmal passt sie aber tatsächlich nicht zu uns. Denn jede Stadt besitzt ihre spezielle »Eigenlogik« – lokale Eigenheiten aufgrund der jeweiligen Stadtkultur, die sich unter anderem aus der baulichen Struktur, der Geschichte und dem nach außen transportierten Image zusammensetzt.[3] Man könnte auch sagen: Jede Stadt hat ihre eigene Persönlichkeit.

Wobei zwei Menschen ein und dieselbe Stadt völlig unterschiedlich erfahren werden. Besuchen sie am selben Tag zum Beispiel München, wird der eine vielleicht durch den Englischen Garten joggen, den Surfern auf der Eisbachwelle zuschauen, mit einem Radler und einer Bratwurst vom Kiosk an der Isar die Beine ins Wasser baumeln lassen und abends in einem der Clubs im Werksviertel abhängen. Der andere macht einen Spaziergang durch den Schlossparkt Nymphenburg, besichtigt eine Ausstellung in der Alten Pinakothek, durchstöbert die Antiquariate im Univiertel und beschließt den Abend in einer schicken Weinbar im Lehel. Und selbst wenn beide die Wiesn besuchen sollten, wird sich der eine hinterher vielleicht an die beeindruckende Aussicht vom Riesenrad auf die schneebedeckten Alpen in der Ferne und den süßlichen Geruch gebrannter Mandeln erinnern und der andere an die Blasmusik und seine erste Maß im Bierzelt und danach an nicht mehr viel. Beide Personen werden mit ihren individuellen Erfahrungen unterschiedliche Empfindungen verknüpfen. Befragte man sie nach ihren Eindrücken, könnte man meinen, sie hätten unterschiedliche Metropolen besucht.

Städte mit all ihren Facetten und ihrer individuellen Gestalt wirken sich aber auch auf ihre Bewohner*innen aus. So laufen Passant*innen beispielsweise schneller durch die Straßen, je größer die Stadt ist, in der sie leben, fand das Forscherpaar Marc und Helen Bornstein in seiner viel zitierten Studie aus dem Jahr 1976 heraus.[4] In einer neueren Studie maßen Forschende der Technischen Universität Chemnitz die Gehgeschwindigkeit von 6000 Passant*innen in 20 deutschen Städten. Sie stellten fest, dass es regionale Unterschiede gibt, die Menschen von Norden nach Süden tendenziell langsamer unterwegs sind. Nach den Messergebnissen gehören die Bürger*innen von Hannover und Dresden zu den schnellen, gemütlicher geht es in Trier und Saarbrücken zu.[5] »Man könnte auch sagen, das Gehen spiegelt das allgemeine Tempo wider, in dem ein Mensch lebt und in dem er kulturell verankert ist«, sagt Studienleiter Olaf Morgenroth.

Ob Einwohner*innen »ihrer« Stadt einheitliche Charakteristika zuordnen, haben Soziolog*innen der Technischen Universität Darmstadt untersucht, indem sie öffentliche Diskussionen zum Thema »typisch Darmstadt« analysierten.[6] Demnach erfahren die Bewohner*innen ihre Stadt als ruhig und zuverlässig, sie schätzen Routinen, bevorzugen Vertrautes gegenüber Experimenten mit ungewissem Ausgang und handeln Kompromisse aus. Das bedeutet nicht, dass alle Darmstädter*innen Phlegmatiker sind. Alteingesessene empfinden die lokalen Sitten und die spezifische Geschwindigkeit ihrer Stadt aber als normal. Neuzugezogene, die sich in Darmstadt wohlfühlen möchten, müssen sich mit dieser Kultur auseinandersetzen und auf ein eher gemächliches Tempo einstellen. Das wird ihnen leichterfallen, je mehr die Eigenlogik der Stadt ihrer eigenen Persönlichkeit entgegenkommt.

Wie sich die Bewohner*innen ein Bild von ihren Städten machen, haben die Psychologen Stanley Milgram und Denise Jodelet untersucht.[7] Sie ließen 218 Personen aus den 20 Pariser Arrondissements ihre Stadt auf ein leeres Papier zeichnen. Fast alle skizzierten zuerst die äußeren Grenzen entlang des *Boulevard Périphérique*, der Stadtautobahn, die sich ringförmig um die Metropole legt. Als Zweites zeichneten sie die Seine ein, es folgten *Notre-Dame* und die Seine-Insel *Île de la Cité* – alle im Herzen von Paris gelegen. Daran erkannten die Forschenden, wie wichtig den meisten Menschen ein historischer Stadtkern ist und dass sich die Probanden mit Sehenswürdigkeiten ihrer Stadt offenbar stärker verbunden fühlen als mit ihrer direkten Wohnumgebung.

Der Psychiater und Stressforscher Mazda Adli nennt es ein »urbanes Spinnennetz«, das diese geografischen Elemente in unseren Köpfen bilden.[8] Je dichter es demnach gewebt ist, je klarer also das Bild einer Stadt und ihrer Bestandteile, desto beherrschbarer erscheint sie und desto wohler fühlen wir uns. Deshalb seien Städte wie Paris oder Köln, die eine historische Struktur mit einem Stadtkern aufweisen, den meisten Menschen angenehmer als in rechten Winkeln angelegte Städte, wie es zum Beispiel in den

USA oft der Fall ist, obwohl diese uns die Orientierung eigentlich erleichtern. Eine unregelmäßige Stadtstruktur stimuliere uns, schreibt Adli, sie biete einen als wohltuend empfundenen Wechsel zwischen Anregung und Beruhigung.

Das belegt auch eine Studie des *National Trust for Historic Preservation*, eine gemeinnützige Organisation für den Erhalt historischer Gebäude in den USA. Sie hat einen *Character Score* entwickelt und damit Straßenblöcke in Seattle, San Francisco und Washington D.C. bewertet. Demnach ist in gewachsenen Vierteln mit einer kleinteiligen Bebauung und einer bunten Mischung aus alter und moderner Architektur mehr los als in Straßenzügen, in denen sich ein Neubau an den anderen reiht.[9] Die Forschenden machten dies fest an Parametern wie Ladenöffnungszeiten, Smartphone-Aktivität, Wohndichte, die Anzahl der Outdoor-Sitzplätze von Cafés und der Menge der aus der Umgebung auf Flickr hochgeladenen Fotos.

Das Abbild einer Stadt erschaffen wir uns aber nicht nur über die visuelle Wahrnehmung. Fast wichtiger noch sind Gerüche. Denn der Geruchssinn ist nicht nur der älteste unserer fünf Sinne, er hat auch als einziger einen direkten Zugang zum Zentrum unserer Erinnerungen und Emotionen im Gehirn: zum Hippocampus und zum limbischen System. Dabei wissen wir noch nicht einmal, wie viele verschiedene Gerüche wir überhaupt wahrnehmen können. Klar ist nur, dass unser Riechsinn von Person zu Person unterschiedlich ausgeprägt ist. Wovon der eine Kopfweh bekommt, nimmt die andere unter Umständen genetisch bedingt gar nicht wahr. Bei der weiteren Verarbeitung im sogenannten olfaktorischen Kortex unseres Gehirns spielen unsere Erfahrungen eine Rolle. Je nachdem welche früheren Erlebnisse zum Beispiel mit Rosenduft oder Kohlgeruch in Verbindung gebracht werden, assoziiert man damit Positives oder Negatives.[10]

Auf die Stadt bezogen kann das zum Beispiel bedeuten, dass uns der spezielle Geruch in den Tunneln der U-Bahn Unbehagen bereitet, obwohl es dafür vielleicht in dem jeweiligen Moment gar keinen Anlass gibt. Im Stadtpark oder am Ufer eines Flusses riecht es anders als neben einer Hauptverkehrsader, die Fußgängerzone in der Innenstadt unterscheidet sich geruchlich von einem Villenvorort mit Gärten und Blumenbeeten, dasselbe Stadtviertel verströmt nach einem Sommerregen einen anderen Duft als an einem kalten Wintertag. Und manchen Orten haften unverwechselbare Aromen an. Vielleicht kennen Sie das: Bei hoher emotionaler Bindung an einen solchen Ort, ploppen Geruchserinnerungen auch nach Jahren der Abwesenheit sofort wieder auf.

Natürlich verändern sich Geruchskulissen von Städten und Stadtvierteln mit der Zeit. So duftete es in der Hamburger Speicherstadt vor deren Umbau zur *HafenCity* noch sanft nach Kaffee, Tee, Pfeffer und Kardamom – ein Andenken an die frühere Funktion der historischen Backsteingebäude als Lagerhäuser für Kolonialwaren aus aller Welt, die im Hamburger Hafen angelandet wurden. Und wo in Augsburg bis vor gar nicht so langer Zeit ein süßlich-herber Malzgeruch an die Bierbrautradition der Stadt erinnerte, zieht heute im Sommer eher Grillgeruch durch die Straßen. Und wie riecht es in Ihrer Stadt, in Ihrem Stadtviertel?

Jede Stadt ist eine Gerücheküche – und lässt sich auch mit der Nase erkunden. Einige Citys wie Köln, Dresden, Frankfurt am Main oder München bieten sogar Schnupper- und Duftspaziergänge an. Dresden verbindet das Geruchserlebnis sogar mit einer Reise in die Vergangenheit. Während der Stadtführung *Dresden der Nase nach* erfahren die Teilnehmenden unter anderem, wie es auf der Hochzeit von Kurfürst Friedrich August II. und Maria Josepha gerochen haben mag.

Wie es in europäischen Städten des 18. Jahrhunderts geradezu gestunken haben muss, können wir uns heute nur schwer vorstellen. Es gab kaum Kanalisation, die Menschen kippten die Inhalte ihrer Nachttöpfe in die offenen Abflussrinnen entlang der Straßen, wo sie bis zum nächsten Regenguss vor sich hin moderten. In den Hinterhöfen hielten sie Kühe, Schweine und Hühner als praktische Abfallverwerter. Mitten in den Städten betrieben sie Schlachtereien und Gerbereien, ein Heer von Pferden zog die Kutschen und Karren und bereicherte mit Pferdeäpfeln die Gerüchekakophonie. Im Winter räucherten die vielen Holz- und Kohleöfen die Luft. Und wo Menschen aufeinandertrafen, vermischten sich die Aromen von nasser Kleidung, ungewaschenen Haaren und sonstigen Körperausdünstungen.

Der Historiker William Tullet arbeitet am Forschungsprojekt *Odeuropa* mit, das eine Online-Enzyklopädie europäischer Gerüche zwischen dem 16. und dem frühen 20. Jahrhundert erstellt.[11] Der Experte weist darauf hin, dass die Menschen damals die vielfältigen Gerüche zu jener Zeit nicht unbedingt negativ wahrgenommen hätten, da sie für sie normal gewesen seien. Dasselbe gelte für die heutige Zeit. Würde jemand aus dem 18. Jahrhundert in die Gegenwart reisen, »wären die Gerüche einer modernen Großstadt sicher sehr überwältigend – allein die Luftverschmutzung durch Abgase, dann die Fast-Food-Dämpfe und so weiter. Viele Dinge, die wir selbstverständlich finden, würden für Besucher aus der Vergangenheit sicher stinken.«[12]

Und die Erfolgsgeschichte der Stadt beginnt ziemlich weit in der Vergangenheit. Bereits im 4. Jahrtausend v. Chr. entstanden in Mesopotamien die ersten urbanen Kulturen. Mehr noch, die Städte Uruk und Ur gelten mit ihrer räumlichen Anordnung – einer Tempelanlage im Zentrum, mit Straßen, Stadtvierteln und einer Stadtmauer – als Prototypen unserer heutigen Metropolen. Sie waren Handelszentren mit eigenen Häfen und in ihnen tauschten die Menschen nicht nur Waren und Dienstleistungen aus, sondern auch Wissen und Ideen: Die beiden Orte im Vorderen Orient entwickelten sich zu Brutstätten der menschlichen Zivilisation. In Uruk bildete sich eine neue soziale Hierarchie mit Priestern, Beamten und Ingenieuren an der Spitze.[13] Händler und Verwalter erfanden die Schrift. Um Waren zählen und Lieferscheine ausstellen zu können, ritzten sie Bildzeichen in Tontafeln, aus denen schließlich die Keilschrift entstand.

Auch heute noch liegt der Reiz der Stadt zu einem großen Teil in ihrer Innovationskraft. Denn wo Menschen mit unterschiedlichem kulturellem und professionellem Hintergrund, mit ihren Meinungen und ihrem Erfahrungsschatz aufeinandertreffen, Kontakte knüpfen und sich austauschen, kann Neues entstehen.

Mittlerweile wohnt jeder zweite Mensch weltweit in einer Stadt. Immer mehr Metropolen blähen sich auf zu *Megacities* mit über zehn Millionen Einwohner*innen. Manche wuchern weiter zu sogenannten *Endless Cities* – Städte, die keine Begrenzung mehr haben, sondern sich unkontrolliert und ohne geplante Infrastruktur in die Fläche ausbreiten, meist in Asien oder Lateinamerika. Der Fokus dieses Buchs richtet sich aber auf europäische Metropolen, auf das, was uns in unseren im Vergleich überschaubaren, zumeist historisch gewachsenen Städten beschäftigt.

Und das ist nicht so sehr das Wachstum. Was uns umtreibt, sind die Auswirkungen des Klimawandels, eine alternde Bevölkerung, die neue Arbeitswelt mit ihren flexiblen Modellen, Konsequenzen unseres veränderten Konsumverhaltens, das schwierige Verhältnis zwischen Freiheit und Sicherheit. Wie werden wir uns künftig fortbewegen, wenn es Alternativen zum Auto braucht? Wie funktioniert die Wirtschaft in der Zukunft, wo bekommen wir die Rohstoffe her und wie können wir sie effektiv und sparsam nutzen? Wie schützen wir uns in dicht bebauten Ballungsräumen gegen Hitze und Starkregen? Was müssen wir tun, damit unsere Innenstädte lebendig bleiben, wenn alle nur im Internet einkaufen und die Mieten durch die Decke gehen?

Tatsächlich sind es die hohen Mieten, die den Menschen am meisten zu schaffen machen. Zwar stagniert das Wachstum einiger deutscher Städte oder sie schrumpfen sogar.[14] Immer mehr Bewohner*innen der Ballungsräume haben jedoch Mühe, die steigenden Mieten zu bezahlen – oder überhaupt eine neue Wohnung zu finden, wenn sich ihre Lebensumstände ändern. Allein in den 82 deutschen Großstädten[15] – dazu zählen Gemeinden mit mindestens 100 000 Einwohnenden – fehlen rund 1,9 Millionen günstige Wohnungen.[16] Und es wird viel zu langsam gebaut. Von den jährlich 400 000 neuen Wohnungen, die sich die Ampel-Regierung vorgenommen hatte, ist Deutschland weit entfernt. Im Jahr 2023 wurden gerade mal 294 400 fertiggestellt (2021: 293 400; 2022: 295 300)[17]. Und für 2024 sehen die Prognosen nicht besser aus. Eine hohe Nachfrage, steigende Zinsen und Materialkosten, immer mehr Vorschriften und Auflagen – all das verteuert das Bauen.

Verschärft wird die Lage dadurch, dass Immobilien in Deutschland spätestens seit der Finanzkrise in den Zweitausenderjahren zum beliebten Spekulationsobjekt geworden sind. Viele Eigentümer*innen, darunter Immobiliengesellschaften und sonstige Investor*innen, betrachten Wohnungen mittlerweile nur noch als reine Wertanlagen. Sie verzichten selbst bei hohem Mietniveau auf eine Vermietung, da sie Wohnungen schneller und besser verkaufen können, wenn sie nicht mit lästigen Mieter*innen besetzt sind. Und so kommt es, dass in Großstädten, in denen Menschen teils verzweifelt eine Bleibe suchen, zugleich Tausende Wohnungen leer stehen, manchmal über Jahre. Selbst die öffentliche Hand hat bei diesem Monopoly mitgemacht und Grundstücke und Wohnungsbestände verkauft, um ihre Haushalte zu sanieren.

Viele, denen die Stadt zu teuer (geworden) ist, ziehen mehr oder weniger freiwillig ins Umland. Und dort, wo auch der Speckgürtel um die Metropolen kaum mehr erschwinglich ist, noch weiter hinaus aufs platte Land. Dort wohnen sie zwar günstiger, doch

Bus, Bahn oder S-Bahn fahren nur sporadisch und so sind sie auf das Auto angewiesen, um mobil zu sein. Zum Arbeiten, zum Shopping, zum Geburtstag von Freunden, zum Schaufensterbummel, für Kino-, Theater- oder Weihnachtsmarktbesuche fahren sie damit dann wieder in die Stadt. Und tragen zur Verstopfung der innerstädtischen Straßen bei.

Die Stadt, so wie sie heute gebaut, organisiert und gelebt wird, ist aber auch ein Ort, der große ökologische Probleme verursacht. Rund 80 Prozent der weltweit erzeugten Energie und Ressourcen werden dort verbraucht.[18] Denn in Städten wird gebaut, geheizt und gekühlt. Die vielen Fahrzeuge blasen gigantische Mengen an Treibhausgasen und Schadstoffen in die Luft und die Bewohner*innen produzieren Berge von Abfall. Städte tragen damit nicht nur erheblich zum Klimawandel bei – sie sind auch besonders von seinen Folgen betroffen. Steigende Temperaturen, heftigere Regenfälle und längere Trockenperioden machen den Cities stärker zu schaffen als dörflich geprägten Regionen, weil sie dicht bebaut sind und mit Straßen, Parkplätzen und Fußwegen versiegelt. Die Hitze staut sich, mehr Menschen kollabieren und sterben, vielerorts geht es nicht ohne Klimaanlagen, die Ressourcen verbrauchen. Bei Starkregen wiederum kann das Wasser nur begrenzt versickern, es überflutet Straßen, Keller laufen voll.

Und schließlich stellt sich die Frage, welche Formen des Zusammenlebens unsere Städte in Zukunft zulassen. Denn die Bevölkerungsstruktur ändert sich. Immer weniger junge Menschen stehen immer mehr älteren gegenüber. Jede zweite Person in Deutschland ist heute älter als 45, jede fünfte Person älter als 66 Jahre[19], wobei mehr junge Menschen und Zuwandernde aus dem Ausland in die Zentren der Großstadtregionen ziehen. Dazu kommt: Unsere Städte sind nicht für alle Menschen gleich zugänglich, erfahrbar und sicher. Viele öffentliche Gebäude und Bahnhöfe sind immer noch nicht barrierefrei, Frauen fühlen sich in

Stadtparks oft nicht sicher, Radfahrer und Fußgänger haben hinter dem Autoverkehr das Nachsehen.

Auch unsere Lebenslagen ändern sich mit der Zeit. Wer jung ist und studiert, wohnt vielleicht gern in einer WG mit Kneipen und Cafés in der Nähe. Gründet man eine Familie, gewinnt der Park ums Eck mit Kinderspielplatz an Bedeutung. Wer sich um ältere Angehörige kümmert oder für das Einkaufen zuständig ist, für den sind kurze Wege hilfreich. Für Kleinkinder oder Hochbetagte wiederum ist das unmittelbare Wohnumfeld wichtig, denn ihr Bewegungsradius ist begrenzt.

Wie müsste sie also aussehen, die lebenswerte Stadt für alle? Wie schaffen wir es, dass unsere Städte grüner, sozialer und gerechter werden? Dass in ihnen keine Ressourcen verschwendet werden? Dass sie dem Klimawandel trotzen? Dass sie uns emotional guttun, uns Sicherheit und Erholung bieten? Und was können wir selber dafür tun?

Dieses Buch soll Sie mit vielen positiven Beispielen dazu inspirieren, sich ein wünschenswertes Wohnumfeld auszumalen, und Ihnen Lust auf Veränderung machen. Es soll Antworten auf all diese Fragen geben, die so immens wichtig für die Zukunft unserer Städte sind. Und für unsere Zukunft. Denn die wichtigste Ressource einer Stadt sind immer noch ihre Menschen. Also: wir.

WO WIR ANPACKEN MÜSSEN FÜR EINE LEBENS-WERTE STADT

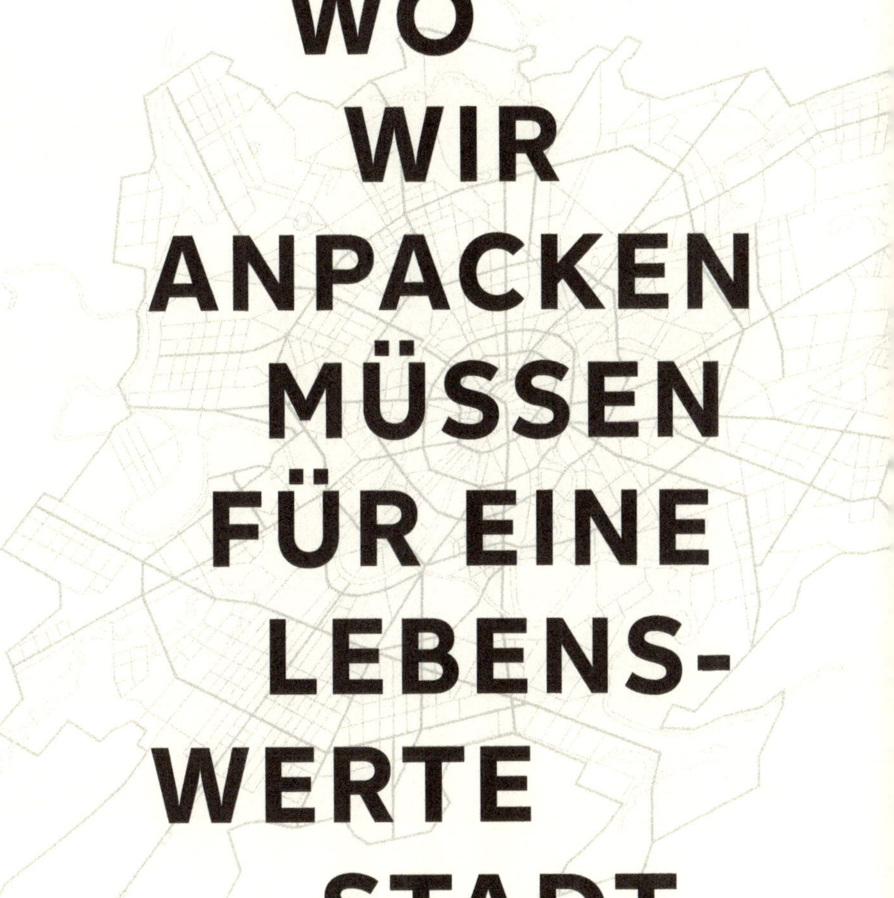

GESELLSCHAFT

WIE WOLLEN WIR GEMEINSCHAFTLICH LEBEN?

Unsere Gesellschaft wird immer älter und immer diverser. Darauf müssen sich unsere Städte einstellen, damit sie für alle nutzbar und lebenswert bleiben. Innovative Wohn- und Nachbarschaftsprojekte zeigen, wie trotz aller sozialen und kulturellen Unterschiede Zusammenhalt entstehen kann. Zielgruppengerechte Planungen gestalten öffentlichen Stadtraum und Infrastruktur so, dass beides von allen gleich gut und sicher genutzt werden kann. Denn vielfältiges gesellschaftliches Miteinander macht das urbane Leben aus. Die Stadt als Gemeinschaftsprojekt.

Welche Orte und Plätze in Ihrer Stadt würden Sie Ihren Freunden oder Verwandten zeigen, wenn sie Sie besuchen kommen? Welche Ecken finden Sie besonders anziehend, welche Architektur sagt Ihnen zu, welche Attraktionen gibt es? Ist es vielleicht ein Café mit einer besonderen Atmosphäre, der Platz mit den Sitzbänken und Boulespielern, der Markt mit den lokalen Spezialitäten, eine

Straße mit unkonventionellen Läden, ein Bild in einem Museum? Wenn Sie nicht gerade zu den *Urban Explorern* gehören, die von verlassenen und verfallenden Gebäuden magisch angezogen werden, werden es wahrscheinlich Orte mit Aufenthaltsqualität sein, an denen Sie sich wohl- und sicher fühlen. Eher nicht am Stadtrand gelegen, nicht von Beton umgeben und nicht einsam und ohne Menschen.

Es ist die Vielfalt der Dinge, die Fülle an Möglichkeiten, das Nebeneinander von Unterschiedlichem, welche die Stadt attraktiv machen. Die Stadt als Unterbau gesellschaftlichen Miteinanders, als Einladung für genussvolles Erleben, animierender Freiraum für Kreative und Vordenker*innen. Klingt gut, oder?

Die Realität sieht leider oft anders aus. Die modernen Zentren unserer Metropolen sind selten beflügelnd. Sie sind zu voll, zu laut, zu teuer. Verkehr, Konsum und Eventkultur dominieren die Stadtzentren. Die sind häufig von eintöniger Bauträgerarchitektur und austauschbaren Einkaufsmeilen geprägt. Man sieht es unseren Städten an, wer darin das Sagen hat: Immobilienunternehmen und Investor*innen, Fast-Food- und Handelsketten, die einzig an Profit interessiert sind. Wenn das große Geld die Stadt aufkauft und dirigiert, wird sie zur homogenen Wüste.

Wie konnte es so weit kommen? Die Finanzkrise 2008 und die Reaktion der Europäischen Zentralbank mit einer jahrelangen Nullzinspolitik machten Immobilien mit ihrer vermeintlichen Sicherheit vor Wertverfall zu begehrten Anlageobjekten. Das »Betongold« lockte. Viele Kommunen privatisierten auch schon vorher ihre Bestände, um sich zu entschulden, und sorgten für Rahmenbedingungen auf dem Wohnungsmarkt, mit denen Profit über Gemeinwohl gestellt wurde: Auslaufen von preisgebundenen Wohnungen, Umwandeln von Miet- in Eigentumswohnungen, Verkauf von städtischem Boden an den Höchstbietenden, Bereitstellung von Flächen für private Projektentwickler*innen.

Heute können sich sogar Haushalte mit mittleren Einkommen das Wohnen in vielen Innenstadtvierteln nicht mehr leisten. Und auch der öffentliche Raum wird exklusiver: Luxusgeschäfte allenthalben und immer weniger Sitzgelegenheiten ohne damit verbundenen Konsum. *Gentrifizierung* nennt man diesen sozioökonomischen Strukturwandel. Die Folge ist eine soziale Entmischung attraktiver Stadtviertel zugunsten zahlungskräftiger Eigentümer*innen und Mieter*innen. Die alteingesessenen Anwohnenden werden aus ihren Vierteln verdrängt, was auf die ungleiche Verteilung sozialer Gruppen im Stadtraum hinausläuft. In benachteiligten, oft migrantisch geprägten Vierteln am Stadtrand bilden sich Parallelgesellschaften. Der als Geldanlage missbrauchte Wohnraum im Stadtzentrum steht oft leer, die Besitzenden weilen lieber in Dubai, Shanghai oder auf den Malediven. Und die aus der Stadt verdrängte Mittelschicht steigert den Flächenfraß in suburbanen Lagen. All das läuft dem Leitbild einer kompakten, funktional und sozial gemischten Stadt entgegen und bedroht den Zusammenhalt der Stadtgesellschaft.

An die regelnden Kräfte des freien Marktes glaubt indes niemand mehr. Und die Stadtbewohner*innen fangen an sich zu wehren. Sie sprayen ihren Unmut an Hauswände, besetzen Häuser, protestieren mit Plakaten, auf denen »Miethaie zu Fischstäbchen« zu lesen steht, fordern Mietpreisdeckel und die Enteignung von Immobilienkonzernen. Initiativen und Baugruppen pochen auf Teilhabe und Mitgestaltung des Stadtraumes.

Wie aber soll die Stadt angesichts des demografischen Wandels aussehen? Wie schaffen wir es, den steigenden Anteil Migrant*innen und alter Menschen sozialgerecht in unsere Städte zu integrieren? Wohnen, Freiraum, Mobilität, soziale und kulturelle Infrastruktur – wie soll das in Zukunft geregelt sein? Und wie verhindern wir das Ausbluten unserer Innenstädte?

Das Deutsche Institut für Urbanistik (Difu) schlägt in einer Studie das Zielbild der *alltäglichen Innenstadt* vor.[20] Stadtgestalter*innen müssten sich demnach vom Bild urbaner Zentren mit Fußgängerzonen und Einkaufsstraßen, Altstadtkern und Gastronomiezeilen lösen. Es brauche stattdessen ein neues Verständnis des Stadtzentrums als Ort der Interaktion und gemischten Nutzung: Arbeiten und Wohnen, Kultur und Freizeitgestaltung, Produktion, Handwerk, Dienstleistung – alles gleichzeitig und nebeneinander.

Zur genaueren Betrachtung bietet sich das Quartier als kleinste Einheit von Stadtgesellschaft an. Das unmittelbare Wohnumfeld ist der Ort des täglichen Lebens, soziale Teilhabe ist möglich, verschiedene Dienstleistungen und kulturelle Angebote sind verfügbar. Wer den Zusammenhalt der Gesellschaft fördern will, muss in den Stadtvierteln ansetzen.

Positive Beispiele gibt es einige. Baden-Württemberg zum Beispiel hat mit *Quartier 2030* ein Förderprogramm zur gemeinschaftlichen Quartiersentwicklung aufgelegt.[21] Die Ideen aus den Kommunen für bereits bestehende Viertel reichen vom Aufstellen eines »Schwätzbänkle« oder eines Infokiosk zu Nachbarschaftsaktivitäten im Quartier über das Betreiben eines Inklusions-Cafés oder einer Quartiersgalerie bis hin zu »Ausbildungslots*innen« für Personen mit Migrationshintergrund.

Wie man eine bestehende Siedlung aus den Fünfzigerjahren sozial durchmischt nachverdichtet, zeigt ein Projektvorschlag im Stadtteil Stuttgart-Rot für die Internationale Bauausstellung IBA27. Die Neubauten sind auf generationengerechtes Wohnen und auch für Personen mit Einschränkungen und Pflegebedarf ausgerichtet und werden sich um ein Netz von kleinen Plätzen und eine zentrale Gemeinschaftswiese gruppieren. Um die bereits vor Ort lebenden Menschen in die weiteren Planungen einzubinden, wurde mitten im Quartier eine »Laborbühne« für Info-Veranstaltungen und Aktionen errichtet. Aus einer reinen Wohnsiedlung soll auf diese Weise ein lebendiges Quartier entstehen, das gemeinschaftliche Wohn- und Arbeitsmodelle sowie barrierearmes Wohnen verbindet.

Die *Alte Artilleriehalle* in Köln wiederum könnte nach den Plänen des Vereins Wohnwerk bald ein Ort für inklusives Wohnen und Arbeiten werden. 120 junge und alte Menschen mit und ohne Behinderung sollen dort ein Zuhause finden. Ein Viertel der Wohneinheiten ist für Studierende konzipiert, ein Viertel als geförderter Wohnraum für Personen mit geringem Einkommen, ein Viertel wird frei finanzierter Wohnraum für Singles, Paare und Familien und im letzten Viertel entstehen Gewerbeeinheiten, die den Menschen mit Behinderung im Quartier Arbeitsplätze zur Verfügung stellen. Um einen »Dorfplatz« sollen sich eine Rösterei mit Café, ein Restaurant, eine Quartierswerkstatt, ein Spielplatz und ein inklusives Hostel ansiedeln.

Die Stadt Köln hat schon vor einigen Jahren beschlossen, dass sie ihre Grundstücke künftig nicht mehr dem Höchstbietenden verkauft, sondern nur noch ein Erbbaurecht an dem jeweiligen Grundstück übertragen wird. Den Zuschlag erhält das beste Konzept für eine gemeinwohlorientierte Nutzung, sodass möglichst viele etwas davon haben und nicht nur ein einzelner Investor seinen Profit steigert.

Als Gegenreaktion auf den angespannten Wohnungsmarkt vor allem in Großstadtregionen, tun sich auch immer mehr Menschen zu Genossenschaften zusammen oder treten dem *Mietshäuser Syndikat* bei. Sie erwerben gemeinschaftlich Immobilien oder bauen neu. In der Regel sind die Häuser im kollektiven Besitz, das Eigentum wird formell an eine Genossenschaft übertragen oder eine ähnliche Körperschaft, die nicht gewinnorientiert ist. Die Mieter*innen werden zu ihren eigenen Vermietenden und halten die Mieten auf einem niedrigen Niveau.

Das Besondere am Mietshäuser Syndikat: Alle, die mitmachen, müssen über die Miete hinaus einen Solidarbeitrag zahlen. Mit dem Geld werden finanzschwächere Projekte unterstützt. So können auch Menschen Eigentum bilden, deren Eigenkapitaldecke für einen Immobilienkredit von der Bank zu dünn ist. Sie können ihre Schulden beim Syndikat über die Miete und langsam zunehmende eigene Solidarbeiträge abbauen.[22]

In den Wohnprojekten solcher Gruppierungen werden häufig alternative Formen des Zusammenlebens und innovative Wohnkonzepte ausprobiert. Die Idee: Die Mitglieder organisieren und gestalten ihre Wohnumwelt gemeinsam und selbstbestimmt.

In der Berliner Genossenschaft *Möckernkiez* zum Beispiel lenken die rund 900 Anwohnenden die Geschicke ihres Viertels. Dort hat niemand Angst vor der nächsten Mieterhöhung. Der Kiez ist auto- und zum größten Teil barrierefrei, es gibt Sandkästen, Sitzbänke und viele Fahrradstellplätze. Die Bewohner*innen können hier selbstbestimmt bis ins hohe Alter leben. Alle Häuser haben Aufzüge, ein Drittel der Wohnungen ist rollstuhlgerecht ausgeführt. Im Keller kann man seinen Elektro-Outdoor-Rollstuhl über Nacht aufladen und sich per Lift im Hausrollstuhl in die eigene Wohnung hinaufbringen lassen.

Die Hausgemeinschaft funktioniert generationenübergreifend. Es gibt die Alten, die mit den Kindern im Haus Schularbeiten machen, während die Eltern arbeiten. Und es gibt die Jungen, die älteren Nachbarn die Einkäufe mitbringen. In den Hausfluren hängen Termine zum gemeinsamen Kochen im Café der Siedlung aus, in den Gemeinschaftsräumen treffen sich Chor- und Pilates-Gruppen. Verwaltet wird vieles selbst, etwa die gemeinschaftliche Nutzung der Dachterrassen.

Die Gruppe der Alten ist so heterogen wie nie. Die Stadt bietet ihnen kurze Wege und ein anregendes Umfeld.

Wohnprojekte, die Bedürfnisse von Senior*innen berücksichtigen, werden dringend benötigt, denn unsere Gesellschaft wird immer älter. Der Anteil der über 80-Jährigen an der Gesamtbevölkerung betrug 2021 sieben Prozent. In 40 Jahren könnte jede zehnte Person in Deutschland 80 Jahre und älter sein.[23] Die geburtenstarken Jahrgänge der *Babyboomer* gehen in Rente. Der demografische Wandel ist in vollem Gang.

Eine Entwicklung, die sich nach Prognosen des Statistischen Bundesamts bis zum Jahr 2050 fortsetzen wird, trotz aktueller Nettozuwanderung und leicht steigender Geburtenrate.[24] Bis 2035 wird in Deutschland die Zahl der Menschen über 67 Jahre um etwa vier Millionen auf mindestens 20 Millionen steigen.[25] Das hat auch Auswirkungen auf die Bevölkerungsstruktur unserer Städte. Zwar ziehen mehr junge Menschen und Zuwandernde aus dem Ausland in die Ballungsräume, doch die meisten Menschen, die jetzt schon dort leben und immer älter werden, ziehen ja nicht unbedingt weg.

Im Gegenteil, gerade im Alter werden eine gute Anbindung an öffentliche Verkehrsmittel, Einkaufsmöglichkeiten und der Zugang zu Ärzt*innen, Apotheken und Gesundheitsversorgung wichtig. Hier punkten vor allem kleine und mittlere Städte mit einer guten Infrastruktur und kurzen Wegen. Gleichzeitig sind die Lebenshaltungskosten und Immobilienpreise dort oft noch moderat.

Insgesamt nimmt die Umzugsbereitschaft im Lauf des Lebens allerdings ab. »Ältere ziehen etwa fünfmal seltener um als Menschen unter 30 Jahren«, sagt Altersforscher Hans-Werner Wahl.[26] Vor allem Babyboomer zwischen 65 und 75 Jahren fassten noch am ehesten einen Umzug ins Auge. Oft sei die Nähe zu Kindern und Enkelkindern der Grund.

Was unsere Städte kaum im Angebot haben, sind barrierefreie Wohnungen. Weder zum Kauf noch zur Miete. Nur 2,5 Prozent aller Wohnungen in Deutschland sind barrierereduziert, also noch nicht einmal barrierefrei, geschweige denn rollstuhlgerecht mit einem ausreichend großen Bad, schwellenlosem Zugang von der Straße weg und extrabreiten Durchgängen.[27]

Eine andere Herausforderung unserer alternden Gesellschaft ist die soziale Isolation. Viele Senior*innen wohnen allein, weil ihre Partner*innen gestorben sind. Mit dem Eintritt in die Rente sind Kontakte zu Arbeitskolleg*innen weggefallen, vielleicht machen körperliche Einschränkungen Besuche bei Freunden zunehmend mühsam. Leben die Kinder nicht mehr in unmittelbarer Nähe, ist der soziale Kontakt zu anderen Menschen oft begrenzt.

Eine Möglichkeit, Vereinsamung im Alter entgegenzuwirken, ist das Wohnen im *Seniorenhaus*. Neben der eigenen Wohnung gibt es dort meist noch einen Gemeinschaftsraum, in dem gemeinsame Aktivitäten stattfinden. Auch für Paare ist das Konzept eine gute Lösung, um den Kontakt zu anderen Senior*innen zu pflegen.

Auch *Senioren-Wohngemeinschaften* werden immer beliebter. Schließlich haben nicht wenige Ältere bereits als Studierende Erfahrung mit dieser Art des Zusammenlebens gesammelt. Und eine Senioren-WG funktioniert auch nicht anders. Private Zimmer dienen als persönlicher Rückzugsort, Küche, Bad und Wohnraum werden geteilt. Der tägliche Kontakt mit den Mitbewohner*innen, die Möglichkeit, gemeinsame Aktivitäten zu unternehmen, und dass man sich die Arbeiten im Haushalt aufteilen kann, machen das Leben in einer WG für viele attraktiv. Außerdem ist ein Zimmer in einer Senioren-WG meist günstiger als eine eigene Wohnung.

Wer den Kontakt zu jüngeren Generationen nicht missen möchte, wird das Konzept *Mehrgenerationenhaus* ansprechend finden. Dort leben Menschen verschiedenen Alters unter einem Dach – Singles, Familien, Paare, Alleinerziehende. Die Grundidee: Jüngere und Ältere helfen sich im Alltag, etwa wie im Möckernkiez beschrieben. Der Vorteil: Alle Wohnparteien können ihre Unabhängigkeit bewahren und trotzdem ein gemeinsames Miteinander erfahren.

Dass die Interaktion mit anderen Menschen unsere psychische Gesundheit und das Wohlbefinden stärkt, ist wissenschaftlich belegt. In einer Studie fanden Forschende der Pennsylvania State University zudem heraus, dass soziale Kontakte insbesondere bei alten Menschen die geistige Fitness verbessern. Sie befragten dazu 16 Tage lang 312 Personen zwischen 70 und 90 Jahren über die Anzahl und Qualität ihrer sozialen Kontakte und führten mehrmals täglich verschiedene Tests betreffend Aufmerksamkeit, Merkfähigkeit und räumlichem Denken mit ihnen durch. Fanden kurz vorher positive Interaktionen mit nahestehenden Menschen statt, gab es die besten Ergebnisse.[28]

Wie wichtig sozialer Kontakt zu anderen Menschen gerade in fortgeschrittenem Alter ist, zeigt auch eine Studie aus Japan eindrücklich auf: Forschende der Osaka Metropolitan University haben fünf Jahre lang Daten von Menschen über 65 Jahren gesammelt und im Hinblick auf verschiedene Faktoren ausgewertet, die ein gesundes Altern beeinflussen. Sie kamen zu dem Ergebnis, dass persönliche Assistenzdienste, die tägliche Aufgaben im Haushalt erledigen, den Abbau körperlicher und mentaler Fähigkeiten nicht verzögern konnten. Nahmen die Senior*innen dagegen an Nachbarschaftsaktivitäten teil, engagierten sie sich in einem Ehrenamt oder betrieben sie ein Hobby außerhalb der Wohnung, verminderte sich dieses Risiko um bis zu 40 Prozent.[29] Soziale Kontakte wirken sich also nicht nur positiv auf unsere psychische Gesundheit aus, sondern auch auf unsere körperlichen Fähigkeiten.

In einer alternden Gesellschaft gibt es mehr Menschen, die an Demenz leiden. Viele isolieren sich von anderen, schämen sich für die Symptome – am Anfang vergessen sie Dinge, die erst vor Kurzem passiert sind, und können sich weniger merken, später verschwinden Erinnerungen aus dem Langzeitgedächtnis. Sie verlieren mehr und mehr ihre Fähigkeiten und Fertigkeiten. Aber auch diese Menschen möchten möglichst lange eigenständig wohnen. Die allermeisten werden von Angehörigen betreut.

Die Kleinstadt Grevesmühlen in Mecklenburg-Vorpommern möchte ihnen das Leben leichter machen. Rund 300 der 10 000 Einwohner*innen sind dement. In Workshops haben sich Angehörige und Bürger*innen aus den Bereichen Pflege, Gewerbe, Ehrenamt und Stadtentwicklung Gedanken gemacht, was man tun könnte. So sollen zum Beispiel die Produkte in den Geschäften nicht mehr umgeräumt werden. Wenn alles seinen festen Platz hat, kann man es leichter finden. Der wahrscheinlich wichtigste Punkt: Mitarbeiter*innen von Banken, Arztpraxen und öffentlichem Nahverkehr sollen im Umgang mit Dementen geschult werden.

Solche Schulungen führten zu mehr Toleranz und Verständnis, sagt Stefan Teipel, Professor für Klinische Demenzforschung an der Universität Rostock.[30] »Wenn die Beschäftigten im öffentlichen Nahverkehr eine Grundidee davon haben, was Demenz ist, können sie mit Betroffenen einfacher umgehen. Sie verstehen dann, warum sich jemand im Bus nicht gleich die richtige Fahrkarte kauft oder länger braucht, um den Weg zu finden.«

Im Unterschied zu *Demenzdörfern*, in denen die Erkrankten in betreuten Hausgemeinschaften in nach außen abgeschlossenen Siedlungen leben, versucht man in Grevesmühlen, sie möglichst im normalen Stadtalltag zu integrieren und dadurch das Stigma der Krankheit zu reduzieren.

Mit Vorurteilen sind wahrscheinlich die meisten betagteren Menschen schon konfrontiert worden. Das Alter an sich wird gern negativ konnotiert und mit Beeinträchtigung gleichgesetzt. Dabei ist die Gruppe der *Best-* und *Silver-Ager* so heterogen und fit wie nie. Selbst viele 80-Jährige fühlen sich noch nicht »alt«. Sie haben auch nicht zwangsläufig andere Interessen als die jungen Nachbarn oder begeistern sich für sogenannte Seniorenthemen wie Enkelkinder, Ehrenamt oder Busreisen.

Altersbilder sind individuelle sowie auch gesellschaftlich geteilte Vorstellungen vom Alter und vom Älterwerden. Sie prägen unser Denken und Verhalten im Alltag, aber auch in der Quartiers- und Stadtplanung.

Forschungsergebnisse der Hochschule für Soziale Arbeit Nordwestschweiz zeigen, dass ältere Menschen häufig als »Personen mit körperlichen Einschränkungen« oder als »Menschen, die langsam in Richtung Demenz gehen« betrachtet werden.[31] Unsere Gesellschaft bringt Themen wie »mangelnde soziale Begegnungen«, »Gleichgewichtsprobleme« und »Gehschwierigkeiten« besonders oft mit älteren Menschen in Verbindung und schreibt ihnen demzufolge spezifische Bedürfnisse zu: Alte Menschen möchten sich hinsetzen können, Kindern beim Spielen zuschauen, Blumen betrachten oder den Vögeln lauschen.

Auf dieser Basis entwickeln Stadtplaner*innen dann gestalterische Maßnahmen für altengerechte Lebensräume wie beispielsweise Handläufe und Sitzbänke. Das ist erst mal nicht verkehrt, schließlich profitieren auch andere Altersgruppen davon. Problematisch wird es, wenn es bei dieser einseitigen Sichtweise auf ältere Menschen als fragile Gruppe bleibt. Es wäre zu begrüßen, wenn der Fokus nicht nur auf Problemen, Grenzen und Defiziten des Alters läge, sondern auch auf die Ressourcen und Potenziale dieser Bevölkerungsgruppe gerichtet würde, etwa Lebenserfahrung und Spezialwissen. Die Werbebranche hat das erkannt und stellt Senior*innen inzwischen gern als weltgewandte Kosmopolit*innen, vitale Reiselustige oder clevere Sparfüchse dar.

Rollenbilder aus den Fünfzigerjahren prägen unsere Städte bis heute. Leidtragende sind aber nicht nur Frauen.

Interessen und Bedürfnisse verschiedener Bevölkerungsgruppen zu beachten und in der Stadtplanung zu berücksichtigen, damit beschäftigt sich *Gender Planning* – die *geschlechtersensible Planung*. Anders, als es der Begriff vermuten lässt, geht es dabei aber nicht nur um das biologische Geschlecht, sondern vielmehr um soziale Rollen, verschiedene Altersgruppen, kulturelle Hintergründe und die sozioökonomische Situation der Menschen. Es geht um zielgruppengerechtes Planen. Alle sollen die Stadt gleichermaßen gut und sicher nutzen können. Dass dem nicht so ist, bemerken viele Stadtbewohner*innen, sobald sie vor die Haustür treten. Schlaglöcher und hochstehende Pflastersteine machen viele Gehwege zu anspruchsvollen Slalomstrecken mit eingebauten Stolperfallen. Wer Spaß daran hat, kann seine Geschicklichkeit testen. Für Kinder mit Laufrädern und Personen mit Rollatoren sind sie unpassierbar. Dazu kommt, dass wir alles, was nicht niet- und nagelfest ist, auf dem Bürgersteig abstellen: Caféstühle, Geschäftsauslagen, Mülleimer, Pflanzentröge, Wahlplakate, Parkuhren, Verkehrszeichen, Autos. Das beengt den Platz, den sich sowieso schon viele jenseits der Fahrstraße teilen. Zugeparkte Fußwege machen es dann vollends unmöglich, zwei Kinderwagen aneinander vorbeizuschieben.

E-Scooter, die unsere Städte seit einigen Jahren unsicher machen, verschärfen das Problem. Sie werden kreuz und quer und manchmal mitten auf dem Gehweg abgestellt. Die Anbieter*innen haben das neue Verkehrsmittel einfach mal so im urbanen Raum abgeladen, statt sich mit den Behörden auf Abstellflächen zu einigen. Auch Radwege, die abrupt enden und auf den Bürgersteig führen, erhöhen nicht gerade die Sicherheit der Fußgänger*innen.

Gehwege, die zu schmal sind für Kinderwagen. Ampeln, deren Grünphasen älteren Menschen für das Überqueren der Straße nicht ausreichen, Treppen ohne Rollstuhlrampe. Unsere Städte sind voller Hürden. Folge einer autozentrierten Stadtplanung, die auf die Fünfzigerjahre zurückgeht. Damals etablierte die Politik ein Wirtschaftssystem, das die Geschlechterrollen unterschiedlich bewertet. Der Mann ging als »Ernährer« einer Erwerbsarbeit nach und erhielt Zugang zum öffentlichen Raum. Der »Hausfrau« wurden die Hausarbeit und die »Aufzucht« der Kinder zugewiesen. Der Mann fuhr mit dem Auto zur Arbeit, die Frau blieb daheim. Dem Mann wurden Straßen und Parkplätze gebaut, damit er schnell vorankommt und Geld verdienen kann. Die Frau war wirtschaftlich irrelevant und wurde bei der Stadtplanung übergangen. Diese Ungleichbehandlung hat Nachwirkungen bis heute.

Viele von uns müssen im Alltag eine größere Anzahl von Wegstrecken zurücklegen und verschiedenste Verkehrsmittel nutzen – um die Kinder in die Kita oder zur Schule zu bringen und abzuholen, die kranken Eltern zum Arzt zu begleiten, zum Schuster zu gehen, Lebensmittel einzukaufen, Freunde im benachbarten Stadtviertel zu besuchen. Ein Tagesablauf, der sich gut zu Fuß oder mit dem Rad zurücklegen ließe. Da die Stadt aber seit Jahrzehnten für das Auto geplant wurde, kommen wir auf diesen Strecken oft nur ineffizient und zum Teil auch nicht sicher voran. Es sei denn, wir fahren ebenfalls Auto und tragen damit zur Verstopfung unserer Straßen bei (siehe Kapitel Mobilität). Was wiederum bedeutet, dass wir auch nicht immer schneller sind.

Die Zukunft liegt in einer Verknüpfung von klassischer Nutzung öffentlicher Verkehrsmittel wie U-Bahnen oder Stadtbussen und neuen Angeboten. Dazu gehören zum Beispiel *Carsharing*- sowie *Ridesharing*-Konzepte wie *MyTaxiMatch*, bei dem sich Leute mit ähnlichem Fahrtziel ein Taxi teilen. Sie lassen ihre

Autos stehen oder schaffen sie ganz ab. Diese ganz aus unseren Städten zu verbannen, dürfte schwierig werden, denn nicht alles lässt sich mit dem Lastenfahrrad, das es inzwischen auch zu mieten gibt, oder den Öffis transportieren. Auch dann nicht, wenn der Ausbau des ÖPNV zu einem barrierefreien, bis in die Außenbezirke der Stadt reichenden sowie rund um die Uhr gut ge- und vertakteten Service gelungen sein sollte.

Die Knotenpunkte einer solchen Vernetzung könnten sogenannte *Mobilitätshubs* sein, an denen Ladestationen bereitstehen, überdachte Fahrradständer und möglichst alle Verkehrsmittel verfügbar sind. Die Bürger*innen entscheiden dort, mit welchem Fahrzeug beziehungsweise Angebot sie ihre Fahrt fortsetzen. Ein Beispiel dafür wären Carsharing sowie Leih- und Lastenräder, die in der Nähe von U-Bahnhöfen bereitstehen. In abgespeckter Form gibt es das schon in Form von *Park+Ride* am Stadtrand. Um den privaten Autoverkehr einzudämmen, müssten solche Konzepte konsequent ausgebaut und Parkmöglichkeiten innerhalb des Stadtgebiets stark eingeschränkt werden.

Und es gibt weitere Möglichkeiten, den Stadtverkehr zu entlasten und in einen verträglichen und gerechten Fluss zu bringen. Die meisten von uns kennen das – vor allem die Fahrradfahrer*innen unter uns: Wir verschwenden viel Zeit an roten Ampeln. Ein smartes Verkehrsmanagement, das Technik zur Datenanalyse und künstliche Intelligenz nutzt, könnte sie zum Beispiel so schalten, dass Busse bevorzugt behandelt werden oder Radfahrer*innen auf einer grünen Welle durch die Stadt reiten. Damit die Bürger*innen aber auch umsteigen auf Alternativen zum Auto, braucht es eine Mobilität, die sich einfach und intuitiv nutzen lässt. Der Schlüssel zum Erfolg sind digitale Plattformen, die alle Angebote auf einen Blick verfügbar machen. Denn wer erst über mehrere Apps hinwegsurfen muss, um die Verkehrsmittel für seine Tour zusammenzustellen und zu buchen, bleibt letztlich lieber im Auto sitzen.

Im Moment ist die Nutzung der öffentlichen Verkehrsmittel oft noch eine Herausforderung. Viele S- und U-Bahn-Stationen haben Treppenanlagen. Diese lassen sich mit Koffern, Kinderwagen, Krücken oder Rollstuhl aber nur schwer bis gar nicht meistern. Überdies sind Kinderwagen auf Rolltreppen aus Sicherheitsgründen verboten. Zum Glück gibt es Aufzüge. Wenn sie funktionieren, dauert die Fahrt meist ein wenig länger. Also plant man lieber zwei, drei Bahnen als Zeitpuffer ein. Dazu kommt: Nicht alle Busse oder Straßenbahnen verfügen über absenkbare Eingänge. (Ein Tipp: Meist befinden sie sich vorne.) Wenigstens die Haltegriffe wurden inzwischen in den Meisten Fahrzeugen auf Ellbogenhöhe angeordnet, sodass sie auch von Senior*innen und kleinen Personen genutzt werden können.

Als Leitbild moderner Verkehrskonzepte dient heute die »Stadt der kurzen Wege«, bei dem es nicht allein um Mobilität geht, sondern vor allem um eine schnelle Erreichbarkeit und gute Zugänglichkeit der städtischen Infrastruktur. Das heißt: Alle Quartiere sind mit Einkaufsmöglichkeiten, Spielplätzen und Grünräumen, Arztpraxen, Kindertagesstätten und Gemeinschaftszentren versorgt. Und diese lassen sich zu Fuß oder mit dem Rad erreichen. Zum Schwimmbad, zum Krankenhaus oder zur Stadtbibliothek kommt man gut mit den Öffis.

Doch auch in der Stadt der kurzen Wege lohnt es sich, noch einmal etwas genauer hinzuschauen. Ist alles auch wirklich praktikabel für alle? So ist es zum Beispiel ein Unterschied, ob ein Erwachsener oder ein Kind dieselbe Strecke zu Fuß geht – allein schon wegen der Schrittlänge. Mehr noch: Was, wenn dies beeinträchtigt geschieht – mit Tragetaschen oder Schulranzen beladen oder an Krücken? Und wer mit kleinen Kindern oder dem Kinderwagen unterwegs ist, benötigt einfach deutlich mehr Zeit, um von A nach B zu kommen.

Einen weiteren Themenkomplex zielgruppengerechter Stadtplanung macht die Gestaltung von Stadtparks aus. Wien nimmt hier eine Vorreiterrolle ein. Einen gehörigen Anteil daran hat Eva Kail, Obersenatsrätin am Amt für strategische Planung. Seit über 30 Jahren kümmert sie sich darum, Wien für alle attraktiver zu machen. Sie weist darauf hin, dass auch Parkanlagen lange aus dem männlichen Blickwinkel heraus geplant worden seien.

Veranschaulicht hat das eine Studie, die Ende der Neunzigerjahre für das Frauenbüro der Stadt Wien durchgeführt wurde. Sie offenbarte, dass sich Mädchen ab einem Alter von etwa zehn Jahren fast ganz aus Parkanlagen und öffentlichen Spielflächen zurückzogen. Der Grund: Spiel- und Sportangebote waren stark an den Bedürfnissen von männlichen Jugendlichen orientiert. Aus den damals üblichen Ballspielkäfigen etwa wurden Mädchen von den Jungs regelrecht hinausgemobbt, zeigte die Untersuchung. Deswegen hat man die Parks in Wien inzwischen mit offener gestalteten Ballspielplätzen ausgestattet und mit Sportflächen, die verstärkt auch Mädchen ansprechen sollen, etwa Volleyballfelder. Auch Rückzugsorte wie Hängematten sind nun Teil der Spielflächengestaltung. Der Mädchenanteil sei dadurch deutlich gestiegen, berichtet Kail.[32]

Wien hat inzwischen Richtlinien für eine gendersensible Freiraumgestaltung.[33] Dabei geht es unter anderem auch um den Aspekt der Sicherheit durch übersichtlich angelegte Wege mit Einblick in Nischen und Mindestabstand von Sträuchern vom Wegrand und um beschattete Bereiche mit Sitzmöbeln, von denen aus man einen Blick auf belebte Zonen hat. Eine gute Beleuchtung und niedrig geschnittene Hecken sollen dafür sorgen, dass sich alle sicher fühlen.

Bevor heute in Wien eine Umgestaltung stattfindet, sammeln die Fachleute vor Ort erst einmal Daten und sprechen mit möglichst vielen Personen, um herauszufinden: Wer hält sich dort auf? Für wen muss wie geplant werden? Manchmal tritt dabei Unerwartetes zutage, so die Erfahrung von Eva Kail. Im Fall einer Einkaufsstraße habe sich beispielsweise herausgestellt, dass sich dort kaum Jugendliche aufhalten, sondern vor allem ältere Menschen und Familien. Diese Straße mit hippen Stadtmöbeln auszustatten, das hätte einfach nicht gepasst. Manchmal würden sich Bedürfnisse unterschiedlicher Gruppen aber auch überraschend überschneiden: Fitnessgeräte im öffentlichen Raum zum Beispiel wünschten sich einer Umfrage zufolge sowohl ältere Frauen als auch junge Männer.[34]

Zwar gibt es auch in München, Nürnberg, Freiburg und Berlin zielgruppenorientierte und damit gendergerechte Stadtplanungsprojekte, allgemeingültige konkrete Richtlinien existieren in Deutschland allerdings (noch) nicht.

Arm und Reich wohnen getrennt. Aktive Nachbarschaften sind ein Rezept gegen die Spaltung der Gesellschaft.

In Deutschland zieht es immer mehr Menschen in die Städte und Ballungsräume. Daran hat auch die Verbreitung des Homeoffice nichts geändert samt den damit verbundenen freieren Wahlmöglichkeiten des Wohnortes. Vor allem junge Menschen suchen sich zum Studium Universitätsstädte aus. Und der Einstieg ins Berufsleben scheint in den Metropolen leichterzufallen.

Viele möchten aber auch in der Stadt leben, weil sie dort Leute finden, die genauso ticken wie sie selbst, die die gleichen Interessen und Werte haben. Oder die vielleicht genauso schräg drauf sind – und wo das keinen stört. Manche fliehen vor der sozialen Kontrolle auf dem Dorf, wo jeder Schritt aufmerksam beobachtet wird und Rollenveränderungen eher nicht vorgesehen sind. Andere suchen gerade nach Menschen, die anders denken, mit denen sie diskutieren und sich dabei weiterentwickeln können.

Die Stadt bietet diesen breiten Raum. Um einen Eindruck ihrer gesellschaftlichen Diversität zu bekommen, bedarf es nur eines Spaziergangs durch eine belebte Straße. Innerhalb weniger Minuten könnte man dort einem jungen Vater mit Kinderwagen begegnen, einem gepiercten Mittvierziger, einer Karrierefrau im Businesskostüm und Turnschuhen an den Füßen, Kopftuch tragenden Teenagerinnen und dem älteren Herrn mit Hut und Hund. Das sind zwar nur Äußerlichkeiten, sie sollen an dieser Stelle aber für die Vielfalt der Lebensstile stehen.

Die Stadt bereichert aber auch durch Kunst und Kultur: Ausstellungen in Museen und Galerien, Theater auf der großen Bühne oder in einer verlassenen Fabrikhalle, Musikkonzerte in der Philharmonie oder im Jazzclub, Tanz- und Filmfeste, Graffitikunst und Straßenpantomime, Installationen im Stadtraum, Trödelmärkte und Volksfeste, dazu Restaurants mit Köstlichkeiten aus aller Welt. Die Dichte der kulturellen Angebote ist sicherlich einer der reizvollsten Aspekte des Stadtlebens.

Doch wo es Vielfalt gibt, sind auch Unterschiede nicht weit. Und die können herausfordernd für die Stadtgesellschaft sein. Andere Wertvorstellungen und Meinungen muss man aushalten und tolerieren können. Gerade wenn man auf relativ engem Raum beieinanderlebt. Manchen macht darüber hinaus die Anonymität der Stadt zu schaffen, andere werden diskriminiert oder isoliert. Die City ist ein Ort voller Spannungsfelder und sozialer Konflikte.

Eine Stadt brauche aber gerade diese Reibungsflächen, um zu funktionieren, betont der renommierte Soziologe Richard Sennett in seinen Arbeiten immer wieder. Er spricht von der »offenen Stadt«, die Menschen mit unterschiedlichen Fähigkeiten und Talenten zu einer leistungsstarken Gemeinschaft verbindet.[35] Eine

Stadt, in der Andersartigkeit nicht als befremdend wahrgenommen wird, sondern als Einladung, seinen Horizont zu erweitern. Eine Stadt, die Menschen vor Aufgaben stellt, die sie nur in Kooperation mit anderen lösen können.

Sennett geht es dabei nicht um die perfekte Stadt, in der alles durchgeplant ist und reibungslos funktioniert. Ein solcher Ort wäre statisch, denn darin gäbe es für die Bewohner*innen nichts mehr, was man verbessern könnte, und deshalb auch keinen Anreiz, miteinander zu reden, sich auseinanderzusetzen, kein Ringen um die besten Ideen und somit letztlich auch keinen Fortschritt. Die offene Stadt dagegen ermögliche es ihren Bewohner*innen durch ihre Widersprüche und Komplexität, soziale Kompetenz zu erwerben, Empathie und den angstfreien Umgang mit Fremdem zum Beispiel.

So sah das auch die große Architekturkritikerin Jane Jacobs. Bereits im letzten Jahrhundert trat sie für den zwanglosen, informellen Austausch auf der Straße ein.[36] Ihr Ziel war es, Orte zu schaffen, an denen sich unterschiedliche Menschen begegnen können. Spontaner Austausch und Zufallsbegegnungen sollten mehr sozialen Zusammenhalt, mehr Gemeinschaft und mehr Bürgersinn fördern. Ihre Vorstellungen nutzungsgemischter und dadurch vielfältiger Viertel bleiben auch in einer sich rasch globalisierenden Welt unverändert aktuell.

Allerdings geht die soziale Schere innerhalb Deutschlands immer weiter auseinander. Arme und Reiche wohnen seltener Tür an Tür, oft noch nicht einmal mehr im gleichen Stadtviertel. Das Wissenschaftszentrum Berlin für Sozialforschung hat eine soziale Landkarte der 153 größten deutschen Städte entwickelt.[37] Demnach leben arme Menschen, die staatliche Transferleistungen beziehen, vor allem in ostdeutschen Städten. Dort ist die *soziale Segregation*, also die ungleiche räumliche Verteilung verschiedener sozialer

Gruppen, insbesondere zwischen den Plattenbausiedlungen einerseits und den Innenstädten oder Vororten andererseits im Untersuchungszeitraum zwischen 2005 und 2022 immer größer geworden. Im Ruhrgebiet sind die Ungleichheiten noch stärker. Dort gibt es eine ganze Reihe von Quartieren, in denen zum Teil mehr als die Hälfte der Haushalte mit Kindern von Transferleistungen lebt.

Und dort, wo besonders viele arme Menschen wohnen, leben auch besonders viele Menschen mit nicht deutscher Staatsangehörigkeit. Den Grund erklärt Studienleiter Marcel Helbig.[38] Je nach Stadt leben demnach im Osten zwischen 25 und 50 Prozent der Gesamtbevölkerung in Großwohnsiedlungen. Diese seien oft für die Arbeiter*innen der DDR-Kombinate gebaut worden. Nach deren Zerschlagung sei es zu einer starken Abwanderung und einer Ballung von Arbeitslosigkeit gekommen. Wohnraum stand leer. »Seit 2014 ist verstärkt der Zuzug bzw. die Zuweisung von Menschen mit Migrationsgeschichte in diese sozial benachteiligten Quartiere mit viel günstigem Wohnraum zu beobachten.«

In süddeutschen Städten gibt es dagegen einen Trend zu mehr sozialer Durchmischung – der Grund ist paradoxerweise der extrem angespannte Mietmarkt. Zum einen führte der wirtschaftliche Aufschwung dazu, dass im Süden Deutschlands kaum Armutsquartiere entstanden. Zum anderen können sich aufgrund der hohen Mieten selbst Menschen mit mittlerem Einkommen oft nur noch Wohnungen in ärmeren Stadtteilen leisten. Es wird interessant, zu sehen, wie sich diese erzwungen durchmischten Viertel in Zukunft sozial entwickeln.

Denn heterogene Nachbarschaften sind vielleicht die Basis, um einer Spaltung der Gesellschaft entgegenzuwirken. Eine Garantie dafür sind sie nicht. Im Idealfall vernetzen sich die Bewohner*innen eines Quartiers durch alle Alters- und Einkommensschichten, unabhängig von Herkunft und Status miteinander – online und offline. Ob sie dies dann auch wirklich tun, hängt von jedem und jeder Einzelnen ab.

Befördert werden kann dieses gewünschte Miteinander auf der baulichen Seite durch öffentliche Plätze, die Begegnung ermöglichen und die so ausgestattet sind, dass sich die Menschen dort gerne aufhalten – mit schönen, bequemen und hochwertigen Sitzmöbeln zum Beispiel und Schatten spendenden Pflanzen. Flächen, die zum Spielen, Gärtnern, spontanen Musizieren, Diskutieren und Feiern einladen, regen zu Nachbarschafts-Aktionen an. Quartierseigene Car- und E-Bike-Sharing-Angebote sowie Co-Working-Spaces stärken den Gedanken des gemeinschaftlichen Teilens. Mit einer *Community-App* wird das Smartphone zum mobilen Schwarzen Brett, das Angebote, Pflichten und Möglichkeiten des gemeinsamen Wohnens auf einen Blick darstellt.

Ein Beispiel aus München: Mit Einzug in das Neubauquartier *Schwabinger Tor* werden die Bewohner*innen eingeladen, aktive Teilnehmende einer »einzigartigen Sharing-Community« zu werden. Welche Dinge man gerne teilen oder anbieten möchte, entscheiden die Mietenden selbst: vom Raclettegerät über Hilfe beim Einkaufen bis zum Blumengießen in der Urlaubszeit. Sowohl wiederkehrende Aktivitäten wie der wöchentliche Lauftreff als auch kurzfristige Aktionen wie das Angebot, Lebensmittel vor dem Urlaub abzugeben, können den Nachbarn per App mitgeteilt werden.

Wenn wir uns die guten Beispiele anschauen, wird eines ganz klar: Ohne die Mitwirkung der Stadtbewohner*innen kann es keine lebenswerten Städte geben. Ohne die Politik aber auch nicht. »Wenn die Gräben der sozialen Spaltung zu tief sind, können Städte so gut wie nichts mehr tun«, sagt Sozialwissenschaftler Marcel Helbig. Man könne sozialer Segregation nur entgegenwirken, wenn die Politik in die Marktmechanismen eingreift: Mit dem Bau von Sozialwohnungen in Gebieten, in denen sich Arme die Miete sonst nicht leisten könnten, und mit der Förderung sozial benachteiligter Viertel, sodass sie für einkommensstärkere Schichten attraktiv werden.

Die Stadtbewohner*innen sind der Maßstab für urbanen Wandel. Ob Stadtviertel und städtische Quartiere funktionieren, ob sie Identität stiften und eine attraktive, lebendige und sozial stabile Umgebung schaffen, wird durch gute Architektur und ansprechende Freiraumplanung zwar maßgebend beeinflusst. Entscheidend ist jedoch, die Menschen dazu zu bringen, sich aktiv für die Gemeinschaft und ihr Wohnumfeld einzusetzen. Veränderungen lassen sich heute nur noch erzielen, wenn die, um die es geht, bei Entwicklung und Ausführung neuer Maßnahmen selbst mitwirken. Sie werden sich nur dann mit ihrem Umfeld identifizieren, wenn sie teilhaben dürfen und respektiert werden.

Die Herausforderung für die Planenden besteht darin, vor allem in verdichteten urbanen Gebieten Wohnmöglichkeiten und ein attraktives Umfeld für alle Zielgruppen zu schaffen und damit eine soziale Durchmischung zu erreichen.

Es ist höchste Zeit, dass sich endlich etwas tut in unseren Städten. Beispielprojekte und Pläne fortschrittlicher Stadtplaner*innen gibt es ja schon. Jetzt bräuchte es engagierte und mutige politische Entscheidungen. Doch trotz einer kontinuierlich älter werdenden Gesellschaft fangen viele Verantwortliche jetzt erst an, darüber nachzudenken, wie Sie inklusiv und altersgerecht planen können. Deshalb ist es nun maßgeblich, wie wir über den Prozess des Alterns denken – und wie sich dieses Denken und Wissen dann baulich und im Stadtraum manifestiert. Die Grundannahme besteht darin, dass ein sensibleres Planen und Bauen am Ende eine zugänglichere und lebenswertere Stadt für alle bedeutet. Das gilt nicht nur für die wachsenden Metropolregionen, sondern auch für die schrumpfenden Klein- und Mittelstädte in strukturschwachen Gebieten.

WOHNUNGSKRISE

WIE HALTEN WIR UNSERE INNENSTÄDTE LEBENDIG?

Wohnungsmangel und steigende Mieten treiben die Menschen in günstigere Viertel am Stadtrand oder gleich ganz aus der Stadt. Dazu kommt unser moderner Lebensstil mit Online-Shopping und Homeoffice, der zu leer stehenden Büro- und Ladengebäuden führt. Viele Stadtzentren drohen deshalb zu veröden. Gefragt sind Ideen für bezahlbaren Wohnraum wie Wohnungstausch oder die Umnutzung von Büros und neue Wohnkonzepte, die sich an die Menschen anpassen, nicht umgekehrt. Aber vor allem braucht es eine Regulierung des Immobilienmarkts, sonst verkommen unsere Städte zu leeren Spekulationskulissen.

Wir alle kennen die Schlagzeilen: »Campingplatz bietet Studenten eine Übergangsbleibe« oder »Vermieter erzwingt Schwangerschaftstest vor Wohnungsbesichtigung« oder »Und einmal im Monat mit dem Vermieter schlafen« – Schlagzeilen, die von den Auswüchsen verzweifelter Suche nach bezahlbarem Wohnraum in München zeugen. Und wahrscheinlich nicht nur dort. Immer mehr Menschen, die arbeiten und Geld verdienen, können sich in München keine Wohnung mehr leisten – und die Rede ist hier nicht nur von der viel zitierten Krankenschwester oder dem Polizisten. Wer keine Kontakte hat, hat schlechte Karten. Manche Möchtegern-Neumünchner*innen ziehen nach erfolgloser Wohnungssuche wieder zu den Eltern nehmen einen Job in einer anderen Stadt an. Familien werden in den Münchner Speckgürtel gedrängt – oder noch weiter weg.

Die Entwicklung der letzten Jahre zeigt: Wohnen wird immer teurer, nicht nur in München. Nach dem Zinsschock Anfang 2022 hat die Eigentumsnachfrage in Deutschlands Metropolen wieder kräftig angezogen, zeigt das ImmoScout24 *WohnBarometer* für das 1. Quartal 2024.[39] »Die Kauflust kehrt zurück«, jubelt das Immobilienportal. Angesichts stabiler Zinsen und unzureichender Mietangebote rücke das Thema Immobilienkauf wieder stärker in den Vordergrund, analysieren die Experten. Und sie erwarten, dass die Kaufpreise in Zukunft weiter steigen werden.

Ebenso wie die Mietpreise. Und das ist eine schlechte Nachricht für die meisten Bundesbürger*innen. In keinem anderen EU-Land leben so viele Personen zur Miete wie hierzulande – 53 Prozent, die meisten davon in den Städten.[40] Das hat vor allem historische Gründe. Während der industriellen Revolution Ende des 19. Jahrhunderts strömten die Menschen in Massen vom Land in die Stadt und brauchten dort so schnell wie möglich Wohnraum. Der Begriff »Mietskaserne« stammt aus dieser Zeit. Er beschreibt deren spartanischen Wohnstandard. Der Zweite Weltkrieg brachte eine weitere Wohnungsnotwelle ins Rollen. Infrastruktur, Häuser und Wohnungen waren zerstört, ein Viertel des Wohnbestands ging verloren. Knapp 21 Millionen Menschen suchten nach Kriegsende ein neues Zuhause.[41] Der Staat übernahm die Steuerung der Wohnungswirtschaft, um zu verhindern, dass die Mieten wegen der extrem hohen Nachfrage explodieren. Mit dem sozialen Wohnungsbau schaffte er für breite Bevölkerungsschichten preisgünstigen Wohnraum. Seitdem hat sich die Mietquote nur geringfügig verändert.

Seit Anfang 2022 nahm die Nachfrage auf dem Mietmarkt laut ImmoScout24 in den acht größten deutschen Metropolen um 29 Prozent zu, zeigen die Zahlen von April 2024. Noch deutlicher – um knapp 41 Prozent – stieg der Druck im Umland der Metropolen. Das bedeutet: Die Menschen weichen aufgrund von Wohnungsmangel und hohen Mietpreisen in den Stadtzentren zunehmend auf die umliegenden Gemeinden aus. Ein Alarmzeichen für die Städte.

Bleiben wir beim Beispiel München: 117 350 Menschen verließen im Jahr 2023 die wirtschaftlich prosperierende Stadt – aber nur 114 343 Menschen zogen hin. Ein Bevölkerungsminus von 3007 – in Zeiten von Fachkräftemangel wohlgemerkt.

Zwar gilt in vielen deutschen Städten – auch in München – eine *Mietpreisbremse*, wonach die Kosten bei Neuvermietung höchstens zehn Prozent über der ortsüblichen Vergleichsmiete liegen dürfen. Doch es gibt Ausnahmen. So greift das regulierende Instrument nicht bei Neubauten, nach umfangreichen Modernisierungen und bei Wohnungen, die nur für einen vorübergehenden Gebrauch vermietet werden.[42] Gemeint sind eigentlich Hotelzimmer, Ferienwohnungen oder Ferienhäuser. Leider fehlt im Gesetz eine klare Regelung, was »vorübergehend« heißt. Damit dürfen sich Gerichte beschäftigen. Eine Befristung auf sieben Monate wurde vom Landgericht Heidelberg schon mal als zu lang verworfen.[43] Aber das ist ein Einzelentscheid. Mietervereine beklagen den Trend, durch hochpreisige befristete Mietangebote die Preisbremse zu umgehen.

Und es gibt noch einen weiteren Trick, mit dem Vermieter*innen die Mietpreisbremse unterlaufen. Sie vermieten die Wohnungen einfach möbliert. Tisch, Bett, Stuhl, Schrank, *Möblierungszuschlag* auf die Miete draufschlagen. Fertig. Wie der Zuschlag berechnet wird, steht wieder nicht im Gesetz. Auch im Mietvertrag muss er nicht gesondert ausgewiesen, begründet oder belegt werden. Mieter*innen können also kaum nachvollziehen, wie sich die Miete zusammensetzt und ob sie gegen die Mietpreisbremse verstößt. Ein Blick auf das WohnBarometer zeigt, dass solche Wohnungen zum Beispiel in München rund sechs Euro pro Quadratmeter mehr kosten als unmöblierte.

Wen wundert es da, dass möblierte Wohnungen in Deutschlands fünf teuersten Metropolen München, Berlin, Frankfurt am Main, Freiburg und Stuttgart bereits rund ein Drittel des Angebots auf dem Mietmarkt ausmachen.[44] Das mag für Frankfurt noch sinnvoll erscheinen, wo sich viele Arbeitskräfte etwa aus der Finanz- oder Beraterbranche für eine begrenzte Zeit vor Ort aufhalten. Eine Studie des Beratungsunternehmens Oxford Economics, die das Bundesjustizministerium in Auftrag gegeben hat, zeigt jedoch, dass 2022 bundesweit bereits 14 Prozent aller Mieter*innen in möblierten Wohnungen lebten. Zwei Drittel dieser Menschen hatten aber gar nicht nach einer möblierten Wohnung gesucht, und 27 Prozent mussten schlicht auf eine möblierte Wohnung ausweichen, weil sie keine andere fanden.[45] Die Folgen sind fatal für den gesamten Mietmarkt, denn die hohen Mieten fließen in die Mietspiegel ein und treiben alle Mieten weiter nach oben – und weiter, und weiter.

Der Mietspiegel ist sowieso so eine Sache. Für die Berechnung der ortsüblichen Vergleichsmieten werden nur die in den letzten sechs Jahren vereinbarten und veränderten Mieten abgebildet. Da die Mieten aber kontinuierlich steigen, steigt auch der Mietspiegel automatisch bei jeder Aktualisierung. Fairer wäre es, die stabilen und niedrigeren Bestandsmieten mit einzubeziehen.

Auch die Inflation, wörtlich das »Aufblähen« der Preise, kann die Mieten befeuern. Bei einer sogenannten *Indexmiete* dürfen sich Vermieter*innen an den allgemeinen Lebenshaltungskosten orientieren. Wenn die steigen, kann auch die Miete teurer werden. Und das unabhängig vom Mietspiegel. Lage, Ausstattung oder etwaige Mängel in der Wohnung sind unerheblich. Blieb die Inflationsrate in den letzten 20 Jahren in Deutschland fast konstant unter zwei Prozent jährlich, schoss sie 2022 auf 6,9 Prozent und 2023 auf 5,9 Prozent in die Höhe.[46] Vor allem die Folgen der Corona-Pandemie, der Ukraine-Krieg, die Energiekrise und Lieferengpässe führten zu starken Preissteigerungen. Vielen Index-Mieter*innen flatterten prompt Mieterhöhungen ins Haus. Sie mussten nicht nur mehr für Lebensmittel, Kleidung et cetera ausgeben, sondern auch noch fürs Wohnen.

Das betrifft inzwischen viele. War der Anteil an Indexmieten wegen konstant niedriger Inflation bis 2020 noch marginal, weil nicht besonders gewinnversprechend, sind nach Angaben des Deutschen Mieterbundes in den letzten Jahren immer mehr neu geschlossene Mietverträge an die Inflation gekoppelt. So seien in den deutschen Metropolen im Jahr 2022 im Schnitt bei 30 Prozent der Verträge Indexmieten vereinbart worden – in München liegt der Anteil bei 40 Prozent, in Berlin sogar bei 70 Prozent.

Dieser starke Anstieg sei sozial- und wohnungspolitisch nicht zu verantworten, sagt Mieterbund-Präsident Lukas Siebenkotten.[47] »Viele Vermieterinnen und Vermieter nutzen die Möglichkeiten der Inflationsanpassung bei bestehenden Mietverträgen voll aus und haben ihren Mietern allein im Krisenjahr 2022 die Kaltmiete um bis zu 15 Prozent erhöht.«

Gäbe es mehr freie Wohnungen in den Großstädten, könnten die Mieten gar nicht so exorbitant steigen. Doch die Nachfrage übersteigt das Angebot bei Weitem – es herrscht Wohnungsmangel. Neben dem Zuzug in die Ballungsräume mit ihren Jobmöglichkeiten ist der Trend zum Einpersonenhaushalt maßgeblich für die Knappheit (siehe Kapitel Gesellschaft). So lebt in den bevölkerungsreichsten Städten Deutschlands in mehr als der Hälfte der Haushalte nur eine Person.[48] Je weniger Menschen es aber in einem Haushalt gibt, desto mehr Wohnfläche wird pro Kopf benötigt im Vergleich zu einem Mehrpersonenhaushalt, in dem man sich Küche, Bad und Wohnzimmer teilt.

Umso ärgerlicher, wenn freie Wohnungen nicht an Mieter*innen vergeben, sondern als private Übernachtungsmöglichkeit angeboten werden – oft tageweise und zu weit höheren Preisen, als es auf dem regulären Mietmarkt möglich wäre. Für Eigentümer*innen ein lukratives Geschäftsmodell. Mit jeder Wohnung, die nur noch an Urlaubende, Medizintourist*innen oder Geschäftsreisende vermietet wird, reduziert sich das Angebot für die Einheimischen. Vermittlungsplattformen wie Airbnb haben das System kommerzialisiert. Ursprünglich dazu gedacht, selbst genutzten Wohnraum zeitweise anderen Personen zur Verfügung zu stellen (zum Beispiel wenn man selbst in Urlaub ist), sind sie zu einem praktischen Werkzeug für jene geworden, die Wohnraum zweckentfremden wollen. Immer mehr Städte gehen inzwischen dagegen vor, zum Beispiel mit einer Registrierungspflicht für Kurzzeitvermietungen oder einer zeitlichen Begrenzung.

Der Staat subventioniert den ungezügelten Mietmarkt – und setzt den sozialen Wohnungsbau in den Sand.

Die Wohnungsnot in Deutschland hat inzwischen die größten Ausmaße seit 20 Jahren erreicht. Einer 2024 vom Verbändebündnis Soziales Wohnen vorgestellten Studie zufolge fehlen in Deutschland derzeit 800 000 Wohnungen – am besten bezahlbare.[49] Das Bündnis aus Baugewerkschaft und Mieterbund sowie

Sozial- und Branchen-Verbänden hat Bund und Länder aufgefordert, für den sozialen Wohnungsmarkt bis 2025 ganze 50 Milliarden Euro bereitzustellen. Das Ziel der Bundesregierung, jährlich 100 000 Sozialwohnungen für Personen mit einem Einkommen unterhalb festgelegter Grenzen zu schaffen, lasse sich anders nicht erreichen. Im Jahr 2022 entstand lediglich ein knappes Viertel, und auch für die Zukunft wird ein ähnlich unzureichender Umfang erwartet. Bislang will der Bund den Bau von Sozialwohnungen bis zum Jahr 2026 gerade mal mit 14,5 Milliarden Euro fördern. Wie soll auf diese Weise ein erfolgreicher sozialer Wohnungsbau gelingen?

Dabei wäre er so bitter nötig, auch für den sozialen Frieden im Land: Grob die Hälfte der Miethaushalte in Deutschland habe »vom Einkommen her die Berechtigung, in einer Sozialwohnung zu wohnen«, sagt Studienleiter Matthias Günther vom Prestel-Institut, das die Analyse durchgeführt hat. Die Menschen haben Anspruch auf staatliche Unterstützung. Es gibt aber nicht genügend Sozialwohnungen. Und nun? »Um bedürftigen Haushalten das Wohnen überhaupt noch zu ermöglichen, ist der Staat mittlerweile gezwungen, stetig steigende Mieten auf dem freien Wohnungsmarkt zu akzeptieren«, erklärt Günther.[50] Dadurch seien »staatliche Ausgaben für das Wohngeld und für die Kosten der Unterkunft geradezu explodiert«.

Im Jahr 2022 hat die öffentliche Hand demnach erstmals mehr als 20 Milliarden Euro für Wohnkosten bedürftiger Bürger*innen ausgegeben, davon 15 Milliarden Euro für die Miete, die die Jobcenter für Bürgergeldberechtigte übernimmt, und mehr als 5 Milliarden Euro für das Wohngeld, mit dem Menschen mit niedrigem Einkommen unterstützt werden. Zum Vergleich: Die Ausgaben von Bund und Ländern für den sozialen Wohnungsbau lagen in den letzten Jahren unter 2,5 Milliarden Euro pro Jahr, so die Studie. Es wird also achtmal so viel Geld in den regulären

Mietmarkt gesteckt. Damit werden die steigenden Mieten auf dem freien Markt mit Milliarden Euro subventioniert.

Aber warum wird in Deutschland eigentlich so wenig gebaut? Warum gelingt es der Politik nicht, dauerhaft bezahlbaren Wohnraum zur Verfügung zu stellen?

Die einfache Antwort: Bauen ist zu teuer geworden. Gestiegene Zinsen, gestiegene Preise für Material und Fachkräfte, gestiegene Baustandards. Doch ganz so einfach ist es nicht. So leicht sollten sich Politiker*innen nicht aus ihrer Verantwortung stehlen dürfen.

Denn eine der politisch bedingten Ursachen für den Wohnungsmangel liegt im jahrzehntelangen Rückgang des Sozialwohnungsbestands. So gab es in den Achtzigerjahren in der alten Bundesrepublik fast 4 Millionen Sozialwohnungen, heute sind es noch knapp 1,1 Millionen. Und jedes Jahr fallen weitere rund 40 000 Wohnungen aus der Belegungs- und *Mietpreisbindung*, geht aus einer Analyse des Instituts der Deutschen Wirtschaft hervor. Diese Bindung ist nämlich zeitlich befristet, meist auf 15 bis 25 Jahre. Danach können die Wohnungen zu den ortsüblichen Preisen vermietet werden, und zwar auch dann, wenn die Kommune einem privaten Investor günstig Bauland überlassen hat mit der Auflage, Sozialwohnungen zu bauen. Für die betroffenen Mieter*innen gibt es zwar die bereits genannten Mietzuschuss-Regelungen, aber kein sicheres Auffangnetz. Mal abgesehen davon, wie es sich anfühlen muss, plötzlich und unverschuldet den Staat um Hilfe bitten zu müssen.

Mit der 1989 eingeführten »flexiblen Förderung des sozialen Wohnungsbaus« und dem damit verbundenen zeitlich begrenzten Eingriff in den Wohnungsmarkt wollten die Politiker*innen die Investitionsbereitschaft privater Bauherrschaften erhöhen. Leider fiel ein Jahr später auch die *Wohnungsgemeinnützigkeit* weg. Davor erhielten Wohnungsunternehmen Steuerbefreiungen, wenn sie gemeinnützig handelten, indem sie preisgünstigen Wohnraum dauerhaft solchen Haushalten bereitstellten, deren Einkommen unter einer gewissen Grenze lag. Im Gegensatz dazu ist der mehr renditeorientierte *Soziale Wohnungsbau* von einmaligen Darlehen und Zuschüssen geprägt. Nachdem der Ansatz, private Bauträger für sozialverträglichen Wohnungsbau zu begeistern, nicht sehr erfolgreich war, steht die Wiedereinführung des Konzepts der Gemeinnützigkeit zur Diskussion.[51]

»Wir werden zeitnah eine neue Wohngemeinnützigkeit mit steuerlicher Förderung und Investitionszulagen auf den Weg bringen und so eine neue Dynamik in den Bau und die dauerhafte Sozialbindung bezahlbaren Wohnraums erzeugen.« So steht es im Koalitionsvertrag der amtierenden Bundesregierung.[52] Allerdings ist zeitnah ein dehnbarer Begriff. Passiert ist noch nichts.

Viele Kommunen haben im Zug des Immobilienbooms der letzten 25 Jahre Teile ihres Grund- und Wohnungsbestands an private Investoren verkauft. Manche besitzen kaum noch eigenen Boden. Sie wollten sich damit auf einen Schlag entschulden oder zumindest ihre Schulden deutlich abbauen. Ein beliebtes Argument: Damit könnten die Zinslast gesenkt und Mittel für Investitionen in die soziale Infrastruktur freigesetzt werden, beispielsweise um Schulen zu sanieren, Kitas zu errichten, den ÖPNV zu erhalten und auszubauen oder auch um Feuerwehr und Polizei besser auszustatten.

Das Gegenargument, kommunale Wohnungsunternehmen leisteten einen wichtigen Beitrag zur Sozialpolitik, greife nicht, befand das Institut der Deutschen Wirtschaft in einem IW-Policy Paper noch 2017. Von Mieten unterhalb des Marktniveaus würden nur wenige Haushalte profitieren – lediglich 16,9 Prozent der Mieter*innen kommunaler Wohnungen seien etwa in Berlin als armutsgefährdet einzustufen.[53] Inzwischen ist der Niedriglohnsektor jedoch deutlich angewachsen. So arbeitete im Oktober 2022 fast jede*r Vierte Beschäftigte in Deutschland für einen Stundenlohn unter 14 Euro.[54] Und die Mieten steigen.

Ein weiteres Problem ist die *Fehlbelegung* von Sozialwohnungen, die für Menschen mit geringen Einkommen gedacht sind. Was aber passiert, wenn die Mieter*innen irgendwann – wieder – mehr verdienen und trotzdem in der Wohnung bleiben? Das ist legitim. Einmal eingezogen, dürfen Mieter*innen auch bei gestiegenem Einkommen wohnen bleiben. Und wer zahlt schon freiwillig mehr Miete, wenn man nicht muss? Ist das nicht unfair?

Einen Auszugszwang zu fordern, hält Monika Schmid-Balzert vom Landesverband Bayern des Deutschen Mieterbunds für schwierig. »An der Wohnung hängt ja nicht nur das Dach überm Kopf oder ob ich es bezahlen kann, sondern da ist das Umfeld dahinter, der Kindergarten, die Schule, da hängen der Arbeitsplatz, Infrastruktur, Ärzte dran«, sagt sie.[55] Und gibt es nicht auch eine emotionale Seite? Wer will sein gewohntes Nest verlassen, seine vertraute Umgebung, wegziehen aus seinem Kiez, in dem man verwurzelt ist, wo man idealerweise eine gute Nachbarschaft pflegt, Freunde hat und mit dem Gemüsehändler per Du ist?

Die Bundesländer gehen mit Fehlbelegung unterschiedlich um. Manchmal erheben die Ämter eine Abgabe, manchmal streichen sie einen Zuschuss auch wieder. Die Wohnungen konsequent nur berechtigten Personen zur Verfügung zu stellen, steht nicht zur Debatte. Und so nehmen sie in Kauf, dass Normal- und sogar Gutverdienende dringend benötigten bezahlbaren Wohnraum besetzen, der an anderer Stelle auch nicht kompensiert wird.

Und als ob das alles nicht unerfreulich genug ist, wurden Immobilien zunehmend Ziel von Spekulant*innen und Investor*innen, die Bauland erwarben, um es später für einen höheren Preis wieder zu verkaufen. Eine Folge der langjährigen Niedrigzinspolitik der Europäischen Zentralbank. Münchens Stadtbaurätin

Elisabeth Merk macht deshalb den Boden als Haupttreiber für die Wohnungskrise aus: »Selbst wenn jemand nicht mit seinem Grundstück spekuliert, ist es nach 20 Jahren das Zigfache wert.«[56] Dieser enormen Wertsteigerung könne kaum mit Fördermitteln und anderen Instrumenten begegnet werden.

Schließlich ist da noch die *Grundsteuer*. Das Paradoxe daran: Je mehr Wohnfläche ein Grundstück enthält, desto mehr Steuern müssen Eigentümer*innen zahlen. Unbebaute Flächen sind also günstiger. Außerdem bemisst sich die Grundsteuer bei bebauten Grundstücken am Wert der Immobilie. Durch Reparaturen und Modernisierungen steigt der Wert der Gebäude und damit auch die Steuerlast. Investitionen in Gebäudebestand, die gesellschaftlich vorteilhaft und gewünscht sind, werden dadurch weniger attraktiv. Und: Vermieter*innen können den höheren Steuerbetrag einfach auf die Mieter*innen umlegen. Eine Möglichkeit, die gerne genutzt wird. Die Folge, na klar, steigende Mieten.

Für eine bessere Option halten Ökonom*innen deshalb die sogenannte *Bodenwertsteuer*, eine Abgabe auf den Wert des Grundstücks an sich. Im Gegensatz zur Grundsteuer wird der Wert von Gebäuden, persönlichem Eigentum und anderen Eigentumsverbesserungen bei dieser ignoriert. Da die Menge an Boden immer gleich bleibt, ändert sich durch die Besteuerung am Angebot nichts. Im Gegenteil, eine Bodenwertsteuer würde sogar dazu führen, dass Eigentümer*innen, die bisher nur mit ihren Grundstücken spekuliert haben, zu einer Nutzung angeregt werden. Die Höhe der Steuer ändert sich ja nicht, egal, was sie mit dem Grundstück anstellen. Also können sie es auch bebauen und Wohnungen oder Büros vermieten und mit den Einnahmen etwa die Steuer bezahlen. Die Ampel-Regierung lehnt die Steuer jedoch ab mit der Begründung, deren Einführung sei zu aufwendig.

Homeoffice ist beliebt. Viele ungenutzte Büroflächen werden zu Wohnungen umgebaut. Es sind nur oft die falschen.

Möglichst viele Wohnungen zu bauen, gilt als *das* Rezept gegen die Wohnungskrise und steigende Mieten. Aber stimmt das überhaupt? Nur bedingt, wenn man sich das Beispiel Hamburg anschaut. Dort entstanden in den letzten zehn Jahren mehr als 70 000 neue Wohnungen. Gemessen an der Zahl der Einwohner*innen, ist die Stadt damit deutschlandweit allen voran. Aber die Mieten steigen auch hier. Warum? Die Stadt hat die falschen Wohnungen gebaut. Ein Drittel Mietwohnungen für den freien Markt, ein Drittel Eigentumswohnungen, ein Drittel staatlich geförderter Wohnraum. Die Folge: Die teuren Mieten der Neubauten fließen in den Mietspiegel ein, was die Mieten für alle erhöht.

Aber muss denn überhaupt so viel neu gebaut werden? Gibt es vielleicht auch andere Möglichkeiten, Wohnraum zu schaffen? Naheliegend wäre ein Blick in Bürobauten, von denen viele leer stehen, weil die Leute seit der Corona-Pandemie lieber vom Homeoffice aus arbeiten, als täglich ins Büro zu pendeln und im Stau festzustecken (siehe Kapitel Mobilität). Knapp die Hälfte der befragten Büroangestellten würde kündigen, sollte ihr Arbeitgeber diese Möglichkeit abschaffen oder stark einschränken, ergab eine Umfrage unter mehr als 2000 Beschäftigten durch das Meinungsforschungsinstitut Yougov.[57]

Manche Unternehmen ziehen deshalb in kleinere Büros um, um Kosten für nicht ausgelastete Arbeitsplätze einzusparen, oder teilen sich Räumlichkeiten. Tatsächlich hat sich die Zahl ungenutzter Arbeitsplätze in den Büros einer Umfrage des ifo-Instituts zufolge seit dem Präpandemiejahr 2019 bis heute in etwa verdreifacht.[58] Allein in Frankfurt sind knapp zehn Prozent Bürofläche nicht belegt, das entspricht etwa einer Million Quadratmeter.

In Berlin sieht es ähnlich aus, in München sind es sogar knapp 1,5 Millionen Quadratmeter ungenutzter Bürofläche.

Der Rückgang der Büronutzung betrifft die Innenstädte besonders stark, denn dort gibt es überdurchschnittlich viele Büros. Das hat auch Konsequenzen für den Einzelhandel. Wer kennt das nicht: Schnell mal in der Mittagspause ein paar Dinge besorgen, nach Dienstschluss in Ruhe shoppen gehen oder mit den Kolleg*innen zur Happy Hour im Lokal um die Ecke den Feierabend einläuten. Für viele von uns haben sich diese Routinen geändert. Für die Homeworker ist nun der Mittagstisch im Kiezlokal interessant oder die Mikrowelle kommt zum Zug. Geshoppt wird im Internet und nach Feierabend wechselt es sich schnell vom Bürostuhl auf die Couch. Und so leiden die Geschäfte wegen der fehlenden Büromenschen unter sinkenden Umsätzen. Manche müssen schließen. Und das betrifft nicht nur kleinere Läden, sondern auch größere Ketten und Kaufhäuser. Die Folge: Innenstädte laufen Gefahr, auch tagsüber zu veröden.

Könnte in der Leerstand-Problematik eine Chance liegen, wieder mehr Wohnraum in den Innenstädten zu schaffen und sie mit Menschen zu beleben?

Ungenutzte Büroflächen bieten das Potenzial für fast 20 000 neue Wohnungen in den sieben größten Städten Deutschlands – Berlin, Hamburg, München, Köln, Frankfurt, Düsseldorf und Stuttgart. Das zeigt eine Analyse des Immobilienspezialisten Jones Lang LaSalle (JLL) aus dem Jahr 2023.[59]. Demnach könnte der aktuelle Wohnungsbedarf in diesen Städten zu rund einem Fünftel gedeckt werden, in Düsseldorf und Stuttgart gar zu mehr als der Hälfte. Dort gebe es viele geeignete Büroflächen, die sich umnutzen ließen – anders als etwa in Berlin, wo zwar viele Büros leer stünden, die aber nicht zu Wohnraum umgebaut werden könnten. Denn ganz so einfach ist das Wohnen im Büro nicht.

So eignet sich nicht jeder beliebige Bürostandort als Wohnviertel. Voraussetzung ist die Anbindung an Infrastruktur wie Nahverkehr, Geschäfte, Parks, Kindergärten und Schulen. Viele Bürogebäude stehen aber inmitten von Gewerbegebieten. Die Analyse von JLL berücksichtigt das bereits. Dann gibt es architektonische Hürden wie die Deckenhöhe und geeignete Grundrisse. Oft ist mangelnder Lichteinfall bei großen, tiefen Flächen ein Problem. Gut geeignet für Umnutzung zu Wohnraum sind dagegen Bürotürme, da ihre quadratischen Grundrisse einen natürlichen Lichteinfall ermöglichen.

Es gibt aber auch einige – und recht gewichtige – Vorteile: So liegen die Kosten für die Umwidmung von Büros zu Wohnraum in den Metropolen nach Angaben von JLL rund 50 Prozent niedriger als bei einem Neubau. Es geht auch oft schneller, ein Haus umzubauen, als neu zu errichten. Und es ist nachhaltiger. So sind die CO_2-Emissionen deutlich geringer – der Rohbau oder die Gebäudehülle mit den darin steckenden Materialien stehen ja schon (siehe Kapitel Ressourcen). Und, vielleicht am wichtigsten: Es werden keine neuen Flächen verbraucht und versiegelt (siehe Kapitel Klimawandel).

Eine echte Herausforderung ist jedoch die Bauweise von Bürogebäuden. Während Büros großflächig geplant sind und die Grundrisse über versetzbare Innenwände möglichst flexibel gehalten werden, sind Wohnungen kleinteilig gedacht. Es müssten also viele zusätzliche Mauern pro Geschoss hochgezogen werden. Meist sind Bürogebäude als sogenannte Stahlbeton-Skelettbauten mit vorgehängter Fassade ausgeführt. Das erschwert einen wohngerechten Schall- und Brandschutz. Denn für Büro- und Wohnbauten gelten unterschiedliche Rechtsvorgaben. Sollen mehrere Wohnungen pro Stockwerk entstehen, müssen jeweils getrennte Zugänge, Sanitäranlagen und Belüftungen geschaffen werden. Dazu braucht es neue Rohr- und Leitungsschächte.

»Damit sich so ein Umbau kaufmännisch rechnet, vermieten viele Eigentümer die Wohnungen zu höheren Preisen in einem gewerblichen Rahmen«, sagt Tobias Just, Inhaber des Lehrstuhls für Immobilienwirtschaft der Universität Regensburg.[60] Zum Beispiel in Form von *Serviced Apartments*, voll möblierte Miniwohnungen, die für verschiedene Zeiträume buchbar und mit alltäglichen Utensilien wie Geschirr, Töpfe und Kaffeemaschine komplett ausgestattet sind. Ein Angebot für Arbeitnehmende, die für einen längeren Zeitraum, aber nicht auf Dauer in der Stadt leben, vielleicht während eines Projekts, oder für Touristen und Geschäftsreisende, die eine wohnlichere Alternative zum Hotel suchen. Gäste benötigen für ihren Einzug nichts weiter als ihre Koffer, den Rest liefert das Serviced Apartment.

Da sich der Mietpreis neben der Größe und Lage der Wohnung auch nach der Nachfrage richtet, gilt auf dem deutschen Mietmarkt mit seinen vielen Singlehaushalten: je kleiner die Wohnung, desto höher der Preis pro Quadratmeter. »Im gewerblichen Wohnsegment lassen sich aber noch mal deutlich höhere Quadratmeterpreise verlangen als für gewöhnliche Wohnungen, weil der Vermieter kürzere Fristen oder zusätzliche Dienstleistungen anbietet«, sagt Just. Oft kann in Serviced Apartments auch ein gemeinschaftlicher *Co-Working Space*, ein Concierge- oder ein Reinigungsservice in Anspruch genommen werden.

Und das Konzept kommt an. In der Wohnungskrise und in Zeiten des Personalmangels sind Unternehmen bereit, neuen Fachkräften in den ersten Monaten erst einmal eine Wohnung vor Ort zu bezahlen, auch wenn die teuer ist. Doch Studierende, Normalverdienende, junge Familien mit Kindern oder Senior*innen mit überschaubarer Rente, also der Großteil der Wohnungssuchenden, profitiert bislang kaum von umgewandelten Büros.

Neben der Umnutzung sind deshalb unkonventionelle Ideen für neuen Wohnraum gefragt, etwa Wohnen über Supermärkten oder

Parkplätzen. Wie also könnten alternative Wohnkonzepte aussehen? Wie lässt sich Wohnen sozialverträglich realisieren? Brauchen wir etwa nicht nur mehr Wohnraum, sondern auch andere Wohnungen?

Die Lebenssituation hat sich geändert, die Wohnung nicht. Zeit für einen Wohnungstausch oder Cluster-Wohnen.

Die Wohnungsnot führt nicht nur dazu, dass viele Zuzügler*innen in den Städten keine Bleibe finden, sie sperrt die Menschen, die eine Wohnung ergattert haben, auch darin ein. Ökonom*innen sprechen von einem *Lock-in-Effekt*. Der Wohnungsmarkt ist erstarrt. Und das ist ein Problem, wenn zum Beispiel zwei junge Menschen eine Familie gründen wollen, wenn die Familie um ein weiteres Kind wächst, wenn Patchworkfamilien einen gemeinsamen Hausstand gründen möchten oder wenn Paare in eine kleinere Wohnung ziehen wollen, nachdem die Kinder aus dem Haus sind. Mit der Folge, dass sich viele Familien in viel zu kleinen Quartieren drängen und manche Senior*innen in unbequem großen, weil pflegeaufwendigen Refugien verharren.

Oft ist es doch so: Das Zuhause passt schon lange nicht mehr zur Lebenssituation, doch ein Umzug ist anstrengend und teuer und am Ende zahlt man für weniger Quadratmeter Wohnfläche mehr Miete. Und selbst wenn man jemanden findet, der bereit wäre, seine Wohnung zu tauschen, steigt die Miete der neuen Wohnung höchstwahrscheinlich. Denn der Wohnungstausch wird wie eine Neuvermietung gehandhabt und berechtigt Vermieter*innen, eine höhere Miete zu verlangen.

Was aber, wenn zwei Haushalte nicht nur die Wohnungen, sondern auch die bestehenden Mietverträge tauschen könnten?

Neben den Grünen und der Linkspartei setzt sich auch der Mieterbund für diese Idee ein. Schon heute gibt es kommerzielle Plattformen zum Wohnungstausch und auch einige Kommunen und städtische Vermieter*innen versuchen bereits, Tausch-Deals zu vermitteln. Bislang mit eher mäßigem Erfolg. Denn es gibt zurzeit keine Garantie, dass man den alten Vertrag des Vormieters oder der Vormieterin übernehmen darf. Dazu müsste der rechtliche Rahmen erst geschaffen werden, sozusagen ein Recht auf Wohnungstausch. Das Bundesjustizministerium sieht dafür allerdings keine Notwendigkeit: Es sei fraglich, ob es ein »nennenswertes soziales Bedürfnis« gebe.[61] Herausfinden möchten es die Politiker*innen offenbar nicht. Dabei würde es sich lohnen, selber Zahlen zu erheben oder sich an dem zu orientieren, was andere schon ermittelt haben.

Denn rein rechnerisch ist die Zahl möglicher Interessent*innen ziemlich groß. Summiert man die Haushalte, die in deutschen Großstädten entweder sehr viel oder sehr wenig Platz haben, kommt man zu ungefähr gleichen Teilen auf etwas über 6 Prozent, zusammen also auf gut 12 Prozent.[62] Nur: Viele ältere Menschen, die den Hauptteil der Tauschpartner mit großen Wohnungen ausmachen würden, wollen gar nicht umziehen. Sie hängen an ihrer Wohnung und auch an ihrem Viertel, in dem sie meist schon lange leben. Sie kennen die Nachbarn und den Briefträger und wissen, wo der Bäcker ist und wo die nächste Apotheke.

Um sie zu einem Wohnungstausch zu motivieren, müsste man ihnen ermöglichen, innerhalb ihres Wohnviertels, vielleicht sogar innerhalb desselben Wohnblocks umzuziehen, idealerweise in eine barrierefreie Wohnung. Dazu müsste man den Baubestand aber altersgerecht machen. Das hört sich umfangreicher und teurer an, als es sein muss. In einer Siedlung brauchen zum Beispiel gar nicht in alle Häuser Fahrstühle eingebaut werden. Es genügt, dies in einem zu tun. Die Bewohner*innen, die einen

Fahrstuhl benötigen, könnten dann ohne höhere Wohnkosten dorthin wechseln und ihre Wohnung mit den Bewohner*innen aus diesem Haus tauschen. Eine solche Anpassung könnte gut im Zuge von Nachverdichtung passieren (siehe Kapitel Gesundheit).

Menschen, die bereit sind, in eine kleinere Wohnung zu ziehen, sollten dies auch honoriert bekommen, etwa durch Hilfen bei der Wohnungssuche oder finanzielle Unterstützung beim Umzug.

Es gibt Initiativen, die das Wohnungsproblem schon mal mutig selbst in die Hand nehmen und als gutes Vorbild vorangehen: So bietet zum Beispiel die Stadt Freiburg Tauschwilligen, die von einer 3–4-Zimmer-Wohnung oder größer in eine kleinere Wohnung ziehen würden, eine Umzugskostenpauschale von 2000 Euro an. Und Frankfurt am Main zahlt Umzugsprämien, wenn eine unterbelegte, öffentlich geförderte Wohnung mit mindestens drei Zimmern gegen eine kleinere getauscht wird.

Christine Hannemann, Inhaberin des Lehrstuhls für Architektur- und Wohnsoziologie der Universität Stuttgart, schlägt darüber hinaus eine Tauschpauschale oder einen Tauschrabatt vor, in Anlehnung an die Pendlerpauschale oder das Baukindergeld. »Zurzeit ist es eher wie beim Mikado: Wer sich bewegt, hat schon verloren, weil sich nach einem Umzug die Wohnkosten erhöhen«, veranschaulicht sie die Lage auf dem Wohnungsmarkt.[63]

Die Stadt Darmstadt und das kommunale Immobilienunternehmen bauverein haben ein solches Wohnungstauschprogramm aufgelegt. Für wechselwillige Mieter*innen mit großen Wohnungen sucht das Unternehmen kleinere Wohnungen innerhalb des Bestands. Kommt es zu einem Wohnungstausch, erhält die Mietpartei, die eine größere Wohnung verlässt, eine Umzugsprämie von 100 Euro pro Quadratmeter der Wohnflächendifferenz beider Wohnungen. Für einen Umzug von einer 100 Quadratmeter großen Wohnung in eine 60 Quadratmeter große Wohnung erhält die Mietpartei beispielsweise 4000 Euro, den Maximalbetrag. Der Mietpreis pro Quadratmeter wird auf beiden Seiten nicht erhöht. Allerdings muss die frei gemachte Wohnung mindestens 75 Quadratmeter groß sein und die Ersatzwohnung eine mindestens 25 Prozent geringere Wohnfläche aufweisen.

Etwas anders gestaltet der Berliner Bestandshalter und -entwickler Preig sein Wohnungstauschprogramm. Dort können Mieter*innen innerhalb des von Preig verwalteten Bestands von einer unsanierten in eine kleinere, modernisierte Wohnung wechseln. Zwar steigt dann der Quadratmeterpreis, doch die absolute Höhe der Kaltmiete bleibt wegen der kleineren Größe der Wohnung nahezu gleich, während der Wohnkomfort zunimmt und die Betriebskosten, etwa für die Heizung, sinken. Der Vorteil: Mieter*innen müssen sich nicht wie auf dem normalen Wohnungsmarkt bewerben, sie erhalten eine direkte Zusage für die neue Wohnung.

Wie es auch noch gehen könnte, zeigt die Wiener Wohnen, die größte kommunale Hausverwaltung Europas mit etwa 220 000 Wohnungen, in der österreichischen Hauptstadt. Wer Mieter*in einer der sogenannten Gemeindewohnungen ist und in eine mehr oder weniger große Wohnung wechseln möchte, kann ein Gesuch in der hauseigenen Wohnungsinserate-Zeitschrift aufgeben. Es gibt auch eine entsprechende Online-Tauschbörse. Findet sich ein Tauschpaar, treten beide Mietenden direkt in den Mietvertrag des jeweils anderen ein. Voraussetzung dafür und der Unterschied zu Deutschland: In Österreich existiert ein gesetzliches Anrecht auf Wohnungstausch.

Mit der *Aktion 65 plus* hält die Stadt Wien auch ein Angebot für einen Wechsel in eine kleinere und altersgerechte Wohnung speziell für ältere Mieter*innen einer Gemeindewohnung bereit. Dort bezahlen sie 35 Prozent weniger Kaltmiete, wenn bestimmte Voraussetzungen erfüllt sind, sie beispielweise zehn Jahre Hauptmieter*in der bisherigen Wohnung waren und diese größer als 65 Quadratmeter ist.

Für die sozialverträgliche Nutzung von Bestandswohnungen gibt es also schon ein paar Ideen. Wie aber sieht es bei Neubauten aus? Schließlich prägen diese das künftige Gesicht der Stadt und deren Nutzungsmöglichkeiten. Für die moderne Stadtgesellschaft mit sich wandelnden Lebens- und Arbeitsmodellen sind vor allem flexible Konzepte gefragt. Drei-Zimmer-Küche-Bad für die Kernfamilie hat ausgedient.

Stattdessen werden Kleinwohnungen, *Mini-, Mikro- und Serviced Apartments* gebaut, die den Trend zum Einpersonenhaushalt bedienen und darüber hinaus am meisten Gewinn abwerfen. Die damit unterstützte Individualisierung der Gesellschaft kann jedoch eine unangenehme Kehrseite haben: Insbesondere im Alter drohen Vereinzelung und Vereinsamung. Es geht aber auch anders.

So hat Zürich, eine der teuersten Städte der Welt, auf dem Hunziker Areal ein Wohnmodell geschaffen, das ein Vorbild für die Zukunft sein könnte. Anstatt das ehemalige Fabrikgelände wie sonst üblich an den Höchstbietenden zu verkaufen, beauftragte die Stadt eine Genossenschaft damit, ein Quartier mit günstigen Wohnungen zu bauen. Das Besondere an dem Projekt sind die Grundrisse. Das Konzept sieht vor, dass die eigene Wohnung etwas kleiner gehalten wird und stattdessen mehr Gemeinschaftsflächen mit anderen Bewohner*innen geteilt werden. Am Ende hat man viel mehr Wohnraum zur Verfügung als üblich.

In den letzten Jahren entstanden in Deutschland und Europa unter dem Sammelbegriff *Cluster-Wohnungen* Pilotprojekte einer neuen Wohnungstypologie, die das Zusammenleben von Menschen in unterschiedlichen Lebensphasen und -modellen ermöglichen soll. Sie richtet sich insbesondere an Alleinstehende, Alleinerziehende, Patchworkfamilien oder auch Senior*innen. Cluster-Wohnungen kombinieren die Vorteile einer Kleinwohnung mit denen einer Wohngemeinschaft. Im Unterschied zu WGs hat jede Partei ein eigenes Bad und zumindest eine Küchenzeile. Das Konzept zeichnet sich durch flexible Grundrisse, manchmal in der Größe variable Wohnungen und Gemeinschaftsflächen aus.

Indem private Räumlichkeiten eher klein gehalten werden, stehen der Gemeinschaft Flächen für Nutzungen zur Verfügung, die sich jeder Einzelne so nicht leisten könnte – etwa eine Dachterrasse, ein Swimmingpool, ein Partyraum, eine Werkstatt im Keller, eine Küche mit langem Esstisch für Familienfeste oder ein Home-Kino. Oft werden Verkehrs- und Erschließungsflächen zu möblierten Begegnungsräumen erweitert und barrierefrei gestaltet.

Bewohner*innen einer Cluster-Wohnung verbinden mit dieser Wohnform ein selbst organisiertes Zusammenleben bewusst und auf Dauer. Damit unterscheidet sich das Konzept von Studierenden-, Alters- oder Pflegeheimen, die vor allem zweckorientiert sowie durch Trägerorganisationen strukturiert und geregelt werden. Demzufolge haben vor allem Bau- und Wohnungsgenossenschaften bislang Cluster-Wohnungen realisiert.

Beim Cluster-Wohnen kann viel geteilt werden, muss aber nicht. Entscheidend für das Gelingen ist die Bereitschaft, mit anderen zusammenzuleben und auch Wohnexperimente zu wagen. In einer Wohntypenanalyse des Bundesinstitut für Bau-, Stadt- und Raumforschung beschreiben Bewohner*innen von Cluster-Wohnungen »Gemeinschaft« als eine besondere Lebensqualität, die sie vermissen würden, wenn sie wieder in eine konventionelle Wohnung zögen.[64]

Ungleich verteilte Wohnfläche, rasant steigende Mieten, Gewinne für Bodenspekulanten, der Trend zu Einpersonenhaushalten – all diese Entwicklungen überlagern sich und sorgen für Probleme auf dem Wohnungsmarkt. Zu lange hat sich die Politik auf die Selbstregulation des Marktes verlassen. Unser Wirtschaftssystem ist aber auf Gewinn ausgelegt und funktioniert deshalb nicht in Bereichen, in denen es nicht zuletzt um Sozialverträglichkeit geht. Wohnen gehört dazu.

Eine am Gemeinwohl orientierte Baupolitik ist notwendig. Es geht darum, nicht nur mehr zu bauen, sondern auch die Instrumente, die einen Mietenanstieg dämpfen können, endlich so zu reformieren, dass sie wirklich greifen. Denn langfristig kann die Wohnungsnot den Zusammenhalt der Gesellschaft zerstören und unsere Städte zu unbelebten Zivilisationszombies machen. Also muss der Staat regulatorisch eingreifen, indem er etwa die Mietpreisbremse verschärft, Umwandlungsverbote von Miet- in Wohneigentum ausspricht – eine häufige Ursache für Verdrängung – oder auch Enteignungsinstrumente für leer stehende Häuser oder Grundstücke einsetzt.

Es ist außerdem an der Zeit, alternative Wohnkonzepte und Angebote zu entwickeln, zu fördern und zu realisieren, die den demografischen Wandel, neue Lebensentwürfe, Patchworkfamilien und flexible Erwerbstätigkeit berücksichtigen. Um die Innenstädte lebendig zu halten, sind sogenannte *Mixed-Use-Immobilien* gut geeignet, die Handel, Freizeit und Gastronomie im Erdgeschoss mit Wohnen in den oberen Stockwerken kombinieren. Darin liegt auch eine Chance, kleine Produktionsstätten und inhabergeführte Läden wieder in die Innenstadt zurückzuholen. Da ein Fair-Trade-Shop, ein Laden für 3-D-Druck oder ein kleines Repair-Café aber nicht genauso viel Umsatz generieren wie ein Backshop oder ein Store für Billigmode, müsste es hier finanzielle Förderung geben.

Die Umnutzung ehemaliger Büro- und Gewerbeimmobilien in zentraler Lage kann ebenfalls den innerstädtischen Wohnstandort stärken. Bindet man sie in ein städtebauliches Konzept ein, können sich weitere positive Impulse auf Quartiersebene ergeben.

MOBILITÄT

WIE VIELE AUTOS WOLLEN WIR IN DER STADT?

In unseren autogerecht geplanten Städten beanspruchen Straßen und Parkplätze 60 bis 80 Prozent des öffentlichen Raums. Viele Städte in Europa arbeiten inzwischen jedoch an einer alternativen Mobilitätskultur wie der 15-Minuten-Stadt, die dem Fuß- und Radverkehr wieder mehr Gewicht beimisst. Ziel ist eine Demokratisierung des Verkehrssystems, das allen Beteiligten jederzeit die freie Wahl des Fortbewegungsmittels ermöglicht. Denn wie wir uns durch unsere Städte bewegen, beeinflusst unser Lebensgefühl. Im Auto rasen wir anders durch den Alltag, als wenn wir zu Fuß die Sonne auf der Haut spüren und die Vögel hören.

Haben Sie ein Auto? Nutzen Sie es täglich und sind Sie meist allein damit unterwegs? Ärgern Sie sich über zäh fließenden Verkehr, die Rushhour oder Baustellen? Und falls Sie in der Stadt wohnen: Empfinden Sie die Parkplatzsuche als eher lästig im Alltag? Möchten Sie dennoch nicht aufs Auto verzichten? Dann gehören

Sie zur Mehrheit in Deutschland. 78 Prozent aller Haushalte besaßen 2022 mindestens einen Pkw, 6,2 Prozent sogar drei oder mehr. Und immer mehr Menschen nutzen das Auto trotz verstopfter Straßen, Luftverschmutzung und dem Risiko von Unfällen. Auf 1000 Einwohner*innen kamen 2022 tatsächlich 583 Pkws – ein Rekordwert.[65] Es gibt aktuell über 49 Millionen Autos in Deutschland – bei knapp 84 Millionen Einwohner*innen. Der Pkw ist nach wie vor das dominante Verkehrsmittel im Alltag. 57 Prozent aller Wege und 75 Prozent aller Kilometer, die eine Person zurücklegt, fährt sie mit dem Auto.[66] Wir verbringen mehr Zeit im Straßenverkehr als am Esstisch. Wir geben mehr Geld fürs Autofahren aus als für Lebensmittel. 427 000 Stunden standen die Deutschen 2023 im Stau.[67] Was nur macht das Auto so attraktiv?

Liegt es daran, dass wir glauben, mit dem Auto schneller ans Ziel zu kommen? Objektiv betrachtet stimmt das nicht. Wir sind heute im Schnitt länger unterwegs als vor 20 Jahren und auch die Wegstrecken haben sich verlängert. Wir legen im Auto größere Distanzen zurück und verbringen mehr Zeit darin, auch wegen steigender Staufrequenz und mehr Lkws auf den Straßen.

Liegt es daran, dass wir glauben, das Auto sei ein kostengünstiges Fortbewegungsmittel? Autobesitzer in Deutschland unterschätzen die Gesamtkosten ihres Pkw systematisch um bis zu 50 Prozent, zeigt eine Studie aus dem Jahr 2020. Während die tatsächlichen monatlichen Ausgaben bei 425 Euro lagen, schätzten die Deutschen diese auf nur 204 Euro. Neben dem Wertverlust bewerteten sie vor allem Fixkosten wie Steuern und Versicherungen sowie Reparaturkosten unter.[68] Das Dumme: Die Fehlschätzung führt dazu, dass alternative Angebote wie die Bahn und der öffentliche Personennahverkehr weniger attraktiv erscheinen.

Oder liegt es daran, dass uns das Auto ein Gefühl der Kontrolle über Zeit und Raum gibt? Wir bestimmen darin schließlich, wann, wohin und wie schnell wir uns bewegen. Wir können uns spontan entschließen aufzubrechen. Wir müssen keine Fahrpläne konsultieren, nicht auf die Uhrzeit achten, kein Gepäck mit uns herumschleppen. Wir können einfach ins Auto steigen und losfahren. Und wir entscheiden, mit wem wir das tun. Keine fremden Menschen, keine unangenehmen Gerüche, kein Gedränge. Keine Frage, das Auto ist bequem.

Aber kann es wirklich an unserer Bequemlichkeit liegen, dass wir endlose Staukilometer, steigende Benzinpreise, Verkehrstote, Lärm und Platzverbrauch in den Städten einfach so in Kauf nehmen? Und das sind nur die direkt wahrnehmbaren Folgen des Autofahrens. Dazu kommen Konsequenzen, die schleichend und daher kaum spürbar auftreten: der Verbrauch endlicher Ressourcen, die Zersiedelung der Natur- und Kulturlandschaft, die Versiegelung von Böden und die Emission von Treibhausgasen. Wir wissen darum und sind uns auch weitgehend einig, dass dies nicht in Ordnung ist. Eine aktuelle Erhebung des Umweltbundesamtes weist für die Bundesbürger ein hohes Umweltbewusstsein aus.[69] Und dennoch verzichten die meisten nicht aufs Auto.[70]

Die Attraktivität des Autos lasse sich mit Rationalität allein nicht erklären, so die These des Psychologen Michael Dick.[71] Die Tätigkeit des Fahrens sei häufig weniger Mittel zum Zweck als vielmehr Selbstzweck – ein sinnliches Erlebnis, bei dem Gefühle von Freiheit und Abenteuer, Kompetenzzuwachs und Kontrolle eine Rolle spielten. Ein Vergleich zwischen Auto- und Bahnfahren verdeutlicht dies: Sitzt man hinterm Lenkrad und schaut frontal nach vorn, fühlt man sich als Mittelpunkt des Geschehens, während ein seitlicher Blick aus dem Abteilfenster der Bahn einen zum unbeteiligten Betrachter innerhalb fester Grenzen degradiert. Mit anderen Worten: Autofahren macht einfach mehr Spaß.

Doch rechtfertigt dies, dass öffentlicher Raum in der Stadt in der Größenordnung von 60 bis 80 Prozent für individuelle Mobilität – also den Nutzen einiger – hergegeben wird? Denn so viel Fläche beanspruchen Straßen und Parkplätze in unseren Städten. Gemeingut, das eigentlich allen gehört, als Raum für Autos aber etliche Personengruppen ausschließt. Nämlich all jene, die sich kein Auto leisten können oder wollen, oder jene, die aus Alters- oder Gesundheitsgründen nicht – mehr – fahren dürfen oder sollten. Und das sind mehr Menschen, als man meinen könnte. Je nach Schwere der Beeinträchtigung oder Erkrankung gehören dazu unter anderem Epileptiker*innen, Personen mit Schlaf-Apnoe-Syndrom, mit Demenz, Parkinson, Gleichgewichtsstörungen, mangelndem Sehvermögen. Sie werden von der autogerechten Stadt weitestgehend ignoriert.

Die Politik stand bislang auf Seiten der Autofahrer*innen. Wichtige Verkehrssubventionen verbessern nicht etwa alternative Mobilität. Im Gegenteil: Dieselprivileg, Pendlerpauschale und Dienstwagenprivileg verstärken die Abhängigkeit vom Auto und sind klimapolitisch fragwürdig. Da es sich dabei um Steuervergünstigungen handelt, kommen sie darüber hinaus Wohlhabenden eher zugute als Geringverdienenden. Beim Dieselprivileg handelt es sich um den ermäßigten Steuersatz auf Diesel im Vergleich zu Benzin. Mit der Pendlerpauschale können Arbeitnehmer*innen ihren Weg zur Arbeitsstätte steuerlich absetzen. Und das Dienstwagenprivileg beschreibt die pauschale Besteuerung privat genutzter Firmenwagen. Eine Studie des Umweltbundesamts kommt zu dem Ergebnis, dass alle drei Steuerregeln einen Anreiz bieten, oft und weit mit dem Auto zu fahren.[72]

Allerdings verschieben sich die Prioritäten gerade. Deutschland hat nach monatelangem Streit ein neues Straßenverkehrsgesetz, kurz StVG, bekommen. Seit Juli 2024 haben die Autos nicht mehr automatisch Vorrang. Die Verkehrsplanung muss nun Klima- und Umweltschutz, Gesundheit und städtebauliche Entwicklung den beiden früheren Zielen »Flüssigkeit« und »Leichtigkeit« des Kraftfahrzeugverkehrs gleichstellen. Das bedeutet konkret: Kommunen können leichter Tempo-30-Zonen einrichten, mehr Radwege, Busspuren und Zebrastreifen anlegen, Ruhegebiete besser gestalten und Straßenlärm reduzieren. Für Helmut Dedy, Hauptgeschäftsführer des Deutschen Städtetages, geht die Reform trotzdem nicht weit genug. So sei es weiterhin nicht erlaubt, innerorts generell und flächendeckend Tempo 30 einzurichten, wenn die Kommunen das für sinnvoll halten.[73] Ein Schritt in die richtige Richtung ist das überarbeitete StVG aber allemal.

Mobilitätsexpertin und Verkehrswende-Aktivistin Katja Diehl fordert eine Demokratisierung des Verkehrssystems, in dem »jeder Mensch das Recht hat, ein Leben ohne Auto zu führen«. Sie hat die Leute gefragt: »*Willst* du oder *musst* du Auto fahren?« Dabei stellte sich heraus, dass viele auf das Auto angewiesen sind, weil es gar keine Alternativen gibt. Gerade im ländlichen Raum mit schlechten ÖPNV-Anbindungen bleibt den Menschen oft gar nichts anderes übrig, als mit dem Auto die weiten Wege zum Einkaufen, zur Arbeit oder zum Arzt zurückzulegen. Viele würden sich aber Alternativen wünschen.[74]

Wer neue Straßen baut, bekommt mehr Verkehr – auch in der Stadt. Höchste Zeit für ein Umdenken in der Politik.

Und die Politik? Steckt weiterhin Milliarden in den Ausbau des Autoverkehrs. Laut Bundeverkehrswegeplan 2030, der bereits im Jahr 2016 beschlossen wurde und deshalb veraltet ist, sollen in Deutschland über 850 Kilometer Autobahn neu entstehen, 1700 Kilometer Autobahn mehrspurig ausgebaut werden und weitere 3500 Kilometer Bundesstraßen hinzukommen.[75] Dabei durchziehen schon jetzt rund 13 200 Kilometer Autobahn das Land, 37 800 Kilometer Bundesstraßen und 178 600 Kilometer Kreis- und Landesstraßen.[76] Damit hat Deutschland bereits das dichteste Fernstraßennetz Europas mit der höchsten Verkehrsleistung. Das Schienennetz der Deutschen Bahn dagegen wurde sukzessive abgebaut und umfasst noch 33 464 Kilometer.[77]

Die Pläne basieren auf längst überholten Annahmen, durch den Straßenausbau würde der Verkehr flüssiger, weil er dann mehr Platz habe, und Staus würden so vermieden. Nach Erkenntnissen der Verkehrsforschung ziehen neue Straßen und Autobahnen aber nur mehr Verkehr nach sich – und damit Lärm, Flächenverbrauch, Schadstoffe und Treibhausgase.[78] Das liegt daran, dass die Menschen die neuen Straßen nutzen, um in der gleichen Reisezeit weiter entfernte Ziele anzusteuern, die dadurch besser erreichbar werden. Zum Einkaufen fährt man nun vielleicht anstatt in die nächstgelegene Kreisstadt in die weiter entfernte Großstadt. Berufstätige pendeln weitere Strecken oder steigen für einen Job in der Stadt überhaupt erst ins Auto. So erhöht sich mit neuen Straßen die Verkehrsbelastung in urbanen Ballungsgebieten. Expert*innen nennen das *induzierten Verkehr* – Mehrverkehr, der durch eine ausgebaute Infrastruktur überhaupt erst entsteht.

Interessanterweise führen weniger Straßen – bis zu einem gewissen Punkt – nicht zu mehr Stau. Marc Vetterli ging im Rahmen seiner Masterarbeit an der Ostschweizer Fachhochschule der Frage nach, was passiert, wenn die Kapazität einer Straße reduziert wird.[79] Er analysierte dazu verschiedene Beispiele aus der Schweiz und an allen Orten zeigte sich ein ähnliches Bild: Wird eine Straße gesperrt, verlagert sich der Autoverkehr nicht unbedingt auf die umliegenden Straßen. Stattdessen weichen die Menschen eher auf andere Verkehrsmittel aus. Und ein Teil des Verkehrs scheint tatsächlich ganz zu »verschwinden«. Damit dieses Szenario eintrifft, sind gemäß der Untersuchung drei Erfolgsfaktoren entscheidend: Erstens dürfen keine attraktiven Umfahrungsrouten zur gesperrten Straße bestehen. Zweitens muss ein gutes Angebot an anderen Verkehrsmitteln vorhanden sein. Drittens müssen Einschränkungen im Vorfeld gut kommuniziert werden, damit sich die Menschen darauf einstellen können.

Weniger Stau und Verkehr ergibt sich also aus weniger Autos. Das wäre in Deutschland zu erreichen, indem man jenen Leuten Prämien zahlt, die ihre Autos abschaffen. Und indem man den öffentlichen Transport mit Bus und Bahn massiv ausbaut.

Warum das kaum passiert, lässt sich vielleicht mit einem Blick in die Vergangenheit erklären: In den Fünfziger- und Sechzigerjahren hielt man das Auto für den zentralen Ausdruck von Modernität und ordnete die gesamte Stadt dem motorisierten Verkehr unter. Jahrzehntelang saßen in den Verkehrs- und Stadtplanungsgremien vorwiegend Männer, und da planerische Entscheidungen immer auch von eigenen Alltagserfahrungen geprägt sind, wurden Städte nach männlichen Anforderungen und Bewegungsprofilen angelegt. Zum Beispiel orientierte sich die Verkehrsplanung in der Vergangenheit oftmals an dem Stereotyp »Mann im Dienstwagen auf dem Weg zur Arbeit«. Straßen, Parkplätze und Ampelphasen wurden und werden auf diese Art der Fortbewegung ausgerichtet.

Wege, die der Wirtschaft zugutekommen – also der Weg zum und vom Arbeitsplatz –, sind statistisch relevant und erfasst. Kürzere Fußwege und nicht motorisierte Wegstrecken werden in Umfragen zur Transportmittelnutzung gern ausgelassen und fallen deshalb oftmals bei der Planung unter den Tisch.[80]

Die Marginalisierung nicht motorisierter Fortbewegung trifft Frauen deutlich stärker. Denn häufig sind sie es, die komplexe

Wegeketten als Teil der Fürsorgearbeit meistern müssen, seien es Einkäufe für betagte Angehörige oder der Weg zur Kita. Das Problem: In der Folge sind auch die öffentlichen Transportsysteme so konzipiert, dass sie den Weg zur Arbeit erleichtern. Die Hauptverkehrszeit ist morgens und am Nachmittag. In den Nebenzeiten sind die Fahrpläne ausgedünnt.

Dennoch lassen sich die meisten Strecken zumindest in der Stadt schon jetzt gut mit Bus, U- und Straßenbahn oder dem Fahrrad zurücklegen. Wer das Auto aufgibt, spart sich die lästige Suche nach einem Parkplatz, wer auf Carsharing-Dienste umsteigt, dem steht die problemlose bedarfsorientierte Nutzung verschiedener Fahrzeugtypen vom Cabrio bis zum Kombi zur Verfügung. Praktisch, wenn mal etwas Größeres transportiert werden muss. Alternativ kann man einen Kleintransporter mieten. Das Gleiche gilt für den Urlaub. Die Kosten, sich ein paar Tage im Jahr ein Auto zu leihen, sind deutlich günstiger als Anschaffungs-, Versicherungs-, Park- und Werkstattkosten eines eigenen Autos.

Aber was ist mit Menschen, die im Schichtdienst arbeiten oder jederzeit schnell an ihrem Einsatzort sein müssen, wie etwa Pflegekräfte, Feuerwehrleute oder Personen, die in der Produktion tätig sind? Auch diese Menschen sollten die Wahl haben und nicht auf das Auto angewiesen sein, finden Sie nicht? Wobei auch klar ist, dass Städte aufgrund ihrer Größe und Siedlungsdichte alternative Verkehrsinfrastruktur besser und kostengünstiger bereitstellen können als dünn besiedelte ländliche Gebiete. Allerdings ist der ÖPNV auch in den Städten weit davon entfernt, rund um die Uhr in angemessenen Zeitintervallen verfügbar zu sein, sodass er auch in den Rand- und Nachtzeiten eine wirkliche Alternative zum Auto bietet. Aber das ließe sich ändern.

Tendenziell unsinnig wird es, ein Auto zu besitzen, wenn man weiß, dass Autos in Deutschland im Durchschnitt nur 45 Minuten pro Tag gefahren werden. Im Mittel wird es auf zwei Strecken eingesetzt, die jeweils 15 Kilometer lang sind. Lediglich ein Prozent aller Fahrten decken mehr als 100 Kilometer ab. Gut 40 Prozent der Pkw werden an einem durchschnittlichen Tag überhaupt nicht genutzt.[81] Manche stehen gar wochenlang herum. Zumindest im urbanen Gebiet ist das Auto als beliebtestes Fortbewegungsmittel also zu hinterfragen. Und tatsächlich werden in deutschen Städten zunehmend autofreie Quartiere angelegt, die natürlich die Zufahrt von Feuerwehr und Krankenwagen weiterhin gewährleisten. Man macht Straßen zu Tempo-30-Zonen, Fahrspuren zu Radwegen und baut Parkplätze zurück.

Wie man Pendelmobilität, die auch die Städte belastet, nachhaltiger gestalten könnte, wurde im Forschungsprojekt *PendelLabor* untersucht, bei dem 40 Personen in der Region Frankfurt Rhein-Main in einem Zeitraum von acht Monaten versucht haben, ihre Pendelpraxis umzustellen. Drei von vier Teilnehmenden sind anschließend beim E-Auto, dem E-Bike oder dem ÖPNV geblieben. Ein Ergebnis des Realexperiments: Pendler*innen sei zum Beispiel mit Arbeits- und Ruhebereichen in den Waggons geholfen, mit verlässlichem WLAN und mit mehr sicheren Fahrradabstellplätzen. Ein anderes, nicht überraschendes: Ob jemand das Auto oder den ÖPNV nutzt, hängt von Aspekten ab, die von den Pendelnden selbst oft nicht beeinflussbar sind – etwa die Zugänglichkeit oder der Fahrplan von Bus und Bahn.[82]

Darüber hinaus gibt es innovative Ansätze, das Autoaufkommen in der Stadt weiter zu reduzieren. Frankfurt am Main zum Beispiel ließ in einem Pilotversuch mit dem Logistikunternehmen Hermes Pakete nicht mehr mit dem Lkw direkt zur Zieladresse in der Innenstadt liefern, sondern stellte auf das dreistufige Konzept der *LastMileTram* um: Hermes bringt Pakete mit Elektrolieferwagen aus dem Depot zu einer Straßenbahn-Endstation. Nachdem die Tram mit den Paketen beladen wurde, transportiert sie die Sendungen bis an die gewünschte Haltestelle. Dort übernehmen Kurier*innen die Pakete und stellen sie per Elektrolastenrad zu. Und das lohnt sich: Mit der LastMileTram können bis zu 57 Prozent der Emissionen eingespart werden. Zwar ist das neue Verfahren mit durchschnittlich 1,89 Euro pro Paket teurer als die konventionelle Paketzustellung mit 1,62 Euro pro Paket.[83] Jedoch sind hierbei externe Kosten wie Staus und vor allem die Umweltverschmutzung nicht eingerechnet.

In Hamburg könnten künftig selbstfahrende Kleinbusse per Smartphone gerufen werden. Bis 2030 sollen mindestens 10 000 autonome Shuttles mit Elektroantrieb auf den Straßen der Hansestadt unterwegs sein. Feste Routen oder feste Fahrpläne wird es bei dieser »Mobilität auf Bestellung« nicht geben. Nach dem Prinzip des *Ridepooling* können auf dem Weg zum Wunschziel weitere Fahrgäste zusteigen, die eine ähnliche Route haben. Ähnlich wie das Auto sind die E-Shuttles flexibel und spontan nutzbar – und stehen dabei nicht den größten Teil des Tages ineffektiv in der Gegend herum. Zudem können damit Wege abgedeckt werden, die mit dem ÖPNV, zu Fuß oder mit dem Rad zu aufwendig wären – etwa der Einkauf am Wochenende oder wenn es darum geht, die Kinder zum Fußballtraining zu bringen.

Wie gut autonome Transportsysteme – insbesondere von älteren Menschen – angenommen würden, haben Forschende der Hochschule München gemeinsam mit der Universität Freiburg in einer Umfrage unter Haushalten in Freiburg und Umgebung untersucht. Die Ergebnisse zeigen, dass die Mehrheit der über 65-Jährigen der Nutzung von fahrerlosen Diensten offen gegenübersteht. Im Schnitt würden die Freiburger*innen höchstens 1,10 Euro pro Kilometer für den autonomen Fahrdienst ausgeben, die Befragten der ländlichen Gebiete 1,00 Euro.[84] Die Leute wären also bereit, mehr zu zahlen, als sie im Normalfall für die Fahrt mit dem Auto ausgeben müssten.[85]

Dennoch sollten wir uns überlegen, wie alte Menschen oder Personen mit Behinderungen künftig bezahlbar direkt von Haustür zu Haustür gelangen können, denn nicht jede*r kann die Strecke von und zum nächsten Bushalt oder zur U-Bahn zu Fuß bewältigen, geschweige denn sich in den Fahrradsattel schwingen. Und nicht zu vergessen: es gibt immer noch eine ganze Menge Menschen, die keine Apps nutzen.

Auf dem Parkplatz stoßen zwei konträre Anliegen zusammen: freie Mobilität versus lebenswerter öffentlicher Raum.

In einen Bus passen 100, in die Straßenbahn 300 bis 500 und in eine U- beziehungsweise S-Bahn 500 bis 800 Fahrgäste, die in eine Richtung wollen. Das bringt Platz in der Stadt. Oft scheitern vielversprechende Vorstöße, den Autoverkehr zu reduzieren, jedoch paradoxerweise am Widerstand der Anwohnenden. Vor allem, wenn es um die Parkplätze vor der eigenen Haustür geht. Die Autobesitzer*innen fürchten, dass Parken bald zum Luxus werden könnte. Dabei missdeuten sie das Privileg, im öffentlichen Raum überhaupt parken zu dürfen, als »ihr gutes Recht«. Und jahrzehntelang wurde dies auch gar nicht infrage gestellt. So waren die Gebühren für Anwohnenden-Ausweise lange Zeit auf 30,70 Euro im Jahr gedeckelt – gerade mal 8,4 Cent pro Tag. Mit einer Gesetzesänderung Mitte 2020 hat sich das geändert. Nun können Kommunen die Gebühren selbst festlegen. Und das tun sie auch.

Hannovers Bürgermeister Belit Onay zum Beispiel kann sich angepasste Parkgebühren gut vorstellen. »Der Trend zu immer mehr und immer größeren und schwereren Autos hält an«, sagt er.[86] »Ich habe deshalb große Sympathien für eine Preisstaffelung der Parkgebühren nach Länge der Fahrzeuge.« Und während die Stadt Koblenz eine Erhöhung für größere Autos erst noch plant, stimmte der Tübinger Gemeinderat bereits 2021 einstimmig dafür. Seit Januar 2022 gelten dort gestaffelte Gebühren für den Bewohnerparkausweis. Konkret bedeutet das: statt 30 Euro sind nun 120 Euro bis 180 Euro im Jahr zu bezahlen, je nach Leergewicht und Antriebsart des Autos. Unverschämt? Eher nicht. In Amsterdam müssen Autofahrer*innen bis zu 630 Euro zahlen, wenn sie ihren Wagen im eigenen Viertel abstellen möchten, in Stockholm seit Februar 2024 sogar bis zu 1700 Euro jährlich.[87]

Denn wo Parkplätze für einzelne Autobesitzer*innen sind, könnten auch Grünflächen, Hochbeete, Sitzbänke oder Außengastronomie für alle sein. In Berlin zum Beispiel wird dem sogenannten *ruhenden Verkehr* zehnmal so viel Fläche zugestanden wie Spielplätzen. Immerhin ist ein Parkplatz mindestens zwölf Quadratmeter groß, das entspricht etwa einem durchschnittlichen Kinderzimmer hierzulande. 160 Millionen Stellplätze soll es in Deutschland geben. Das sind mehr als drei Plätze pro Pkw. In Innenstädten herrscht scheinbar trotzdem Parkplatzmangel, so oft, wie in zweiter Reihe oder auf Geh- und Radwegen geparkt wird.

Zumindest das dreiste *aufgesetzte Parken* wird schwieriger, bei dem zwei Räder auf der Straße und zwei auf dem Gehweg stehen. Anwohnende können von Behörden verlangen, gegen illegal auf dem Gehweg geparkte Autos vorzugehen – sofern dessen Benutzung erheblich beeinträchtigt wird. Das hat das Bundesverwaltungsgericht im Juni 2024 entschieden.[88]

Nach Schätzungen des ADAC hat der Parksuchverkehr einen Anteil von 30 bis 40 Prozent am innerstädtischen Gesamtverkehr inklusive seiner gesundheitsschädlichen Emissionen. Laut einer Studie des Verkehrsanalysten Inrix drehen deutsche Autofahrer*innen im Schnitt 41 Stunden pro Jahr ihre Runden auf Parkplatzsuche und legen dabei viele sinnlose Kilometer zurück.[89] Und dann ist Parkplatzsuche nicht nur Zeitverschwendung, sondern auch schlecht für den Blutdruck, weil immer wieder aufregend. Zwei von drei Personen fühlten sich demnach davon gestresst, jede*r Fünfte ist bereits wegen einer Parklücke mit einem anderen Suchenden in Streit geraten. 44 Prozent haben schon mal einen Termin verpasst, weil sie keinen Parkplatz finden konnten. Fast die Hälfte der Befragten hält es für die mit Abstand schlimmste Parksünde, wenn ein Auto zwei Parkplätze blockiert. Über die Hälfte ist der Meinung, dass nicht genug Parkplätze vorhanden sind. Wer den Deutschen Parkplätze wegnehmen will, hat einen schweren Stand.

Die Stadt Heidelberg zum Beispiel hatte von April bis Oktober 2022 ihr Pilotprojekt *Parklets* durchgeführt. Wer einen öffentlichen Parkplatz in einen kreativ designten Aufenthaltsort für die Allgemeinheit umwandeln wollte, konnte dafür einen Antrag stellen. Voraussetzung war, dass man einen Bezug zu dem jeweiligen Wohnquartier hatte, also dort wohnte, und sich selbst um die Gestaltung und Errichtung des Parklets kümmerte. Das Interesse an dem Versuch war äußerst gering: Am Ende gab es in der ganzen Stadt nur drei Parklets.

Gar heftiger Streit entzündete sich an einem Forschungsprojekt der TU München zur Verkehrsberuhigung von Quartieren. Im Juni 2023 strich die Stadt in der Kolumbusstraße im zentralen Viertel Au rund 40 Parkplätze und sperrte ein Straßenstück für den Verkehr. Stattdessen wurden Hochbeete und Sitzmöbel aufgebaut, ein Sandkasten angelegt und Rollrasen verlegt. Die Anwohnenden reagierten emotional: Die einen waren begeistert, andere fühlten sich übergangen, wollten ihre Parkplätze zurück, beklagten Sand in den Treppenhäusern, Kinder- und Partylärm. In der Straße flogen Eier, Befürwortende und erbitterte Gegner*innen beschimpften sich gegenseitig. Der ohnehin temporäre Versuch wurde vorzeitig abgebrochen.

Ein anderes, häufig von Kritiker*innen hervorgebrachtes Argument für den Erhalt von Parkplätzen besteht darin, dass autofreie Zonen den Geschäften vor Ort schaden würden. »Ohne Parkplätze können wir dichtmachen« ist auch die Befürchtung vieler Einzelhändler*innen.

Damit schätzen sie das Mobilitätsverhalten ihrer Kundinnen und Kunden allerdings falsch ein, wie eine Umfrage von Forschenden des Instituts für Nachhaltigkeit am Helmholtz-Zentrum Potsdam am Beispiel zweier Einkaufsstraßen in Berlin zeigt.[90] Demnach waren dort93 Prozent der Einkaufenden zu Fuß, mit dem Rad oder mit dem ÖPNV unterwegs und sorgten für 91 Prozent des Umsatzes. Die Händler*innen schätzten den Anteil der Autofahrenden an ihrer Kundschaft dagegen auf 22 Prozent. »Die Ergebnisse unserer Umfrage stehen im Einklang mit einer wachsenden Anzahl an Studien, die nahelegen, dass eine verbesserte Infrastruktur für aktive Mobilität – also zu Fuß gehen, Rad fahren, den ÖPNV nutzen – wahrscheinlich der lokalen Wirtschaft zugutekommt«, sagt Studienleiter Dirk von Schneidemesser. Das mag nicht für alle Städte gelten, doch der Befund deckt sich zumindest mit Studien, die 2019 über die Innenstädte von Offenbach, Gera, Erfurt, Weimar und Leipzig erschienen sind.[91]

Das klingt vielleicht unplausibel, ist aber nur logisch: Wer langsam an Geschäften vorbeigeht, sieht eher etwas, was gefällt, und hat sofort die Möglichkeit, ins Geschäft zu gehen. Im Auto sitzend sieht man dagegen vieles nicht, weil man sich auf die Straße konzentrieren muss, und falls doch, muss man erst einmal einen freien Parkplatz finden. Und das ist in der Innenstadt nicht so einfach. Der spontane Wunsch nach einem Stück Nusstorte beim Vorbeifahren an einem Café oder die Lust, die spektakulären roten Schuhe im Schaufenster anzuprobieren, ist wahrscheinlich schon wieder abgeklungen, bis man einen Stellplatz für das Auto gefunden hat.

Dass verbreiterte Fußwege, mehr Platz für Sitzgelegenheiten im Freien, neue öffentliche Plätze und Fußgängerüberwege dem Einzelhandel tatsächlich Vorteile bringen, belegt eine Studie aus London. In mehreren Innenstadtteilen und Einkaufsstraßen wurden solche Verbesserungen durchgeführt und anschließend die Auswirkungen gemessen.[92] Demnach hat sich die Zahl der stehenden, wartenden und sitzenden Menschen fast verdoppelt und die Zahl der Menschen, die auf der Straße gehen, ist um 93 Prozent gestiegen. Die Menschen verbrachten 216 Prozent mehr Zeit in den Einkaufsstraßen bei Aktivitäten: in ein Geschäft gehen, in einem Café anhalten oder auf einer Bank sitzen. »Wenn wir unsere Straßen so anpassen, dass mehr Menschen zu Fuß gehen und Rad fahren können, werden sie sauberer, gesünder und einladender, was mehr Menschen dazu anregt, vor Ort einzukaufen«, so fasst es Will Norman, Londons Beauftragter für Fuß- und Radwege im Studienbericht zusammen.

Die Ergebnisse aus London lassen darauf schließen, dass sich auch Menschen, die nicht weit laufen können – Senior*innen, Hochschwangere, Personen mit Krücken oder dauerhaften Gehbeeinträchtigungen –, wieder zu Fuß auf den Weg machen, wenn man ihnen genug Sitzmöglichkeiten für Pausen anbietet. Und das kommt dann wiederum der lokalen Wirtschaft zugute.

Allerdings hat die Studie auch gezeigt, dass die Mietwerte des Einzelhandels in den untersuchten Gebieten stiegen (um 7,5 Prozent) und auch die Büromieten (um 4 Prozent). Das belegt einerseits, dass ein attraktiver Straßenraum für viele Arten von Unternehmen von Vorteil ist, andererseits sind gestiegene Geschäfts- und Büromieten ein Zeichen für eine allgemeine Aufwertung des Viertels, also Gentrifizierung.

Wird das Wohnen in autofreien Quartieren etwa automatisch teurer? Träfe das zu, würden verkehrsberuhigte Stadtviertel zwar lebenswerter – aber nur für diejenigen, die sich die Gegend auch leisten können. Eine eindeutige Antwort auf diese Frage gibt es aus Sicht der Wissenschaft leider nicht. Einen Zusammenhang zwischen verkehrsberuhigenden Maßnahmen und sinkender sozialer Durchmischung von Quartieren schließen die Fachleute aber nicht aus.[93]

Gleichwohl sollte dieser Umstand als Argument gegen Verkehrsberuhigung nicht gelten. Man kann doch deshalb nicht darauf verzichten, Gebiete für Menschen attraktiver und lebenswerter zu gestalten. Mögliche Auswirkungen von reduziertem Verkehr auf die soziale Zusammensetzung der Quartiere ist aber etwas, das die Kommunalpolitik im Auge behalten muss, um bei Bedarf gegenzusteuern – zum Beispiel durch sozialen Wohnungsbau (siehe Kapitel Wohnungskrise).

Städte, in denen man sich gerne aufhält. Städte, in denen es nicht mehr vorrangig darum geht, möglichst schnell von A nach B zu kommen. Städte mit wenig Verkehr, mit breiten Gehwegen und guter Luft. Attraktive Straßenräume mit Schatten spendenden Bäumen, zahlreichen Sitzbänken und vielen entspannten Menschen. Wohnviertel, in denen die Straße wieder Begegnungsraum zwischen Nachbar*innen ist. Städte, in denen Eltern ihre Kinder wieder zu Fuß oder mit dem Rad zur Schule schicken können. Kann das funktionieren?

In der Post-Autometropole teilen sich alle den Straßenraum multifunktional und gleichberechtigt.

Eine Idee aus Paris begeistert Stadtplaner*innen und Mobilitätsexpert*innen in aller Welt: die *15-Minuten-Stadt*. In diesem Zeitrahmen sollen die Stadtbewohner*innen alle Ziele des täglichen

Bedarfs zu Fuß oder mit dem Fahrrad erreichen können – Supermärkte, Schulen, Kitas, Ärzte, den Friseur und im besten Fall sogar den Arbeitsplatz. Entlasten soll das nicht nur den Alltag der Stadtbewohner*innen, sondern auch den Straßenverkehr. Denn kürzere Wege führen zu weniger Autofahrten. Der frei gewordene Straßenraum, der zuvor exklusiv dem Auto vorbehalten war, kann nun für Freizeit- und Sportaktivitäten wie Gärtnern, Joggen oder Straßenschach genutzt werden.

Carlos Moreno von der Sorbonne-Universität hat sein Konzept 2016 erstmals öffentlich vorgestellt. In einem Vortrag sagte er: »Wir haben akzeptiert, dass uns unser Gefühl für Zeit verloren gegangen ist, weil wir so viel von ihr verschwenden müssen, um uns an die absurde Organisation und die langen Wege anzupassen, die in den meisten der heutigen Städte herrschen.«[94]

Bürgermeisterin Anne Hidalgo ist seit ihrer Wiederwahl im Jahr 2020 dabei, Paris von einer Stadt des chaotischen Verkehrs in eine grüne Oase für Fußgänger*innen und Radfahrer*innen zu verwandeln. Sie ließ Hunderte Kilometer neue Radwege bauen und das Seine-Ufer autofrei umgestalten. Der Place de la Bastille und viele andere große Plätze in Paris werden nicht länger von tosendem Verkehr umrundet. Jeden ersten Sonntag im Monat ist der Boulevard des Champs-Élysées für Autos gesperrt. Große Teile des Zentrums rund um die Kathedrale Notre-Dame, das Quartier Latin und der Marais sollen künftig nur noch für Anlieger und Menschen mit Gehproblemen im Auto angefahren werden dürfen. Außerdem wurde weiträumig ein Tempo-30-Limit in der Pariser Innenstadt eingeführt und 70 000 Parkplätze wandeln sich zu Freizeitflächen und Parks.

Um die 15-Minuten-Stadt in einer Zeit durchzusetzen, in der die Verbannung von Autos zu den politisch riskantesten Vorhaben zählt, geht Anne Hidalgo geschickt vor. Sie redet nicht von steigenden Temperaturen oder CO_2-Emissionen, nicht von Unfällen und dem Unfug monströser Geländewagen auf asphaltierten Stadtstraßen. Stattdessen spricht die Bürgermeisterin von Paris über die Lungen von Schulkindern, darüber, dass SUV-Fahrer aufgrund der Größe ihrer Vehikel Erstklässler übersehen könnten, über asthmageplagte Anwohnende urbaner Hauptverkehrsstraßen. Sie führt also gesundheitliche Gründe an, um den Autoverkehr zu reduzieren. Nach anfänglicher Skepsis hat sie damit zumindest die im Zentrum lebenden Pariser*innen überzeugt.

So sprach sich in einer Bürgerbefragung eine knappe Mehrheit für eine drastische Erhöhung der Parkgebühren für SUVs aus. Ab September 2024 kostet eine Stunde Parken im Pariser Zentrum 18 Euro statt zuvor 6 Euro, für sechs Stunden werden gar 225 Euro fällig. Wie das Magazin Les Échos anhand von Zulassungsdaten berechnete, betreffen die erhöhten Parkgebühren fast 900 000 Autos in der Hauptstadtregion Île-de-France, etwa 16 Prozent des Fahrzeugbestands. Anwohner*innen sind von der neuen Regelung ebenso ausgenommen wie Pflegedienste und Handwerker*innen.

Auf Deutschland lässt sich dieser Ansatz jedoch nicht anwenden. Anders als bei Anwohnerparkplätzen gibt es für unterschiedliche Parkgebühren bei Besucherparkplätzen keine rechtliche Grundlage. »In deutschen Städten ist der Weg dahin leider nicht einfach über einen Bürgerentscheid wie in Paris möglich. Deshalb werden wir nicht müde, für deutsche Städte mehr Entscheidungsspielräume im Verkehr zu fordern«, sagt Helmut Dedy, Hauptgeschäftsführer des Deutschen Städtetags.[95]

In Spanien wiederum setzt Barcelona zur Verbesserung der Aufenthaltsqualität im öffentlichen Raum auf sogenannte *Superblocks*. Dafür werden vier bis neun benachbarte Häuserblocks zusammengefasst und zu autofreien Wohnquartieren verbunden. Der Verkehr fließt außenherum, die Straßen innerhalb der Abschnitte werden begrünt und umfunktioniert. Wo vorher parkende Autos den öffentlichen Raum besetzten und der Verkehr die Luft verpestete, gibt es jetzt Plätze und Alleen, in denen Fußgänger*innen und Radfahrer*innen Priorität haben.

Barcelona möchte Autos nicht komplett aus der Stadt eliminieren, aber ihre Dominanz radikal reduzieren. Laut einer Studie[96] stürben in Barcelona jedes Jahr 3 000 Menschen verfrüht – wegen der Schadstoffe in der Luft, der hohen Lärmbelastung, der fehlenden Grünflächen und der dadurch eingeschränkten körperlichen Aktivität vieler Stadtbewohner*innen, sagt Mark Nieuwenhuijsen, Leiter des Fachbereichs Verkehrsplanung, Umwelt und Gesundheit am in Barcelona ansässigen Forschungszentrum IS Global.[97] Dazu kommt der wachsende Pendler*innenstrom aus dem Umland in die Stadt, der die Verkehrsbelastungen erhöht. Während die Zahl der Einwohner*innen seit einem Jahrzehnt bei rund 1,6 Millionen Menschen liegt, wuchs die Bevölkerung der Provinz Barcelona von 4,8 Millionen Menschen im Jahr 2000 auf derzeit rund 5,8 Millionen.[98]

Nach den ursprünglichen Plänen sollte sich ein Netz aus 500 verkehrsberuhigten Superblocks über die Innenstadt ziehen. Wirklich umgesetzt wird leider nur ein Teil davon. Zwar will man bis 2030 dem Autoverkehr immer noch 33 Hektar Raum abzwacken und 21 Straßenkreuzungen zu begrünten Plätzen umwandeln, doch insgesamt wird nur noch jede dritte Straße für den Verkehr ganz gesperrt. »Es gibt enorme Widerstände dagegen, aufs Auto zu verzichten«, sagt Nieuwenhuijsen. »Trotzdem halte ich den Plan für einen guten Anfang. Wenn die Menschen merken, wie sehr viel lebenswerter eine Stadt ohne Autos sein kann, wächst vielleicht die Unterstützung für solche Maßnahmen.«

Wie viel angenehmer es ist, nicht täglich auf dem Weg zur Arbeit im Stau zu stehen oder sich zu Fuß oder mit dem Rad durch ein Verkehrschaos aus Lieferwagen und Parkplatzsuchenden zu kämpfen, haben die Bewohner*innen Kopenhagens schon vor einiger Zeit herausgefunden. Das Fahrrad ist laut Umfragen das bevorzugte Transportmittel in der Stadt. Der Hauptgrund: Man kommt damit schneller ans Ziel als mit dem Auto. Zwar eroberte ab den Fünfzigerjahren das Auto auch die dänische Hauptstadt, doch schon in den Siebzigerjahren demonstrierten die Kopenhagener*innen dafür, die Straßen nicht den Autos zu überlassen. Seitdem wird das Radwegenetz ausgebaut. Ab 2030 sollen Autos mit Verbrennungsmotor ganz aus dem Stadtgebiet verbannt werden.

2016 wurden in Kopenhagen erstmals wieder mehr Fahrräder gezählt als Autos. In der Stadt gibt es mehrspurige Radwege und dem Fahrrad vorbehaltene Brücken. Von den Vorstädten aus führen Radschnellwege in die Innenstadt, auf denen die Radfahrenden nur selten an roten Ampeln halten müssen.

Inzwischen sind so viele Menschen auf dem Fahrrad unterwegs, dass es zu den Stoßzeiten schon wieder Stau auf den Straßen gibt – Fahrradstau. Erik Hjulmand, Vorsitzender des Kopenhagener Radfahrerverbundes, schlägt vor, die meistbefahrenen Radwege zu verbreitern. »Unsere gute Infrastruktur hat so viele Radfahrer angelockt, dass es einfach nicht mehr genug Platz für alle gibt.«[99] Und damit gäbe es gemäß zuvor beschriebenen Studien dann noch mehr Radfahrer*innen auf Kopenhagens Straßen. In diesem Fall wäre das eine positive Rückkopplung.

Mobilität prägt unseren Alltag. Sie gehört in unterschiedlichem Umfang zu unserem sozialen Leben dazu, bei Arbeit und Ausbildung, bei Freizeitaktivitäten und der täglichen Versorgung. Während in den vergangenen Jahrzehnten eine stetig wachsende Automobilität zu verzeichnen war, konzentrieren sich inzwischen viele Bemühungen darauf, alternativen Verkehrsangeboten wie dem öffentlichen Verkehr, dem Fahrradfahren und dem Zufußgehen wieder mehr Aufmerksamkeit zu widmen.

Die Bevölkerung dazu zu bringen, freiwillig vom Auto auf nachhaltigere Verkehrsmittel umzusteigen, wird nicht ohne einen Ausbau des ÖPNV, innovative Angebote wie Ruf-Shuttles oder Ridepooling sowie zusätzliche Anreize gelingen. Es muss von Vorteil sein, das Auto stehen zu lassen. Alternative Fortbewegung muss schlicht genauso bequem wie das Auto werden. Kommunen brauchen rechtliche und finanzielle Möglichkeiten, damit sie als zentrale Akteure Stadtentwicklung und Mobilität integriert planen können. Allerdings begrenzen in Deutschland Regelwerke wie das Straßenverkehrsgesetz (StVG) und das Raumordnungsgesetz (ROG) deren Gestaltungsspielraum.

Neue Konzepte wie die 15-Minuten-Stadt, verändern Perspektiven darauf, wie öffentlicher Raum in Städten künftig aufgeteilt werden wird. Die anvisierte Mobilitätswende führt also nicht zu weniger Mobilität, sondern zu mehr Mobilitätsvielfalt.

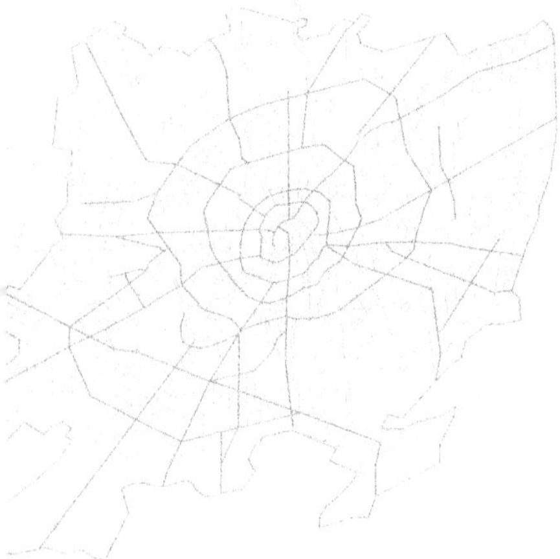

GESUNDHEIT

WIE REDUZIEREN WIR STRESS IM STADTALLTAG?

Stockender Verkehr, unachtsame Menschen, Lärm und Gedränge in der Fußgängerzone, der U-Bahn und sogar im Freibad – die Stadt geht uns manchmal gewaltig auf die Nerven. Sie kann uns sogar krank machen. Deshalb beziehen Stadtplaner*innen zunehmend Gesundheitsaspekte mit ein, wenn sie Parks und Freiflächen anlegen, aber auch, wenn sie den Straßenraum gestalten. Sie wollen dazu animieren, sich gerne draußen aufzuhalten und mehr zu bewegen. Denn das kann den psychischen Stress reduzieren, der durch Dichte, Hektik und soziale Konflikte entsteht.

Stellen Sie sich vor, Sie stehen auf einer Verkehrsinsel mitten auf einer mehrspurigen Hauptverkehrsader der Stadt. Autos zischen vor und hinter Ihnen vorbei, Motorräder knattern, Hupen dröhnen. Sie haben einen Termin, sind spät dran. Sie warten darauf, dass die Ampel auf der anderen Straßenseite endlich auf Grün schaltet, und als sie es tut, hasten Sie inmitten eines Pulks aus Menschen los. Und jetzt stellen Sie sich vor, Sie stehen zur Feierabendzeit in der U-Bahn. Die Menschen drängen sich schon dicht an dicht, aber an der nächsten Haltestelle schieben noch weitere nach. Es riecht nach nassem Hund und Polyesterhemden und Ihr Nachbar muss gerade einen Döner gegessen haben. Sie recken die Nase in die Luft und ignorieren den Ellenbogen in Ihrem Rücken.

Und wie reagiert Ihr Körper in solchen Momenten? Er versetzt sich in Alarmbereitschaft. Ihr Atem beschleunigt sich, Ihr Herz schlägt schneller, der Blutdruck steigt, Ihre Muskeln sind angespannt – bereit, schnell zu reagieren. Man könnte sagen: Sie haben Stress. Unseren Vorfahren hat diese Reaktion das Überleben gesichert, weil sie den Körper in Kampf- oder Fluchtbereitschaft versetzt hat. Auch heute noch laufen die gleichen Vorgänge in uns ab, obwohl wir uns nicht mehr vor einem Säbelzahntiger in Sicherheit bringen müssen, sondern nur noch vor dem Döner-Atem des U-Bahn-Nachbarn Reißaus nehmen wollen.

Stress für sich genommen ist erst einmal nichts Schlimmes. Unser Körper und unsere Psyche können in der Regel gut damit umgehen. Es gibt Situationen, in denen Stress sogar einen positiven Effekt hat. Denn die freigesetzten Stresshormone Adrenalin, Noradrenalin und Cortisol sorgen unter anderem dafür, dass wir besonders aufmerksam und fokussiert sind. Das kann hilfreich sein, wenn wir ein Vorstellungsgespräch haben, eine Prüfung an der Uni ablegen oder eine Präsentation im Job halten müssen. Empfinden wir die Situation zwar als herausfordernd, aber lösbar und dauert der Stress nur einen kurzen Zeitraum, kann er beflügelnd wirken.

Hält der Stress jedoch über einen längeren Zeitraum an und wird er als belastend wahrgenommen, ist das schlecht. Dies geschieht in Situationen, in denen wir uns überfordert und ängstlich fühlen oder die wir nicht ändern können, etwa bei Mobbing im Büro oder einem Krankheitsfall in der Familie. Die Folge: Wir sind ständig angespannt. Dann kann Stress auf Dauer tatsächlich krank machen. Der Körper schüttet in einem solchen Fall durchgehend Stresshormone aus, die zahlreiche negative Folgen haben können – von Verspannungen und Magenproblemen über Schlafstörungen und Kopfschmerzen bis hin zu psychischen Erkrankungen.

Die Großstadt hat das Potenzial, negativen Stress zu verursachen. Sie ist laut, schmutzig, hektisch und beengt. Stadtbewohner*innen können sich dieser belastenden Umgebung nicht einfach entziehen. Ruheinseln wie Parks und Gärten gibt es oft nur wenige, dafür umso mehr Ecken, die zu dunkel, zu eng oder einfach zu hässlich sind. Auch die Dynamik menschlicher Aktivitäten kann Unwohlsein verursachen, etwa grölende Fußballfans, die einem auf dem Gehweg entgegenkommen, oder E-Scooter, die sportlich um einen herumsausen.

Und wo stresst die Stadt besonders? Um das herauszufinden, schickt Raum- und Umweltplaner Peter Zeile vom Karlsruher Institut für Technologie KIT Proband*innen mit GPS-Gerät, Kamera am Kragen und Smartband ums Handgelenk zu Fuß oder mit dem Rad durch die Stadt. Die Geräte zeichnen im Rahmen des Forschungsprojekts *urban emotions* die Körperreaktionen auf, die entstehen, wenn die Testpersonen eine Straße überqueren, eine Unterführung passieren, Rolltreppen benutzen, im Bahnhof oder in der Fußgängerzone unterwegs sind. Anschließen werden die Daten eingelesen und auf einer digitalen Karte visuell dargestellt. Steigende Hautleitfähigkeit und erhöhte Herzfrequenz deuten auf Stress. Auf diese Körperreaktionen hat der Mensch keinen Einfluss. Häufen sie sich an einer Stelle, können Städteplaner*innen schauen, was dort genau los ist, und gegensteuern oder es beim nächsten Mal anders machen. Stadtforschung bekommt dadurch neue, ungewohnte Impulse.[100]

Denn die urbanen Stressauslöser sind nicht immer offensichtlich. Eine Straßenecke zum Beispiel, die unauffällig aussieht, kann aus der Sicht von Fußgänger*innen problematisch sein, weil sie zum Beispiel aufgrund von parkenden Autos oder einem unglücklich platzierten Busch nicht früh genug erkennen können, ob ein Auto kommt oder nicht. Oder ein auf den ersten Blick schöner Park ist inzwischen so zugewuchert, dass er in der abendlichen Dämmerung eher unheimlich wirkt. Personen, die diese Stellen regelmäßig passieren, wissen um die Problematik. Stadtplaner*innen, die mit der Umgebung nicht auf einer persönlichen Ebene vertraut sind, bleibt sie vielleicht verborgen. Sie sind deshalb gut beraten, die Anwohnenden in ihre Planungen einzubeziehen.

In Zukunft könnten solche Erkenntnisse dazu beitragen, urbane Räume zu bauen, in denen wir uns wohlfühlen und die uns nicht zusätzlich stressen. Was genau *Stadtstress* ausmacht und unter welchen Bedingungen er der Gesundheit schadet, ist noch unklar. Damit beschäftigt sich die recht neue Forschungsdisziplin der *Neuro-Urbanistik*. Sie verknüpft Sozialwissenschaft, Neurologie, Architektur sowie Stadtplanung mit dem Ziel, die negativen Auswirkungen auf den Menschen zu mindern.

Dass sich die höhere Stressbelastung in der Stadt nicht nur auf unsere Psyche auswirkt, sondern sogar die Funktionsweise unseres Gehirns verändert, lässt eine Studie des Zentralinstituts für Seelische Gesundheit in Mannheim vermuten. Die Forschenden untersuchten die Gehirnaktivität von Stadt- und Landbewohnenden mithilfe von Magnetresonanztomografie. Im Fokus hatten sie den Mandelkern, in der Fachsprache Amygdala. Das ist eine Hirnstruktur, deren Aktivierung mit Stress zu tun hat und die auch bei Depressionen und Angsterkrankungen eine Rolle spielt. Im Rahmen des Experiments wurden die Proband*innen unter Stress gesetzt, indem sie schwierige Rechenaufgaben unter Zeitdruck vor Publikum lösen mussten. Als Reaktion darauf feuerte der Mandelkern umso stärker mit Neuronen um sich, je größer die Stadt war, in der jemand wohnte.[10] Das könnte den Forschenden zufolge darauf hindeuten, dass Städter*innen empfindlicher auf Stress reagieren als Menschen, die auf dem Land leben.

Das heißt aber nicht, dass alle Stadtbewohner*innen andauernd unter Dampf stehen. Zwar fühlen sich rund zwei Drittel der Bundesbürger*innen manchmal oder häufig gestresst.[102] Wie wir mit Stress umgehen und wann wir ihn als beflügelnd oder belastend empfinden, ist aber von Mensch zu Mensch verschieden. Das hängt von unseren Genen, unserer Persönlichkeit, aber auch von unserer inneren Haltung ab.

Aus der Stressforschung ist zudem bekannt, dass belastender Stress fast immer eine soziale Komponente hat. Das erklärt zum Beispiel, warum uns der Rasenmäherlärm der Nachbarn viel mehr nervt, wenn wir sie nicht kennen oder nicht mögen. Sind wir mit ihnen befreundet, können wir eher darüber hinweghören. Und das Röhren eines startenden Motorrads in unserer Straße, das uns sonntagmorgens aus dem Schlaf reißt, bringt uns womöglich auch deswegen in Rage, weil wir es als Verletzung unseres Territoriums empfinden – der Lärm dringt ungebeten in unsere Wohnung und damit in unsere Privatsphäre ein.

Zu viele Menschen anonym auf zu engem Raum ist eine toxische Mischung. Doch es gibt Gegenmittel.

Wie sehr das Großstadtleben viele Menschen belastet, ist durch Studien seit Jahrzehnten gut belegt.[103] Städter*innen leiden demnach deutlich häufiger unter Angsterkrankungen und Depressionen als Menschen auf dem Land. Es sei jedoch an dieser Stelle darauf hingewiesen, dass es sich bei Studien zu dem Thema zum Großteil um *Assoziationsstudien* handelt, die Zusammenhänge aufzeigen, aber keine Kausalität. Die Ursachen können also auch andere sein. Anders gesagt: Es gibt gute Hinweise, dass sich bestimmte Faktoren in der Stadt negativ auf die psychische Gesundheit auswirken können, obwohl ein kausaler Beweis nahezu unmöglich ist. Denn dafür bräuchte es *Interventionsstudien*. Um herauszufinden, welchen Einfluss zum Beispiel Lärm hat, müsste man 1000 Leute in lärmigen Gegenden leben lassen und 1000 Leute nicht und nach Jahrzehnten schauen, wer welche Krankheit bekommen hat. Dazu wäre es aber nötig, alle anderen Risikofaktoren auszuschalten beziehungsweise konstant zu halten. Alle müssten das Gleiche essen, sich gleich bewegen, gleiche Gene haben … das ist unmöglich.

Stressforscher und Psychiater Mazda Adli, Leiter des Forschungsbereichs Affektive Störungen an der Berliner Charité, begründet das höhere Risiko von Städter*innen, psychisch zu erkranken, mit deren besonderer Stressbelastung. Als *sozialen Stress* bezeichnet er die ungute Kombination aus sozialer Dichte und sozialer Isolation. »Beide Formen zusammen können eine toxische Mischung ergeben«, sagt er.[104] Wer zum Beispiel einsam in seiner kleinen Mietwohnung sitze und durch die dünnen Wände ständig die nervenden Nachbarn höre, zu denen er keinen Kontakt hat, weil man sich in der Anonymität der Stadt nicht kennenlernt, sei psychisch stark belastet.

Die Voraussetzungen für sozialen Stress sind in deutschen Städten nicht schlecht. Einerseits liegt der Anteil der Singlehaushalte in den Großstädten inzwischen bei mehr als der Hälfte[105] – mit dem Risiko der Vereinsamung vor allem älterer Stadtbewohner*innen, die durch Mobilitäts- und Gesundheitseinschränkungen ihren Aktionsradius eingebüßt haben. Andererseits zeigen Daten des Statistischen Bundesamts, dass über zehn Prozent der Bundesbürger*innen zu wenig Wohnraum zur Verfügung haben. Eine Wohnung gilt als überbelegt, wenn das Wohnzimmer auch als Schlafraum herhält, sich drei oder mehr Kinder ein Kinderzimmer teilen müssen oder im Teenageralter ein gemeinsames Zimmer haben. Städter*innen sind von beengten Wohnverhältnissen häufiger betroffen als Bewohner*innen ländlicher Gebiete.[106]

Was den Menschen zu schaffen macht, ist aber nicht Dichte per se, es fehlt ihnen an privaten Rückzugsräumen. Die Kompaktheit der Stadt mit ihrer dichten Bebauung und kürzeren Alltagsdistanzen macht ja gerade einen Teil des urbanen Vorteils aus.

Allerdings sind wir es von unserer evolutionären Disposition her nicht gewohnt, mit so vielen anderen, unbekannten Menschen zu interagieren, wie es sich in der Stadt manchmal nicht vermeiden lässt. Zwar haben wir als soziale Wesen das Bedürfnis, persönliche Bande mit anderen zu knüpfen, von der Vielzahl täglicher Begegnungen in der Stadt sind wir aber überfordert. Deshalb haben wir im Lauf der Zeit Mechanismen entwickelt, wie wir andere erfolgreich nicht beachten können. Bestes Beispiel: die Fahrstuhlsituation. Kennen Sie sicher. Dort unterschreiten uns fremde Personen zwangsläufig unsere *Individualdistanz* aufgrund der räumlichen Einschränkung. Die Folge: Wir fühlen uns bedrängt und entziehen uns, indem wir Blickkontakt und sprachliche Kommunikation vermeiden.

Der Begriff Individualdistanz stammt aus der Verhaltensbiologie im Tierreich und bedeutet die geringste noch geduldete Distanz zwischen Individuen einer Art. Ein Unterschreiten führt zum Drohen, wenn möglich zum Ausweichen und im schlimmsten Fall zum Angriff. Auch der Mensch hat einen solchen Schutzraum um sich herum. Im Normalfall denken wir nicht weiter darüber nach, weil unser Gehirn diese »Pufferzone« um unseren Körper und die Position von Objekten darin unterbewusst überwacht und unsere Bewegungen anpasst. Sonst könnten wir nicht gedankenverloren durch eine Tür gehen, ohne uns die Schulter zu stoßen. Wenn uns aber andere Menschen zu dicht auf die Pelle rücken, kann es durchaus passieren, dass wir uns unwohl fühlen, ärgern oder gar richtig wütend werden.

Für verschiedene zwischenmenschliche Interaktionen scheinen variierende Distanzzonen zu existieren, darauf deuten zahlreiche Studien hin. Sie umgeben eine Person ovalförmig, mit etwa gleichem Abstand nach vorn und hinten. An den Seiten lassen wir andere etwas näher an uns heran. In Mitteleuropa beträgt der Radius der sogenannten *Intimzone* etwa 50 Zentimeter. Innerhalb dieses Raumes dulden wir nur vertraute Personen. Der Radius unserer *persönlichen Distanzzone* beträgt zwischen 50 Zentimeter und 1,5 Meter. In diesem Bereich führen wir Gespräche, ohne uns bedrängt zu fühlen. Von der Grenze dieser Zone bis zu einer Entfernung von circa drei Metern nehmen wir andere Personen wahr und entscheiden, ob wir ihnen Zutritt zu unserer persönlichen Distanzzone gewähren.

Forschende des Psychologischen Instituts der Universität Zürich untersuchten, welchen Abstand Menschen bevorzugen, wenn sie auf der Straße nach dem Weg gefragt werden. Als ideal stellte sich ein Kreis mit einem Radius von etwa einem Meter heraus, egal wie bekannt oder sympathisch sich zwei Menschen sind.[107] Das ist nur logisch, entspricht es doch einem Abstand, in dem wir uns noch vor einem potenziellen Angriff wehren könnten.

Wie gut es uns psychisch in der Stadt geht, kann zudem mit unserem sozioökonomischen Status zusammenhängen. Gentrifizierung kann den sozialen Stress erhöhen. Steigende Mieten und Sparmaßnahmen in öffentlichen Haushalten setzen Städter*innen zu, weil der Zugang zu den urbanen Ressourcen Bildung, Kultur und Erholungsflächen unter wachsendem ökonomischem Druck schwieriger wird.

Wie sehr sozialer Stress mit der Angst vor dem sozialen Ausschluss oder Abstieg einhergeht, belegt eine Studie der Charité in Berlin.[108] Sie fand bei türkischstämmiger Bevölkerung in den zwei Berliner innerstädtischen Bezirken Moabit und Wedding heraus, dass Armut in der Nachbarschaft die Proband*innen stärker belastete als die Einschätzung der eigenen wirtschaftlichen Situation. Das erstaunt, erklärt sich jedoch damit, dass die Studienteilnehmer*innen das soziale Umfeld als wenig beeinflussbare Bedrohung für den eigenen Status wahrnahmen.

Dichte produziert Stress. Aber urbane Nachverdichtung kann die Lebensqualität in der Stadt verbessern.

Nicht alle Städte in Deutschland wachsen, aber oft stehen Bürgermeister*innen vor der Herausforderung, dass einerseits möglichst wenig Flächen zusätzlich versiegelt werden sollen, andererseits ein enormer Wohnungsdruck herrscht. Wie also Wohnraum schaffen, ohne die Stadt weiter ins Umland wachsen zu lassen? Dass die Ausweisung neuer Baugebiete am Stadtrand, also die weitere *Zersiedelung*, keine gute Idee ist, darüber herrscht Konsens. Denn damit wird wertvoller fruchtbarer Boden zunichtegemacht und das Verkehrsaufkommen in der Stadt wegen zusätzlicher Pendlerströme verstärkt. Das Hochwasserrisiko steigt aufgrund versiegelter Mehrfläche und das Mikroklima leidet.

Nach Angaben des Umweltbundesamts hat sich die Fläche für Siedlung und Verkehr in Deutschland von 1992 bis 2022 von 40 305 auf 51 903 Quadratkilometer ausgedehnt.[109] Ein massiver Anstieg in 30 Jahren. Und jeden Tag kommen im Schnitt 52 Hektar dazu, die neu bebaut, asphaltiert, betoniert, gepflastert oder anderweitig befestigt werden. Das entspricht 75 Fußballfeldern. Täglich. Die Bundesregierung will nun den Flächenverbrauch bis 2030 auf weniger als 30 Hektar pro Tag senken. Aber warum eigentlich nicht gegen null bringen? Es ist ja nicht so, dass die Bevölkerung in Deutschland signifikant wachsen würde – nämlich jährlich um nur rund 0,3 Prozent seit 2012 gerechnet.[110]

Der zeitgemäße städtebauliche Ansatz lautet deshalb nicht Ausdehnung, sondern *Nachverdichtung*. Das heißt zum Beispiel frei liegende Flächen innerhalb der Stadt besser nutzen, Verkehrsflächen reduzieren oder Dächer aufstocken und Dachgeschosse ausbauen. Eine weitere Möglichkeit ist, Gebäude umzunutzen, etwa Parkhäuser oder Gewerbeimmobilien. Allein durch Aufstockung und Umnutzung von Nichtwohngebäuden in den Kernlagen von Deutschlands Städten, Gemeinden und Kommunen könnten rund 1,3 Millionen Wohnungen mit je 75 Quadratmetern Wohnfläche geschaffen werden.[111]

Die positiven Aspekte von Nachverdichtung liegen auf der Hand: Anschlüsse für Strom-, Wasser-, Internet und Telefonleitungen sind bereits vorhanden, ebenso Straßen. Dementsprechend sind die Erschließungskosten im Vergleich zu Neubauvorhaben am Stadtrand niedriger. Je mehr Menschen Einkaufsmöglichkeiten, Schulen, ÖPNV oder kulturelle Angebote nutzen, desto eher lohnt es sich, diese zu betreiben oder überhaupt erst einzurichten. Dadurch werden Quartiere wiederbelebt oder aufgewertet. Und wie wir schon gesehen haben, führen kurze Wege zu Arbeit oder Schule zu weniger Verkehr. Eigentümer*innen können in ihren Bestandsimmobilien durch Nachverdichtung zusätzliche Nutzflächen schaffen und ihren Besitz dadurch wirtschaftlicher machen. Mehr Menschen bekommen die Möglichkeit, in attraktiven gewachsenen Quartieren und gut erschlossenen Lagen zu wohnen – vorausgesetzt, die Nachverdichtung geschieht sozialverträglich und führt nicht direkt zu Gentrifizierung.

Das ist auch der Grund, weshalb Veränderungen im eigenen Viertel von der angestammten Bevölkerung oft mit Skepsis begegnet wird. Die Ängste sind verständlich. Sieht man sich aber die Bereiche mit Nachverdichtungspotenzial genauer an, offenbaren sich dort oft viele Mängel: Die Bevölkerung ist überaltert und lebt meist in Wohnungen, die nicht barrierefrei erreichbar und ausgestattet sind, die Versorger des täglichen Bedarfs haben sich zurückgezogen, die Freianlagen sind schlecht nutzbar und mangelhaft ausgestattet. Nachverdichtung kann da im besten Fall wie eine Verjüngungskur wirken. Es ziehen neue Bewohner*innen in das Quartier, die Erhöhung der Kaufkraft bringt Läden und Shops zurück, die angestammte Bevölkerung bekommt durch das erweiterte Wohnungsangebot die Möglichkeit, im selben Quartier in besser geeignete Wohnräume zu ziehen. Wird auf städtebauliche Qualität und eine ausgeglichene soziale Zusammensetzung geachtet, wird das Viertel am Ende lebendiger sein.

Aber steht eine Verdichtung des Wohnumfelds in der Stadt nicht im Widerspruch zur Lebensqualität?, werden Sie vielleicht fragen. Werden dadurch nicht Dichtestress, Lärm, Enge, Hitze, Licht- und Luftverschmutzung sowie der Nutzungsdruck auf Grün- und Freiflächen erhöht?

Elizabeth Burton, Gründerin des Forschungsverbunds Wellbeing in Sustainable Environments (WISE), beschreibt in ihren zahlreichen Studien, dass nicht die bauliche Dichte im Allgemeinen die Ursache für eine erhöhte Stressbelastung ist, sondern die Form der urbanen Dichte. Sie empfiehlt Bebauung von niedriger bis mittlerer Höhe und Stadträume, die so gestaltet sind, dass sie soziale Interaktion, aber auch privaten Rückzug erlauben. Dies sei in Stadtvierteln der Fall, in denen nicht nur gewohnt wird, sondern auch Shops, Cafés, Kneipen und der nächste Busstopp fußläufig erreichbar sind.[112] Wie immer im Leben kommt es hierbei auf das richtige Maß an.

Und im Fall der Stadt: auch auf die richtige Mischung. Die Stadt ist kein homogenes Gebilde. Sie bietet unterschiedliche Raumerfahrungen. Das ist eine ihrer Stärken und ein Grund vieler überzeugter Stadtmenschen, sich ihren Lebensmittelpunkt ebendort zu wählen. Die Spannweite reicht von den pulsierenden, stark belebten Vergnügungsvierteln über moderne Kulturbauten und historische Prachtstraßen bis hin zu freien Flächen in Parks, Grünanlagen und auf Plätzen. Stadt ist Vielfalt. Und Vielfalt bedingt Dichte. Dichte allein macht aber noch keine lebendige Stadt. Erst die Mischung unterschiedlicher Nutzungen und dass wirklich alle Menschen von den Angeboten profitieren können, machen die Stadt zu dem innovativen, kreativen Ort, den wir lebenswert nennen.

Doch besteht bei Nachverdichtung die Gefahr, dass immer mehr Menschen ÖPNV, Straßen und öffentliche Einrichtungen permanent überlasten oder Nutzungskonflikte in den verbleibenden Grünräumen zunehmen – wenn zum Beispiel Familien, Jugendliche und Hundebesitzer*innen eine Grünfläche in einem Stadtpark gleichzeitig als Picknickplatz, Fußballfeld und Hundeauslauf nutzen wollen, weil es in ihrem Stadtviertel zu wenig davon gibt. Auch die Menge an Schadstoffemissionen und Lärm kann sich erhöhen. Und so gehört es zu den großen Herausforderungen der Politik, in dicht bebauten Gebieten für gesunde Lebensverhältnisse zu sorgen und diese auch sicherzustellen.

Diese Verantwortung gilt besonders für benachteiligte Quartiere. Bundesweit repräsentative Studien zu Umweltgerechtigkeit zeigen, dass Menschen mit niedrigen Einkommen tendenziell stärker von Luftverschmutzung, Lärm und geringer Grünflächenversorgung betroffen sind als sozial Bessergestellte.[113] So sind die Mieten an Hauptverkehrsstraßen häufig niedriger. Dort leben eher Menschen mit geringem Einkommen, die aufgrund ihres Wohnorts Lärm und Luftverschmutzung durch Feinstaub und Stickoxide stärker ausgesetzt sind. In Umfragen klagen über ein Drittel der armutsgefährdeten Personen über Lärmbelästigung, bei nicht armutsgefährdeten Personen ist es ein Viertel.[114] Zum

Vergleich: In Deutschland waren im Jahr 2023 gut 17,7 Millionen Menschen von Armut oder sozialer Ausgrenzung bedroht.[115]

Gerade dauerhafte Lärmbelastung wie etwa durch Straßenverkehr ist ein Stressfaktor. Er erhöht die Risiken für Schlafstörungen, Herz-Kreislauf-Erkrankungen und psychische Beeinträchtigungen. Lärm hat viele Facetten. Die Wissenschaft bezeichnet ihn als unerwünschten bis schädlichen Schall, wobei die Schmerzgrenze unserer Ohren bei 120 bis 130 Dezibel liegt. Für das Störpotenzial ausschlaggebend ist aber nicht nur die Lautstärke, sondern auch die Frequenz und Ursache sowie unsere Einstellung zur Geräuschquelle. Während die eine an einer Hauptverkehrsstraße gut schlafen kann, setzt dem anderen schon der tickende Wecker zu. Wobei wir Lärm am Arbeitsplatz noch eher tolerieren als in den eigenen vier Wänden. Besonders in der Nacht kann Lärm zur Gesundheitsgefahr werden, denn das Gehirn wertet die unerwarteten, störenden Geräusche als Bedrohung. Der Körper gerät in einen Alarmzustand, den *Lärmstress*. Die Folge: Wir schlafen weniger tief, wachen öfter auf und sind nach einigen lärmgeplagten Nächten weniger leistungsfähig.

Um zumindest den Verkehrslärm in unseren Innenstädten zu reduzieren, ist es grundsätzlich sinnvoll, Tempo-30-Zonen auszuweisen. Denn fahren Autos nur noch 30 statt 50 Kilometer in der Stunde, so nimmt das menschliche Ohr dies wie eine Halbierung des Verkehrs wahr. Das Gegenargument, man käme dann kaum mehr voran, zieht nicht: Die durchschnittliche Fahrgeschwindigkeit zur Hauptverkehrszeit in deutschen Großstädten liegt sowieso darunter. In Leipzig ist man mit 27,6 Kilometer pro Stunde noch am schnellsten unterwegs, weitaus langsamer kommen Autofahrer*innen beispielsweise in Berlin oder Hamburg vorwärts. Hier wurden im Mittel Geschwindigkeiten von 17,7 beziehungsweise 20,3 Kilometer pro Stunde erreicht.[116] Sogenannter

Flüsterasphalt bringt in der Stadt dagegen wenig, da seine lärmreduzierenden Eigenschaften erst ab einer Fahrgeschwindigkeit von 40 Kilometer pro Stunde greifen.

Doch nicht nur Lärm kann uns psychisch belasten, nach neuesten Erkenntnissen gehört auch Feinstaub zu den Übeln, die unsere psychische Gesundheit schädigen können. In der Fachliteratur gibt es mehr und mehr Hinweise darauf.

So untersuchten zum Beispiel Forschende aus den USA in einer Kohortenstudie die Daten von über acht Millionen Krankenversicherten. In dieser Art Studie wird eine Gruppe exponierter und eine Gruppe nicht exponierter Personen über einen bestimmten Zeitraum beobachtet, um herauszufinden, wie viele Personen eine gewisse Erkrankung entwickeln. Das Ergebnis: Es gab einen statistisch signifikanten Zusammenhang zwischen der langfristigen Exposition gegenüber allgemeiner Luftverschmutzung und dem erhöhten Risiko einer Depressionsdiagnose nach dem 63. Lebensjahr.[117] Wissenschaftler*innen vermuten, dass winzige Feinstaubpartikel ins Gehirn eindringen und dort Entzündungsreaktionen hervorrufen können. Diese erhöhen nachgewiesenermaßen das Risiko für psychische Erkrankungen wie Depressionen oder Demenz.[118]

Sport und Natur reduzieren Stress.
Das Schöne: Die gesamte Stadt ist ein einziger Bewegungsraum.

Das Gegenmittel zu sozialem Stress in der Stadt ist sozialer Zusammenhalt, das Gefühl von Zugehörigkeit und Teilhabe. Auf der städtebaulichen Seite geht es darum, im öffentlichen Raum Erfahrung unkontrollierbarer Dichte zu vermeiden und ein soziales Interagieren zu unterstützen. Bürgersteige und Plätze, aber auch der Zugang zur U-Bahn sind im besten Fall so gestaltet, dass es sich nirgends staut und man sich gerne dort aufhält. Darüber hinaus haben die Grün- und Wasserflächen in der Stadt eine besondere Bedeutung als Orte der Erholung.

Schon der Blick auf eine natürliche Umgebung, auf einen Baum, einen Teich oder die Wolken am Himmel, kann dazu führen, dass wir uns weniger gestresst fühlen.[119] Sie kennen das vielleicht aus eigener Erfahrung. Studien deuten darauf hin, dass sich Menschen besser konzentrieren können, entspanntere soziale Beziehungen haben, körperlich aktiver sind und allgemein zufriedener, wenn sie sich regelmäßig in Grünräumen aufhalten.[120] Bereits bestehende Grünräume sollten deshalb vor baulicher Verdichtung geschützt und idealerweise miteinander vernetzt werden (siehe auch Kapitel Artenvielfalt).

Die meisten Metropolen verfügen über größere Parkanlagen, die sich über das Stadtgebiet verteilen. Allerdings leben längst nicht alle Einwohner*innen in direkter Umgebung zu einem Stück Grün, das in der Mittagspause oder nach Feierabend fußläufig erreichbar ist. Und nicht jede Wohnung hat einen Balkon, einen begrünten Innenhof oder eine öffentliche Dachterrasse. Um allen Städter*innen Naturerlebnisse in der unmittelbaren Wohnumgebung zu ermöglichen, richten deshalb immer mehr Kommunen sogenannte *Pocket Parks* ein, grüne Nischen im Taschenformat, Minioasen der Ruhe und Erholung inmitten der betriebsamen Stadt. Sie nutzen dafür Brachflächen, Baulücken oder bislang ungenutzte Bereiche, die sie mit Bäumen, Sträuchern und heimischen Blühpflanzen beleben und mit Sitzelementen ausstatten. Falls nötig, werden sie mit Schallschutzelementen von der Straße abgeschirmt. So entstehen attraktive Freiräume im städtischen Kontext, die gärtnerisch und architektonisch gestaltet sind und zuvor als »tote Winkel« nicht wahrgenommen wurden oder ungenutzt vor sich hin kümmerten.

Ein gutes Rezept gegen Stress ist auch Sport und Bewegung. Denn wenn wir körperlich aktiv sind, werden unter anderem Serotonin und Dopamin ausgeschüttet. Das sind körpereigene Botenstoffe, die die Konzentration von Stresshormonen im Körper senken. Die Weltgesundheitsorganisation WHO empfiehlt 150 bis 300 Minuten moderates Training oder 75 bis 150 Minuten intensiven Sport pro Woche.[21] Und zusätzlich zweimal pro Woche ein Muskelaufbautraining, zum Beispiel Bauch-Beine-Po-Übungen. Schon ein 30-minütiger Spaziergang verbessert unser Wohlbefinden. Sport ist außerdem in besonderer Weise dazu geeignet, sozialen Zusammenhalt, Integration und die Begegnung von Menschen unterschiedlicher Herkunft zu stärken. Bewegung ist ein optimaler Stresskiller.

Allerdings bewegen sich die Menschen in Deutschland zu wenig. Laut WHO treibt fast die Hälfte der Erwachsenen nicht genug Sport, über 80 Prozent der Jugendlichen sind Bewegungsmuffel. Jedes sechste Kind ist übergewichtig oder adipös.[22] Und das ist kein Wunder. Kinder werden im Auto zur Schule gebracht, neuerdings auch mit dem Lastenfahrrad, zur Mathenachhilfe und zum Querflötenunterricht. Sie sitzen stundenlang vor dem Laptop, dem Smartphone und der Spielekonsole. Obwohl Kinder den größten Bewegungsdrang zwischen sechs und zwölf Jahren haben, sieht man diese Altersgruppe kaum im öffentlichen Raum.[23] Das ließe sich ändern, zum Beispiel mit mehr Wohnstraßen, sicheren Radwegen und klug gestalteten Pausenhöfen, die auch abseits der Schulzeiten genutzt werden dürfen – etwa zum Skaten oder Bladen.

Zahlreiche Kommunen haben die Gesundheitsproblematik erkannt und möchten die Menschen dazu animieren, sich wieder mehr zu bewegen, am besten an der frischen Luft. Sie weisen urbane Radtouren und Joggingstrecken aus, organisieren Stadtläufe, richten Flussbäder ein, entfernen »Betreten verboten«-Schilder von Grünflächen, setzen vernachlässigte Bolzfelder instand, initiieren städtische Sportangebote im Freien – Yoga für alle im Stadtpark, Qigong im Freibad, Zumba auf der Wiese. Sie schütten Sandflächen für Beachvolleyball auf, installieren Boulderwände, stellen Tischtennisplatten und Fitnessgeräte auf. Oft kostenlos zu nutzen und für alle zugänglich.

Eine schöne Alternative zum einfachen Spazierengehen ist Geocaching, eine moderne Schatzsuche per Smartphone oder GPS-Gerät. Mithilfe von Geokoordinaten, die im Internet zu finden sind, begeben sich die Teilnehmenden auf die Suche nach den Schätzen, meist versteckte Döschen mit Inhalt. Hat man eines aufgespürt, trägt man sich in das enthaltene Logbuch ein und tauscht den Inhalt aus. Das Logbuch ist eine Art Tagebuch und ein Beweis dafür, dass man den Schatz tatsächlich gefunden hat. Gerade in städtischen Gebieten gibt es viele dieser sogenannten *Caches* – je origineller versteckt, umso besser.[124]

Im Trend liegen Mehrgenerationenspielplätze, die barrierefrei angelegt sind und sowohl mit Kinderwagen als auch mit Rollatoren und Rollstühlen angefahren werden können. Die Geräte und Aktivitäten sind so gestaltet, dass sie unterschiedliche Altersgruppen und Fitnesslevel ansprechen. Zu einer tauglichen Anlage gehören auch eine gute Beleuchtung und eine Umgebungsgestaltung, damit sich alle sicher fühlen. Ziel ist es, Angebote für gemeinsame Freizeitaktivitäten zu schaffen und dadurch soziale Kontakte zu fördern.

Eine bewegungsfreundliche Stadt muss dabei gar nicht viel kosten. Oft genügen schon kleine Dinge, damit Angebote genutzt werden – Bänke, Abfalleimer, vielleicht auch eine sanitäre Anlage. »Mit einer einfachen Infrastruktur kann schon eine Wiese zur Bewegung einladen«, sagt Sportwissenschaftler Robin Kähler.[125] Die Art, wie Leute Bewegung in ihre Freizeit einbauen, habe sich verändert. Sie sei weniger sportartspezifisch, mehr selbst organisiert und vielfältiger geworden. Und das ist ganz im Sinn der Stadtplaner*innen: Sport machen soll niederschwellig und für jeden einfach zugänglich sein.

Wir alle profitieren von gesunden Lebensverhältnissen in der Stadt, in unseren Wohnungen, an unseren Arbeitsplätzen und in unserer Freizeit. Sie sind die Voraussetzung für das physische, psychische und soziale Wohlbefinden der Bevölkerung. Je mehr auf gesundheitsrelevante Umwelteinflüsse wie Lärmpegel, Luftqualität und Grünflächen geachtet wird, je besser Grün- und Freiflächen für gut erreichbare Sport- und Bewegungsräume vernetzt sind und je gleichberechtigter der Zugang zu Prävention sowie Sport- und Kulturangeboten ist, desto attraktiver erscheint uns eine Stadt. Idealerweise haben alle Menschen Zugang zu angemessenem Wohnraum und öffentlichen Freiräumen sowie Möglichkeiten zur aktiven Fortbewegung und barrierefreien Mobilität. Eine Nachbarschaft ist bewegungsfördernd, wenn sie eine große Vielfalt und Dichte von Nutzungen aufweist, das heißt möglichst viele attraktive Start- und Zielpunkte fußläufig erreichbar sind. Um dieses Bild der *gesunden Stadt* in die Realität umsetzen und erhalten zu können, müssen viele Akteure aktiv zusammenarbeiten: Bürger*innen, Wirtschaft, öffentliche Verwaltung, Politik, Zivilgesellschaft und Akteure im Quartier.

Nachverdichtung muss nicht zulasten der Lebensqualität gehen. Wichtig ist jedoch, Planungen und Vorhaben auf Quartiersebene herunterzubrechen und mit den Anwohnenden zu verhandeln, damit Baumaßnahmen akzeptiert werden.

Zu einer gesunden Lebensgestaltung tragen insbesondere Sport und Bewegung bei, wobei Sport nicht nur in kommunalen Sportstätten und in Vereinen getrieben wird, sondern überwiegend informell im gesamten Stadtraum. Dafür müssen Kommunen vermehrt geeignete Flächen und Angebote zur Verfügung stellen, damit sich Joggende und Radfahrende oder Fußball und Federball Spielende nicht in die Quere kommen. Eine gute Lösung ist es auch, wenn etwa Schulhöfe mehrfach genutzt werden, also zum Beispiel am Wochenende allen Kindern und Familien offenstehen. Um den gesamtgesellschaftlichen Nutzen städtischer Grünräume zu optimieren, müssen Planende die Vorlieben und Wahrnehmungen der lokalen Bevölkerung berücksichtigen.

ARTENVIELFALT

WIE VIEL NATUR WOLLEN WIR IN DER STADT?

Biodiversität, die Vielfalt aller Organismen und Lebensräume, sichert das Überleben der Menschheit. Fehlen Arten, werden Ökokreisläufe gestört. Auch die Stadt ist ein Ökosystem, in das immer mehr Wildtiere einwandern. Denn in Ballungsräumen gibt es mehr Nahrung, weniger Pestizide, kaum Jäger. Doch Nachverdichtung, moderne Architektur und taghell erleuchtete Nächte stellen unsere tierischen Mitbewohnenden vor Hürden. **Animal Aided Design** ***bezieht die Bedürfnisse von Wildtieren in die Planung neuer Gebäude und Siedlungen mit ein. Und das ist gut für uns. Denn auch der Mensch fühlt sich in einer naturbezogenen Umgebung wohl.***

Feldhasen im Stadtpark, Eichhörnchen auf dem Kinderspielplatz, Igel im Hinterhof, Fledermäuse in der Abenddämmerung – wir teilen unsere Städte mehr oder weniger freiwillig mit Wildtieren. Und in letzter Zeit scheinen weitere Arten darin sesshaft werden zu wollen. So häufen sich Meldungen, Film- und Fotobelege über Füchse, Dachse und ganze Wildschweinrotten, die beim Queren von innerstädtischen Straßen gesichtet werden. Angenagte Bäume zeugen von der Anwesenheit des Bibers. Waschbären und Siebenschläfer richten sich auf Dachböden von Mietshäusern häuslich ein. In mehreren siebenbürgischen Städten versetzten durch Wohngebiete streunende Braunbären Anwohner*innen in Aufregung. Im niedersächsischen Lohne wurde ein Wolf dabei gefilmt, wie er am helllichten Tag ohne große Scheu durch die Innenstadt lief, und in Stockholm legte ein Elch die U-Bahn lahm, als er sich in eine Bahnhofstation verirrte.

Die Stadt ist für heimische Wildtiere attraktiv. Wegen der vielen versiegelten Flächen und dicht stehenden Gebäude, die Wärme speichern, ist es dort vor allem im Herbst und Winter angenehmer als im Umland. Und nach Nahrung müssen sie nicht lange suchen: Mülltonnen laden zum Beutezug, Kleingärten präsentieren ein reichhaltiges Buffet auf Beet oder Kompost und im Winter gibt es manchmal sogar Gratisfutter von den Menschen. In der Stadt finden Wildtiere oft mehr als auf den Feldern und in den bewirtschafteten Wäldern des Umlands. Aber auch die vielfältig strukturierten urbanen Lebensräume sind für viele Tiere interessant. Sie bieten allerlei Unterschlupfmöglichkeiten, die zudem oft sicherer sind als in freier Wildbahn. Schrebergärten und Teiche, Mauern und Parks, Bäume und Wasserläufe, Dachstühle und Brachflächen, Straßenränder und Gleisbetten – so viel Abwechslung auf so kleinem Raum findet sich außerhalb von Städten kaum.

Kein Wunder, dass sich manche Arten als sogenannte *Kulturfolger* explizit an den Lebensraum Stadt angepasst haben. Dazu gehört zum Beispiel die Amsel, Anfang des 19. Jahrhunderts noch ein scheuer Waldvogel. Für ursprünglich Fels und Höhlen bewohnende Spezies wie den Turmfalken, den Mauersegler oder die Winkelspinne stellen die Bauwerke der Menschen künstliche Felsen dar, also attraktiven Wohnraum. Auch der Habicht fühlt sich in unseren Städten wohl: Nahrung in Form von Stadttauben gibt es im Überfluss und obendrein mehr alte Bäume mit kräftigen

Ästen, zwischen die er seinen Horst bauen kann. Denn in Stadtwäldern, Friedhöfen und Parks dienen Bäume vornehmlich der Erholung und nicht der Holzproduktion. Der Anteil alter Bäume und verwitternden Holzes ist dort deutlich höher als im Wirtschaftswald – wovon wiederum eine Fülle von Kleintieren profitiert. Manche Arten wie der Wanderfalke leben inzwischen sogar häufiger in Städten als außerhalb. Und in Berlin zum Beispiel gibt es neunmal mehr Igel als im Umland. Auch fast alle hiesigen Fledermausarten sind dort zu finden.[126]

Aber nicht nur Tiere, auch Pflanzen ziehen vom Land in die Stadt. Dort wachsen sie nicht nur in den Stadtparks und Grünanlagen, sondern auch an solch unwirtlichen Orten wie Verkehrsinseln, Grünstreifen am Straßenrand, Baustellen, Gleisanlagen, sogar in Mauerritzen und in den Fugen des Gehwegpflasters. Und zwar in überraschend großer Vielfalt. Die meisten von ihnen sind sogenannte Generalisten, genügsame Arten, die mit den mageren, kalkhaltigen und nährstoffarmen Böden in unseren Städten zurechtkommen. Für sie ist der urbane Lebensraum ideal, denn auf dem Land ist diese Art Boden wegen Überdüngung kaum noch vorhanden. So fand man in Mecklenburg-Vorpommern auf zehn Quadratmetern durchschnittlicher Bodenfläche vor 50 Jahren über 50 Pflanzenarten. Heute sind es noch fünf.[127]

So paradox es ist: Die Stadt trägt zur Artenvielfalt bei, obwohl die Urbanisierung global zu den größten Gefahren für die Biodiversität zählt, da das Artenspektrum der lokalen Pflanzen- und Tierwelt durch Verstädterung komplett verändert wird. Und doch: In Brüssel kommen mehr als 50 Prozent der Flora Belgiens vor und in Warschau ungefähr 65 Prozent aller Vogelarten Polens.[128] Die Stadt wird zum Refugium der Natur.

Allerdings befinden sich Stadtbiotope – das sind abgegrenzte Lebensräume, in denen bestimmte, durch Klima, Wasser, Licht und Temperatur vorgegebene Bedingungen herrschen und in denen daran angepasste Gemeinschaften von Organismen wohnen – durch Modernisierung und Flächenversiegelung massiv im Umbruch. So gehen bei energetischen Sanierungen oft Brut- und Nistplätze in Mauerspalten und Ritzen verloren. Baulücken und Industriebrachen verschwinden, moderne Büro- und Geschäftsgebäude bieten mit ihren oft glatten Fassaden keine »Mitwohngelegenheiten« mehr. Nachverdichtung und Neubaugebiete verkleinern den Lebensraum von Wildtieren. Autoverkehr, Lärm, Barrieren, Schadstoffe und nächtliche Beleuchtung stellen weitere Belastungen und Gefahren dar.

Die Funktion der Städte als Rückzugs- und Tierschutzraum wird in Zukunft aber noch bedeutender werden, da zahlreiche Ökosysteme durch den Klimawandel in Bedrängnis geraten. Aktuell sind rund ein Fünftel aller Tier- und Pflanzenarten in Europa vom Aussterben bedroht.[129] In Deutschland betrifft es rund 30 Prozent der schätzungsweise 71 900 Tier- und Pflanzenarten.[130] Je geringer jedoch die Biodiversität, desto eher kann jede Belastung, jeder Wandel und jeder Krankheitserreger überlebensbedrohende Auswirkungen für bestimmte Arten haben – und damit auch negative Folgen für den Menschen nach sich ziehen.

Das Problem: Architekt*innen planen im Allgemeinen nicht für die biologische Vielfalt. Und Naturschutz konzentriert sich meist auf die nicht bebauten Areale der Stadt. Das könnte daran liegen, dass wir »Stadt« immer noch weitgehend als ausschließlich dem Menschen vorbehaltenen Raum definieren, während wir die Natur als den angestammten Lebensraum von Wildtieren und Pflanzen betrachten.[131] In der Stadt wohnt man, die Natur besucht man nur. Und die soll uns ansonsten bitte nicht mit ekligen Insekten und Allergie auslösenden Pollen belästigen.

Wir erfreuen uns an urbanen Biotopen, solange sie Bienen, Schmetterlinge und Singvögel beherbergen. Tauben, Ratten oder Marder bekämpfen wir dagegen als unliebsame Gäste. Doch Ökosysteme – auch die in der Stadt – funktionieren nur mit allen zugehörigen Tieren, Pflanzen, Pilzen und Mikroorganismen, die eine sich gegenseitig stabilisierende Gemeinschaft aus Bestäubern, Nahrungsproduzenten, Konsumenten und Zersetzern bilden. Voraussetzungen dafür sind eine funktionierende Nahrungskette und ebenso ein Nährstoffkreislauf. Eine Stadt allerdings ist ein räumliches Mosaik oft kleinster unzusammenhängender Grünflächen. Und so gibt es an einem Ort vielleicht einen geeigneten Nistplatz, Futtermangel rund um das Zuhause kann aber trotzdem herrschen.

Wir müssen uns deshalb dringend bewusst machen, welchen Einfluss Architektur und Stadtplanung auf das urbane Ökosystem haben. Es genügt heute nicht mehr, Gebäude zu schaffen, die die Umwelt möglichst wenig belasten. Notwendig ist eine Architektur, die zum Erhalt der Artenvielfalt auf unserem Planeten beiträgt. Es reicht nicht mehr, Pflanzen hauptsächlich für eine optisch ansprechende Freiraumgestaltung zu planen und sich darauf zu verlassen, dass die Tiere dann schon irgendwie auftauchen. Dafür sind unsere Städte zu durchgeplant, die vorhandenen Lebensräume für viele Tierarten zu spärlich gesät.

Oft sind nur kleine Eingriffe nötig, um Tieren das Überleben in der Stadt zu sichern.

Um einen artenübergreifenden Lebensraum zu schaffen, schlagen Forschende unter Federführung der Technischen Universität München vor, Gebäude mit einem *Ecolope* zu gestalten.[132] Gebäudehüllen sollen nicht länger als eine primär trennende Schicht zwischen Innen und Außen gesehen werden, sondern als neuartiger architektonischer Raum, der von einer Vielzahl an Lebensformen gemeinsam genutzt wird. Der Ecolope kann zum Beispiel eine begrünte Fassade sein, die als Teil des Ökosystems der Umgebung und damit als gemeinschaftlich genutzter Raum von Menschen, Tieren, Pflanzen und Mikroorganismen gilt und sich als solcher ständig verändert.

Wolfgang Weisser, Inhaber des Lehrstuhls für Terrestrische Ökologie an der Technischen Universität München, ist überzeugt, dass es für Stadtbewohner*innen schädlich wäre, wenn die Vielfalt an Tieren im urbanen Raum verloren ginge. »Viele Studien beweisen, dass wir Menschen uns einfach wohler fühlen, wenn es um uns herum brummt und zwitschert«, sagt der Biologe.[133] Es sei außerdem belegt, dass Städter mehr unter Allergien litten als Menschen, die auf dem Land leben und öfter in Berührung mit der Natur kämen. Gemeinsam mit Thomas Hauck, Leiter Landschaftsarchitektur und Landschaftsplanung der Technischen Universität Wien, hat er eine Entwurfsstrategie entwickelt, die Bedürfnisse von wild lebenden Tieren bereits in der Planungsphase eines Bauprojekts berücksichtigt: *Animal-Aided Design*, kurz AAD oder zu Deutsch *Entwerfen für Tiere*.[134]

»Ganze Biotope zu schaffen, funktioniert nur, wenn ich Platz habe, sodass ich für verschiedene Arten Nahrung und Brutplätze sicherstellen kann«, sagt Thomas Hauck. Es genüge nicht, mit Blumensaaten nachzurüsten oder nachträglich Nistkästen anzubringen, um überlebensfähige Populationen anzusiedeln. Die Maßnahmen müssten den gesamten Lebenszyklus einer Art abdecken: Schutz in der Balz- und Brutzeit, Futterquellen, die gut zu erreichen sind, Möglichkeiten zur Körperpflege, damit Parasiten entfernt werden können.

Ein Negativbeispiel ist der Haussperling, vulgo Spatz, der wie kein anderer Vogel die Natur in der Stadt verkörpert. Putzig gebärden sich die kleinen Gesellen, wenn sie sich im Biergarten oder auf der Parkbank frech und todesmutig um Kuchenkrümel und

Brezelreste streiten. Ihre Jungen füttern sie allerdings lieber mit weichen Maden oder Würmern. Und die sind in der Stadt schon schwerer aufzuspüren. Wegen Nahrungs- und Brutplatzmangels zieht sich der Haussperling aus den Städten sogar zurück. In Münchens Innenstadt zum Beispiel kann er sich nur noch in wenigen Enklaven halten. Ein Austausch der Populationen untereinander findet kaum mehr statt.[135] Wenn sich die Lebensbedingungen in den begrenzten Biotopen verändern, können die Vögel nicht mehr ausweichen. So verschwindet ein Spatzentrupp nach dem anderen. Das Bayerische Landesamt für Umwelt führt die einst so zahlreich vertretene Art seit 2016 auf der Roten Liste der gefährdeten Tiere Bayerns.[136]

Für die Auswahl der Arten beim Animal-Aided Design ist die Gefährdung allerdings nicht das vorrangige Kriterium. Der Planungsansatz konzentriert sich vielmehr auf diejenigen Spezies, die schon vor Ort sind oder diesen aus dem Umfeld erreichen können. Darüber hinaus müssen sie auch mit der Veränderung ihres Lebensraums durch die jeweilige Baumaßnahme zurechtkommen. So bleiben von mehreren Hundert möglichen Arten rund 20 bis 30 pro Projekt übrig, die der jeweiligen Bauherrschaft und, falls möglich, auch den zukünftigen Nutzer*innen zur Auswahl vorgestellt werden. Besonders beliebt seien Eichhörnchen, Marienkäfer, Schmetterlinge und Singvögel. Bei Fledermäusen reagieren die Menschen ambivalent, weiß AAD-Planer Thomas Hauck: »Ästhetisch ansprechende Arten haben häufig die besseren Karten, wir wollen aber niemandem tierische Mitbewohner aufzwingen, die die Leute nicht um sich haben wollen.«

Wie Animal-Aided Design auch bei Nachverdichtung funktionieren kann, untersucht seit Anfang 2020 erstmals ein Forschungs- und Planungsteam anhand einer Wohnanlage aus den Fünfzigerjahren in München-Laim. Dort wurde gezielt für Zwergfledermaus, Grünspecht, Braunbrustigel und Haussperling geplant. Sie alle bleiben das ganze Jahr über vor Ort und brauchen deshalb ein winterfestes Quartier.

Die seriell gefertigten Nistbausteine und Fledermauskästen in der Fassade der Wohnanlage sind als rhythmisch angeordnete Löcher und Schlitze zu erkennen. Für den Grünspecht entwickelte man eigens eine »Laterne« aus verschiedenen Holzarten mit unterschiedlich tiefen Bohrungen. Die Art ist etwas pingelig und nimmt kaum künstlichen Ersatz für natürliche Höhlenbäume an. Für den Igel wurden mardersichere Schubladen als Tagesquartier und kuscheliger Rückzugsort für den Winter in die Fassaden integriert. Ausgewählte Pflanzen, Hecken und Sträucher sowie Gründächer sorgen ganzjährig für ein reichhaltiges Nahrungsangebot. Staubbecken für die Körperpflege von Spatzen und Durchlässe für Igel machen das Wohnquartier für diese Spezies attraktiv.

»Oft sind nur wenige, sparsame Eingriffe nötig, die aber für die Tiere das Überleben in der Stadt sichern«, sagt Wolfgang Weisser. Während des Projekt-Monitorings stellte sich allerdings heraus, dass bei Animal-Aided Design die Pflege der Grünflächen anders gehandhabt werden muss als in herkömmlichen Wohnanlagen. Es hängt dann von den Futterbedürfnissen der Tiere ab, wann und wie oft gemäht wird. Dafür müsse man den Gärtnern andere Grünpflegepläne an die Hand geben, weist Thomas Hauck hin. Auch die Erwartung der Öffentlichkeit, wie Grünflächen auszusehen haben, passe oft nicht mit den Lebensgrundlagen der Tiere zusammen.

Da hilft nur Aufklärung und Wissensvermittlung. Beim Modellprojekt in München-Laim geschah das über eine App, die extra entwickelt wurde und mit der Anwohner*innen Tier- und Pflanzenarten vor Ort erfassen können. Sie erfahren dort zum Beispiel, dass Brennnesseln, die gemeinhin als Unkraut gelten, an bestimmten Stellen mit Absicht stehen gelassen werden, weil sie unter anderem als Nahrung für die Raupen der Schmetterlingsarten Admiral und Tagpfauenauge dienen.

Großes Potenzial für Animal-Aided Design sieht Thomas Hauck in Gründächern. Voraussetzung sei allerdings eine Substratschicht von mindestens zwölf Zentimetern, die mehr Wurzelraum bietet und damit vielen verschiedenen Pflanzen das Wachstum ermöglicht. Ist die Schicht dagegen zu dünn, sterben viele darin hausende Insekten durch Frost und Dürre. Dazu empfiehlt der Experte eine über die Dachfläche verteilte variable Substratdicke, ein regelrechtes Dachrelief mit Totholzhaufen, Stein- und Sandstellen, das mikroklimatisch unterschiedliche Bereiche schafft. Die Anhäufungen bieten Kleintieren im Winter Wärme und Schutz, in den Mulden sammelt sich Wasser und lädt Vögel im Sommer zu einem erfrischenden Bad.

Auch Fassadenbepflanzung kann der Landschaftsarchitekt einiges abgewinnen: Pflanzen an der Fassade schützen Gebäude im Sommer vor Überhitzung und im Winter vor Auskühlung. Sie filtern Feinstaub, dienen als Schallschutz und halten UV-Strahlen ab. Das Grün an den Hauswänden ist aber auch Lebensraum für Insekten und Vögel und wirkt nicht zuletzt optisch positiv auf das Wohlbefinden des Menschen.

Glasfassaden oder Balkone mit Glasbrüstung sollten allerdings nicht begrünt oder, noch besser, gar nicht erst gebaut werden. Der Grund: Schätzungsweise 100 Millionen Vögel sterben jedes Jahr allein in Deutschland, weil sie gegen Glasscheiben fliegen, sich dabei das Genick brechen oder sich eine tödliche Gehirnerschütterung zuziehen. Das ergeben Hochrechnungen der Länderarbeitsgemeinschaft der Vogelschutzwarten.[137] Die Tiere erkennen Glasflächen oft nicht als Hindernis – sie sehen nur die Landschaft, die durch das Glas scheint oder sich darin spiegelt. Und mit einer Bepflanzung werden sie auch noch angelockt.

Lichtverschmutzung raubt Tieren die Orientierung und kann Menschen krank machen.

Abends und nachts sind von innen beleuchtete Glasscheiben eine Gefahr vor allem für Zugvögel. Viele Arten fliegen in der Nacht, da die Luft dann nicht von der Sonne aufgeheizt wird. Es entstehen weniger Luftwirbel, was den Tieren das Fliegen erleichtert und Energie spart. Außerdem bietet die Dunkelheit Schutz vor Greifvögeln. Langstreckenspezialisten wie der Kuckuck, der Weißstorch oder die Nachtigall, orientieren sich auf ihrem Weg von uns bis nach Afrika und zurück neben dem Erdmagnetfeld an Mond und Sternen.[138] Sie können durch künstliche Lichtquellen und die starken Lichtemissionen großer Städte in die Irre geführt werden und von ihren Zugwegen abkommen. Der Lichtkegel über Ballungsgebieten zieht sie an, weil sie sich immer nach der hellsten Lichtquelle ausrichten. Und das war bis vor nicht allzu langer Zeit der Mond. Einmal in der Stadt, steuern sie deshalb auch oft direkt auf ein strahlend leuchtendes Hochhaus zu.

Gut belegt sind weitere negative Folgen nächtlicher Beleuchtung im Tierreich. Viele Fledermausarten zum Beispiel verlassen ihre Quartiere – etwa in Kirchtürmen – nicht, solange diese angestrahlt werden, weil sie Angst haben, von Greifvögeln angegriffen zu werden.[139] Aale unterbrechen ihre Wanderungen ins Meer, weil sie beleuchtete Brücken als Barriere wahrnehmen, Rotkehlchen singen statt früh in der Morgendämmerung die ganze Nacht hindurch. Manche Tiere verpassen ihren Winterschlaf, weil ihnen das helle Kunstlicht längere Tage suggeriert, als es dem Wechsel der Jahreszeiten entspricht. Aus diesem Grund ist etwa der Feldhamster, der bis in die Achtzigerjahre millionenfach auf den Feldern vorkam, heute vom Aussterben bedroht. Kohlmeisen wiederum beginnen in der Stadt früher zu brüten als auf dem Land und ziehen oft schwächeren Nachwuchs heran.[140]

Wenn es in den Innenstädten gar nicht mehr richtig dunkel wird, kommen sich tag- und nachtaktive Arten, die sich sonst kaum begegnen, bei der Nahrungssuche in die Quere. Auch die Partnerwahl gestaltet sich schwierig: So finden etwa weibliche Glühwürmchen kein männliches Pendant, weil künstliche Lichtquellen das Leuchten der Männchen überstrahlen.[141] Ganze Ökosysteme geraten aus dem Gleichgewicht, weil Räuber-Beute-Beziehungen oder die Paarungszeit beeinträchtigt werden.

Verheerend ist die anziehende Wirkung von Straßenlaternen auf Insekten: In deren Leuchtkegel werden Falter und Fliegen zur leichten Beute für ihre Fressfeinde, etwa Spinnen. Oder sie sterben beim unaufhörlichen Umkreisen der Lichtquelle vor Erschöpfung. Das tun sie, weil sie die Laterne für den Mond halten, der in der Natur das hellste Objekt am Himmel ist. An ihm orientieren sich nachtaktive Arten – immerhin die Hälfte aller Insekten – beim Fliegen. Wenn sie zum Mond einen konstanten Winkel einhalten, bewegen sie sich wegen der großen Distanz auf einer geraden Linie voraus. Versuchen die Tiere nun einen konstanten Flugwinkel zur Laterne einzuhalten, fliegen sie im Kreis.

Es sind Milliarden Insekten, die allein in Deutschland auf diese Weise durch Straßenlaternen aus den Ökosystemen gezogen werden und dann für viele andere Tiere als Nahrungsgrundlage oder, wie etwa Motten und Nachtfalter, als Nachtbestäuber für Pflanzen fehlen. Und da etwa 85 Prozent aller Pflanzen bei der Fortpflanzung auf Tiere angewiesen sind, die die Blüten bestäuben, hat das auch Auswirkungen auf uns Menschen.[142] So werden von den 107 weltweit am häufigsten angebauten Kulturpflanzen 91 Arten bestäubt. Schätzungen zufolge würde ein Totalverlust an Bestäubern dazu führen, dass Ernteeinbrüche um bis zu 90 Prozent zu befürchten wären, schreibt der Naturschutzbund.[143] Wir bemerken das spätestens in der ausgedünnten Gemüseabteilung des örtlichen Supermarktes.

Und was macht der Mensch? Er lässt die Erde erstrahlen. Die Beleuchtung des Planeten nimmt in Reichweite und Intensität jährlich um etwa zwei Prozent zu, berichtet eine britisch-französische Forschergruppe. Das Team um Kevin Gaston von der Universität Exeter hat in einer Metaanalyse von 126 früheren Arbeiten zu Auswirkungen von *Lichtverschmutzung* festgestellt, dass die Zunahme der Helligkeit zum Beispiel Änderungen beim Hormonspiegel, Fortpflanzungszyklen und Aktivitätsmuster von Tieren beeinflusst. »Die Auswirkungen wurden überall gefunden – bei Mikroben, Wirbellosen, Tieren und Pflanzen«, sagt Gaston.[44] Lichtverschmutzung – die dauernde Abwesenheit völliger Dunkelheit in den davon betroffenen Gebieten – ist eine Umweltbelastung wie Lärm und sollte auch so behandelt werden.

Und wie wirkt sich das auf die Menschen aus? Auf uns? Immerhin leben mittlerweile 60 Prozent der Europäer*innen in Gebieten, in denen die Milchstraße durch Dauerbeleuchtung bis zur Unsichtbarkeit verblasst.[45] Autoscheinwerfer, angestrahlte Denkmäler und Kirchen, beleuchtete Schaufenster, Ampeln und großflächige Leuchtreklame lassen unsere Metropolen hell erstrahlen. Wir bestimmen selbst, wann wir schlafen. Wir lesen, streamen oder arbeiten bis spätabends, und wer seine Leistungsfähigkeit betonen möchte, prahlt damit, wie wenig Schlaf er braucht. Wenn man der Tourismusbranche glaubt, wird in Städten wie Berlin, London oder New York rund um die Uhr gefeiert. Möglich wird das alles durch die Erfindung des künstlichen Lichts. Aber ist das auch gesund?

Wissenschaftlich erwiesen ist, dass Licht – unter anderen Faktoren – den zirkadianen Rhythmus der Schlaf- und Wachphasen des Menschen beeinflusst. So wird unsere Fähigkeit bezeichnet, physiologische Vorgänge auf eine Periodenlänge von etwa 24 Stunden zu synchronisieren.[46] Anders gesagt: Durch Kunstlicht kann unsere innere Uhr aus dem Takt geraten. Das betrifft vor allem Stadtbewohner*innen, die tagsüber meist bei relativ niedrigem Lichtniveau im Büro arbeiten und abends den Tag durch künstliche Beleuchtung verlängern. Der Unterschied zwischen Tag und Nacht verwischt.

Insbesondere das bläulich weiße Licht vieler Bildschirme, Laptopdisplays, Tablets und eReader sorgt für Irritationen, da es von den Rezeptoren der Augennetzhaut als Tageslicht wahrgenommen wird.[147] Die Folge: Die Produktion des »Schlafhormons« Melatonin wird unterdrückt. Das bildet unser Körper nämlich nur, wenn die Helligkeit unserer Umgebung gering genug ist. Der natürliche Schlaf-Wach-Rhythmus gerät aus dem Gleichgewicht.[148] Studien zeigen einen Zusammenhang zwischen künstlichem Licht und einem späteren Zubettgehen, häufigerem Schnarchen und Übergewicht[149] sowie vermehrter Einnahme von Schlafmitteln.[150] Forschende vermuten darüber hinaus, dass die Erleuchtung der Nacht langfristig auch psychische Erkrankungen wie Depressionen oder bestimmte Krebsarten begünstigen kann.[151] Dass das Licht ursächlich verantwortlich ist, ist aber bislang nicht bewiesen.

Doch was hat es mit dem künstlichen Licht auf sich, dass wir sogar in Kauf nehmen, damit unserer Gesundheit zu schaden? Licht bedeutet Modernität, Sicherheit und Geborgenheit. Wir nehmen mehr als 80 Prozent unserer Informationen visuell auf. Und da unsere Nachtsicht nicht die beste ist, hilft uns Licht, uns in der Dunkelheit zu orientieren. Zwar können wir im Licht der Sterne sogar Gesichter erkennen, wenn unsere Augen sich an ein dunkles Umfeld gewöhnt haben. In einer hellen Umgebung fühlen wir uns aber wohler. Doch mehr Licht bedeutet tatsächlich nicht automatisch mehr Sicherheit.

Zwar ist die Forschungslage hierzu noch begrenzt, doch eine britische Studie konnte immerhin für England und Wales zeigen, dass sichere Straßenbeleuchtung oft nur einen Bruchteil der Helligkeit benötigt, die tatsächlich eingesetzt wird, und dass eine helle

Beleuchtung entgegen dem subjektiven Empfinden kein verlässlicher Schutz gegen Kriminalität ist.[152] Zu viel Licht kann sogar zur Gefahr werden. Denn ein abrupter Wechsel zwischen dunklen und hellen Bereichen, wie es zum Beispiel bei der Außenbeleuchtung in städtischen Parks oft der Fall ist, verhindert, dass sich das Auge an die Dunkelheit anpasst. Grell beleuchtete Bereiche aber blenden. Der Kontrast kann so stark sein, dass wir nicht mehr sehen, was sich im Schatten aufhält. Doch wer oder was auch immer dort wartet, hat eine erstklassige Sicht auf uns. So kann es sein, dass wir uns – paradoxerweise – bei mehr Helligkeit erst recht exponiert und unsicher fühlen. Und dass wir es vielleicht auch sind.

Was die Außenbeleuchtung angeht, ist die Beleuchtungsstärke in Deutschland weder nach oben noch nach unten gesetzlich geregelt. Es existieren lediglich europäische Normempfehlungen. Die Kommunen haben aber eine Verkehrssicherheitspflicht. Und so beleuchten viele Gemeinden ihre Straßen lieber zu viel als zu wenig. Sie wollen damit das Risiko von Schadensersatzansprüchen bei Verkehrsunfällen ausschließen.

Aber es existieren Leitlinien für die Lichtgestaltung öffentlichen Raums, herausgegeben vom europäischen Forschungsnetzwerk *Verlust der Nacht.*[153] Demnach sollte die Beleuchtung möglichst von oben nach unten gerichtet sein, um Blendung und ein unnötiges Abstrahlen in den Himmel zu vermeiden. Ein weiterer Punkt nennt die Anpassung an Nutzungszeiten. So könne Straßenbeleuchtung nach zehn Uhr abends gedimmt, mittels Bewegungsmelder betrieben oder ganz abgeschaltet werden, je nach Art der Straße. Im Prinzip geht es darum, nur das zu beleuchten, was beleuchtet werden soll, und zwar nur so lange und so intensiv, wie es sinnvoll ist.

»Bevor jemand eine Lampe aufstellt, sollte er begründen können, warum dieses Licht zu diesem Zeitpunkt an diesem Ort notwendig ist«, fordert Franz Hölker, Mitherausgeber des Leitfadens und Leiter der Forschungsgruppe Lichtverschmutzung und Ökophysiologie am Leibniz-Institut.[154] Nicht jedes Gebäude, jede Bushaltestelle müsse dauerhaft beleuchtet sein. »Wir sehen immer noch zu viele Lichtpunkte, die einfach so vor sich hin leuchten, ohne dass man den Grund dafür erkennen könnte.«

Wenn wir unsere Umgebung naturnah gestalten, fühlt sich der Steinzeitmensch in uns wohl.

Ob ein Spaziergang im bunten Herbstwald oder am Seeufer mit Blick auf das Wasser – ein Aufenthalt in der Natur tut uns gut. Laut einer Umfrage des Instituts für Demoskopie Allensbach hält es über ein Drittel der Deutschen im Leben für ganz besonders wichtig, viel draußen zu sein.[155] Studien belegen, dass auch und gerade in der Stadt Grünanlagen, Parks und mit Bäumen bepflanzte Plätze der Erholung gestresster Stadtmenschen dienen (siehe Kapitel Gesundheit). Forschende des King's College in London berichten, dass das Wohlergehen umso stärker gefördert wird, je größer die natürliche Vielfalt der Umgebung ist.[156] Dem einen oder der anderen wird insbesondere während des Lockdowns zu Anfang der Corona-Pandemie so richtig bewusst geworden sein, wie gut der Aufenthalt im Grünen tut – und seien es nur die Pflanzen auf dem Balkon oder der kleine Park ums Eck. Nur: Warum ist das so? Warum suchen wir die Nähe zur Natur?

Das liegt an unseren Genen. Im Laufe der Evolution haben wir 99,9 Prozent unserer Zeit in der Natur verbracht. Deshalb sehnen wir uns auch heute noch nach frischer Luft, wollen uns von der Sonne wärmen lassen, Bäume sehen und den Himmel über uns.[157] Physiologisch betrachtet sind wir immer noch in der Steinzeit verhaftet. Wir bevorzugen Blau- und Grüntöne, weil sie uns an ein gesundes Ökosystem erinnern. Und wir fühlen uns in einer savannenähnlichen Umgebung wohl, in der sich Grasland mit Buschwerk – also offene Bereiche mit geschützten Zonen – abwechseln. Achten Sie einmal darauf, wo sich Menschen in einem Restaurant oder Café hinsetzen, wenn sie die Wahl haben. Sie werden feststellen: kaum mit dem Rücken zum offenen Raum.

Außerdem empfinden wir unsere Umgebung als »natürlich«, wenn sie ein gewisses Maß an vorhersehbarer Ordnung aufweist und zugleich auch eine zufällige Komponente hat. Dort fühlen wir uns sicher, weil wir uns orientieren können, haben aber gleichzeitig genug Abwechslung, sodass sich unser Gehirn nicht langweilt.[158] Den gleichen Effekt erzielen fraktale Muster – etwa auf Tapeten –, bei denen das ganze Bild seinen Bestandteilen ähnelt. Bäume mit ihren Ästen, deren Struktur sich in den Zweigen wiederholt, an denen die Blätter aber nie ganz genau gleich verteilt sind, sind so aufgebaut, aber auch Brokkoli und Romanesco oder ganze Galaxienhaufen.

Und was heißt das übersetzt auf die Gestaltung von Stadtparks und Grünflächen? Zuerst einmal: Immer mehr Kommunen achten inzwischen auf eine naturnahe (Um-)Gestaltung. Sie möchten damit nicht nur die Klimaresilienz (siehe Kapitel Klimawandel) und die Artenvielfalt erhöhen, sondern haben auch das menschliche Wohlergehen im Blick. Anstelle der historischen Sicht auf den Park als ästhetisches Gesamtkunstwerk, rückt der Gebrauchswert für die Stadtbevölkerung in den Vordergrund. Statt dem kurz gemähten *englischen Rasen*, der zwar hübsch anzusehen aber ansonsten ziemlich leblos ist, stellen die Kommunen auf artenreiche und Tierarten anziehende Wildblumenwiesen um. Sie geben dem Zufall und der »Unordnung« mehr Raum, denn sie bevorzugen nun Grünflächen mit einer gewissen Unvorhersehbarkeit und Komplexität gegenüber durchgestalteten, ergab eine Untersuchung des Instituts für Wohnen und Umwelt.[159]

Eine Metaanalyse der WHO in Zusammenarbeit mit der University oft the West of England Bristol ergab unter anderem, dass die Mehrheit der Befragten die Einführung von Staudenwiesen in lokale Grünflächen befürwortet, weil diese ihrer Meinung nach die Qualität dieser Räume verbessern. Allerdings sehen sie auch gerne »Hinweise auf Fürsorge«, zum Beispiel sauber gemähte Ränder, die anzeigen, dass das jeweilige Areal bewusst bewirtschaftet und gepflegt wird. Und: Sobald sich die Befragten des Werts ungemähter Wiesen für die urbane Artenvielfalt bewusst waren, stieg ihre Bereitschaft, diese zu akzeptieren, selbst wenn sie nach der Blüte braun und ungepflegt erschienen.[160]

Auch bezüglich der Haltung zu Blumen und Farbe gibt die WHO-Analyse Aufschluss. So nahmen die Befragten eine Bepflanzung mit einer Blumendecke von 27 Prozent oder mehr als deutlich attraktiver wahr als eine mit einem geringeren Blumenanteil. Die meisten Teilnehmenden empfanden bunt blühende Pflanzen als anregend. Und sie schlossen von der Farbvielfalt der Blüten auf die Artenvielfalt. Zudem schätzte die Mehrheit der Befragten, den saisonalen Farbwechsel des Laubs – wegen seines Bezugs zu den Jahreszeiten.

Unser Sinn für natürliche Formen und Farben lässt sich auch in der Architektur einsetzen. *Biophilic Design* nennt sich ein Gestaltungsansatz, der unsere angeborene Verbundenheit mit der Natur fördert. Biophil gestaltete Gebäude setzen den Fokus auf Dinge wie Tageslicht und natürliche Belüftung, Naturmaterialien und -textilien und die visuelle Verbindung nach draußen, um eine Wohlfühlatmosphäre zu schaffen, in der wir gerne leben und arbeiten.

Nach den Gestaltungsrichtlinien des Biophilic Design werden Trennwände, Möbel, Muster und Texturen so platziert, dass innerhalb der Räume Zonen entstehen. Das kommt unserem Sinn für Komplexität und Ordnung entgegen. Bereiche, in denen man nach hinten und von oben geschützt ist durch Sitznischen, Stühle mit hohen Lehnen oder Paravents, generieren ein Gefühl von Sicherheit. Partiell verborgene Aussichten durch verschlungene Wegeführung, geschwungene Kanten und Überraschungseffekte wie kleine Guckfenster regen hingegen unsere Entdeckungslust an. Dabei hat eine identifizierbare Gefahr in Verbindung mit einem zuverlässigen Schutz auf uns eine unwiderstehliche Wirkung, die durch transparente Geländer erreicht werden kann, durch einen Höhenweg, Durchgänge unter, über oder durch Wasser oder durch Bilder von Schlangen und Spinnen.[161]

Die positiven Effekte des Biophilic Design am Arbeitsplatz gehen aus dem *Human Spaces Report* hervor, einer Studie aus dem Jahr 2015 von Sir Cary Cooper, Professor für Organisationspsychologie an der Lancaster University in Großbritannien.[162] Dafür wurden 7600 Angestellte aus 16 Ländern befragt. Arbeitnehmer*innen, deren Arbeitsumfeld von Elementen wie Sonnenlicht und Grünpflanzen geprägt war, berichteten von 15 Prozent gesteigertem Wohlbefinden, 6 Prozent mehr Produktivität und 15 Prozent höherer Kreativität. Wer mit Blick in Baumkronen oder auf Wasser, umgeben von Holz, Stein und anderen natürlichen Materialien arbeiten darf, ist nachweislich glücklicher, kreativer und geistig leistungsfähiger als Kolleg*innen, die ihren Arbeitsalltag in einer Umgebung ohne Bezug zur Natur fristen.

Studien, die den therapeutischen Nutzen von naturnaher Gestaltung belegen, gibt es einige. Viel zitiert ist jene der Universität Texas, die 1984 mit 46 Patient*innen nach einer Gallenblasenoperation durchgeführt wurde. Diejenigen in Zimmern mit Aussicht auf eine natürliche grüne Umgebung waren weniger gestresst, brauchten weniger Schmerzmittel und erholten sich schneller als eine Kontrollgruppe in Zimmern mit Blick auf eine Ziegelwand.[163] Gerade in Krankenhäusern dominiert die Technik. Akustische Signale, optische Reize, künstliches Licht oder Klimaanlagen führen leicht zu Reizüberflutung und Dauerstress. Mit natürlichen und deshalb beruhigenden Gestaltungselementen lässt sich ein Gegengewicht dazu schaffen.

Noch bezieht sich Biophilic Design hauptsächlich auf einzelne Gebäude und deren direktes Umfeld. Es wäre aber wünschenswert, wenn es in Zukunft auch einen biophilen Städtebauansatz gäbe, der sich bei Design, Planung und Verwaltung auf die Natur fokussiert – als Merkmal einer Gesellschaft, die das grundlegende Bedürfnis des Menschen nach Kontakt zur Natur verstanden hat. Im Unterschied zum nachhaltigen Städtebau würde hierbei der Schwerpunkt auf das Wohlergehen des Menschen gelegt werden, weniger auf Energieeinsparung, Müllvermeidung oder den emissionsfreien Transport (siehe Kapitel Ressourcen).

Dabei ist eine biophile Stadt weit mehr als eine biodiverse Stadt: Sie lernt von der Natur und ahmt natürliche Kreisläufe nach, sie integriert natürliche Formen in ihr Stadtbild und verbindet sich in ihrer Textur mit der Naturgeschichte und Geologie an ihrem jeweiligen Standort. Nicht zuletzt setzt die biophile Stadt auf Wissensvermittlung zu Natur und Biodiversität und auf die Beteiligung der Bewohner*innen, wenn es darum geht, Teilprojekte aufzubauen und zu pflegen.

Durch den industriellen und technologischen Fortschritt hat sich der Mensch im 20. Jahrhundert immer mehr von der Natur entfernt. In der Stadt ist die Kluft am größten. Und aufgrund einer immer älteren und tendenziell immobileren Bevölkerung ist für eine zunehmende Anzahl von Stadtbewohner*innen die direkte Wohnumgebung inzwischen ein wichtiger, wenn nicht gar der einzige Kontakt zur Natur. Den brauchen wir aber, um gesund

und glücklich leben zu können. Deshalb müssen wir uns überlegen: Inwieweit wollen wir die Natur zum Planungselement für unsere Städte machen, in denen wir leben, arbeiten und unsere Kinder großziehen? Wie viel Grün, wie viel Artenvielfalt wollen wir in unseren Städten? Wie wichtig ist es für unsere Kinder, Spatzen beim Sandbad zu beobachten oder zu lernen, dass ein Grünspecht gerne Ameisen frisst? Und wie wollen wir das Zusammenleben mit wilden Tieren in der Stadt gestalten? Danach richtet sich nicht zuletzt die Höhe des Budgets, das wir aufbringen wollen, um Natur in unseren Städten zu integrieren, zu erhalten und wiederherzustellen.

In Japan gibt es den speziellen Ausdruck *Komorebi*. Er bedeutet »durch die Blätter der Bäume gefiltertes Sonnenlicht« und beschreibt einen Zustand, der die Liebe der Japaner zur Natur widerspiegelt. In Deutschland gibt es kein Pendant dazu, aber natürlich kennen auch wir das erhebende Gefühl, das wir beim Anblick des Streiflichts im Wald empfinden, bei einem leichten Windhauch auf der Haut, dem Geräusch eines plätschernden Bachs oder Lichtpunkten, die Sonnenstrahlen auf den Boden werfen. Auch in der Stadt können wir diese Momente erleben, wir müssen dafür nur die geeigneten Orte schaffen.

KLIMAWANDEL

WIE WAPPNEN WIR UNS GEGEN HITZE UND STARKREGEN?

Egal, ob der Klimawandel nun menschengemacht ist oder nicht: Wir müssen uns auf höhere Temperaturen, längere Trockenperioden und kräftige Regengüsse einstellen. Und unsere Städte darauf vorbereiten – mit Gründächern, Schattenplätzen, Kaltluftschneisen und am besten einem veritablen Wolkenbruchplan. Die Schwammstadt schafft Flächen, die in der Lage sind, große Mengen an Wasser aufzunehmen und zeitverzögert wieder abzugeben. Dass wir damit auch die Lebensqualität der Stadtbewohner*innen verbessern, schadet ja nicht.

Am 11. August 2021 meldet eine Wetterstation auf Sizilien den europäischen Temperaturrekord von 48.8 Grad.[164] Im Jahr 2023 wüten gigantische Waldbrände auf Korfu und Teneriffa, auf Rhodos verbrennen etwa 15 Prozent der gesamten Inselfläche, 19 000 Menschen müssen evakuiert werden. Das Mittelmeer ist so warm wie nie seit Beginn der Aufzeichnungen, eine Quallenplage ist eine der Folgen. Spanien erlebt einen Höllensommer mit fünf aufeinanderfolgenden Hitzewellen und Temperaturen von teils deutlich über 45 Grad. In Teilen des Landes hat es monatelang kaum geregnet, Wasser wird rationiert.

Auch in Deutschland nehmen *Hitzetage* in ihrer Häufigkeit und Intensität zu, beobachtet der Deutsche Wetterdienst. Temperaturen über 30 Grad hierzulande sind keine Seltenheit mehr. Selbst die kühlsten Sommer der letzten 25 Jahre blieben meist deutlich über dem langjährigen Durchschnitt vor 1990.[165] Was früher ein extrem heißer Sommer war, ist heute ein durchschnittlicher. Dazu kommen rabiate Wetterumschwünge mit Sturm und *Starkregen.* Mancherorts rauscht in einer Stunde so viel Wasser vom Himmel, wie sonst über einen Monat verteilt – mit Auswirkungen ungekannten Ausmaßes. So fallen im Juli 2021 der Flutkatastrophe allein im Ahrtal 135 Menschen zum Opfer, 17 000 verlieren ihr Hab und Gut. Im August 2023 ziehen schwere Unwetter über Bayern, Hagelkörner groß wie Tennisbälle erschlagen reihenweise Störche, Enten und Rehe. Und Anfang Juni 2024 versinken große Teile Süddeutschlands im Hochwasser, Rettungskräfte müssen Tausende evakuieren. Sechs Menschen verlieren ihr Leben.

Der Klimawandel begünstigt solche Wetterextreme, da steigende Temperaturen eine verstärkte Verdunstung von Wasser nach sich ziehen. Wärmere Luft wiederum kann mehr Wasserdampf in der Atmosphäre halten, was zu instabilen Luftmassen führt. Die Wahrscheinlichkeit für Gewitterbildung steigt.[166] Auch die Erwärmung der Ozeane kann die Entstehung von starken Gewittern fördern, denn das warme Oberflächenwasser gibt Energie und Feuchtigkeit in die Atmosphäre ab. All das hat weitreichende Auswirkungen auf die Umwelt.

Zwar ist das Wetter selbst sehr variabel, doch die gestiegene Summe an Wetterextremen der letzten Jahre weist deutlich auf Effekte des Klimawandels hin. So kam eine Studie des Potsdam-Instituts für Klimafolgenforschung (PIK) kürzlich zu dem Ergebnis, dass ein 2020 geborenes Kind Hitzewellen und andere Starkregen-Ereignisse siebenmal häufiger erleben wird als ein 1960 geborener Mensch.[167] Wetterextreme werden normal, auch in Deutschland.

Die gefährlichste Folge des Klimawandels für den Menschen ist Hitze. Eine Studie des Landesverbands Nordwest der Betriebskrankenkassen (BKK) wies auf der Basis von zehn Millionen Versicherten und im Zeitraum von 2010 bis 2019 nach, dass an Hitzetagen mit über 30 Grad mehr Kleinkinder und Alte in Krankenhäuser eingeliefert werden und dass in Hitzejahren die Zahl der Krankschreibungen in die Höhe schnellt.[168] Umso erstaunlicher, dass in Deutschland noch kaum eine Kommune einen *Hitzeaktionsplan* zum Schutz der Bevölkerung hat.[169]

Besonders in den Innenstädten mit ihren vielen versiegelten Flächen, einer dichten Bebauung und tiefen Straßenschluchten staut sich die Wärme – von den Fachleuten *Städtischer Wärmeinseleffekt* genannt: Tagsüber knallt die Sonne auf gepflasterte Plätze und Gehwege, Heißluft flimmert über den Straßen, Hauswände strahlen Hitze ab wie ein geöffneter Backofen. Nachts übergeben Backstein, Beton und Asphalt die tagsüber gespeicherte Wärme nur langsam wieder an die Umgebung und verhindern so ein Abkühlen der Luft.

Auf dem Land hingegen kühlen Vegetation und Gewässer durch Verdunstung. So kann der Temperaturunterschied zwischen Innenstadt und Umland in Sommernächten bis zu zehn Grad betragen. Gibt es in einer Stadt wenig Luftzirkulation, werden ihre Bewohner*innen künftig mehr sogenannte *Tropennächte* erleben, in denen das Thermometer nicht unter 20 Grad fällt. Um die Körpertemperatur durch Schwitzen bei circa 37 Grad zu halten, muss sich unser Organismus dann mehr anstrengen. Das bedeutet: Wir schlafen schlechter und erholen uns weniger. In der Folge können wir unter Kreislaufproblemen, Kopfschmerzen, Erschöpfung, Benommenheit sowie verringerter Leistungs- und Konzentrationsfähigkeit leiden. Wir fühlen uns schlapp und lustlos.

Aufgrund des Wärmeinseleffekts bekommen Städter*innen die Folgen des Klimawandels verstärkt zu spüren. Bei Hitzewellen leiden sie mehr. Mit steigenden Temperaturen bildet sich außerdem mehr bodennahes Ozon, das die Atemwege reizen kann. Die intensive UV-Strahlung geht mit Autoabgasen und Schadstoffen wie Stickoxiden, Wasserstoffperoxiden und Kohlenmonoxid eine Verbindung ein – es entsteht der sogenannte *Sommersmog*.

Das Problem: Unsere historisch gewachsenen Städte sind für das Klima gebaut, das sich über Jahrhunderte in der jeweiligen Gegend entwickelt hat. Und nun sollen sie sich innerhalb weniger Jahre an neue Klimaverhältnisse anpassen – Stadtstrukturen, Baumaterial, Bewohner*innen. Das Potsdam-Institut für Klimafolgenforschung (PIK) hat für Berlin berechnet, dass dort – bei unveränderter Erderwärmung – Ende des Jahrhunderts ein Stadtklima herrschen wird, wie heute im südfranzösischen Toulouse.[170] Das wäre doch gar nicht so schlecht, mögen Sie vielleicht denken. Im Süden stehen aber die Gebäude dichter zusammen, um die Straßen zu verschatten, und in den Stadtparks ist die Vegetation an das warme Klima gewöhnt. Berlin kann sich anpassen – doch das braucht Zeit und Geld.

Gut möglich, dass unsere Städte schon bald viel heller aussehen, so wie es in mediterranen Ländern üblich ist, denn Sonnenlicht wird von hellen Oberflächen besser reflektiert. Sie heizen sich dadurch weniger stark auf. Und Häuser streichen kostet nicht viel. Auch für hellere Dach- und Verkehrsflächen gibt es vielversprechende Vorschläge. Das Forschungsinstitut Smart Minerals der Technischen Universität Wien hat Versuche durchgeführt, bei denen Straßenbeläge mit unterschiedlicher Helligkeit miteinander verglichen wurden. Neben herkömmlichem Asphalt für Straßen und Gehsteige wurde Verkehrsflächenbeton als oberste Schicht in verschiedenen Grau- bis Weißtönen untersucht. Wie sich zeigte, blieben letztere deutlich kühler.[71]

Forschende aus Hongkong wiederum haben eine neuartige Keramik entwickelt, die das Sonnenlicht zu sagenhaften 99,6 Prozent reflektieren kann. Als Alternative zu Dachschindeln eingesetzt, würde das Material sich kaum erwärmen. Das liegt an seiner speziellen Struktur, die man sich von der Käferart Cyphochilus abgeschaut hat. Deren Chitinschuppenpanzer bricht das Sonnenlicht so, dass der Käfer keine Farbstoffe braucht, um weiß auszusehen. Denn wenn alle Spektralfarben des Lichts von einer Oberfläche reflektiert werden, entsteht Weiß ohne Pigmente – das weißeste Weiß, das die Natur hervorgebracht hat.[72]

Auch Schatten wird in unseren Städten künftig eine größere Rolle spielen. Mehr Bäume zu pflanzen, wie es zahlreiche Kommunen tun, genügt allerdings nicht. Es dauert einfach zu lange, bis die Baumkronen groß genug sind, um merklich Schatten zu spenden. Es gibt aber andere Möglichkeiten. So könnten Bushaltestellen künftig Schutzdächer haben und Spielplätze Sonnensegel. Per App wird man sich kühlere Orte anzeigen lassen – so wie heute schon in Wien mit »City Oases« oder auf dem interaktiven Stadtplan von Karlsruhe. Speyer richtet sogenannte *Klimaoasen* in der Innenstadt ein – hier findet man Bänke, Pflanz- und Sandkästen in der Nähe von Wasserspielen, Grünflächen oder Schatten spendenden Bäumen.

Paris hat ein Netzwerk von rund 1000 *Frischeinseln* aufgebaut, bestehend aus Sprühbrunnen, Pocket Parks (siehe Kapitel Gesundheit), entsiegelten und bepflanzten Schulhöfen, gekühlten öffentlichen Gebäuden und Badeplätzen, wo Anwohner*innen und Besucher*innen eine Pause von der Sommerhitze einlegen können. Die Inseln sind durch Gehwege miteinander verbunden, die durch möglichst kühle Bereiche der Stadt geführt werden. Das

Ziel: Innerhalb von sieben Minuten soll von jeder Stelle der Innenstadt zu Fuß ein kühler Ort erreicht werden können.

Kühle Räume, etwa in Bibliotheken, Museen oder Kirchen, als *Hitzeschutzräume*, auch *cooling shelters* genannt, auszuweisen und bekannt zu machen, ist mit wenig Aufwand für die Kommunen machbar und kostet nicht viel.

Bäume werden als Universalwaffe gegen den Klimawandel gehandelt. Dabei kämpfen sie selber ums Überleben.

Auch Luftzufuhr aus dem Umland kann kühlend wirken. Denn die warme Luft der Innenstadt steigt auf und erzeugt so einen leichten Sog. »Eine Stadt funktioniert wie eine heiße Elektroherdplatte«, sagt Stadtklimatologin Monika Steinrücke von der Ruhr-Universität Bochum.[173] »Je dichter Sie Ihre Hand darüberhalten, desto unangenehmer wird es.« Auf die Stadt übersetzt heißt das: In Bodennähe ist es am wärmsten. Also dort, wo wir uns am häufigsten aufhalten.

Wie gut die Belüftung einer Stadt funktioniert, untersucht die Expertin mithilfe von Nebelmaschinen. Der Nebel macht die Luftströmung sichtbar. Sie stellt die Geräte, die aussehen wie Diaprojektoren, auf Freiflächen im Stadtgebiet, wo die Luft kälter ist. In Stadtparks, an begrünten Bahngleisen, auf Rasenflächen zwischen Wohnblöcken – ein Flickenteppich an Grünflächen, der in jeder Stadt anders ist. Ist er günstig »gewebt«, entstehen *Kaltluftschneisen*, entlang denen kühlere Luft aus dem Umland dem Luftdruckgefälle folgend in die Stadtmitte gelangt. Im Zeitlupentempo wabert der Nebel um jeden Grashalm, wallt über jede Bodenwelle. In den Kaltluftschneisen weht kein kräftiger Wind. Es handelt sich vielmehr um sogenannte Kriechströmungen, die sehr sensibel reagieren. Schon Bäume an der falschen Stelle können sie stoppen. Dann funktioniert der natürliche Ventilator nicht mehr, der nebenbei auch gleich noch zahlreiche Luftschadstoffe aus der Stadt weht.

Bei windschwachen Wetterbedingungen im Sommer profitieren einige voralpine Städte von ihrem Standort mitten in einem regionalen Zirkulationssystem: Das *Alpine Pumpen* lässt nachts kühle Luft aus den Bergen im Süden in die Schotterebene Richtung Donau strömen, tagsüber weht der Wind in Richtung Alpen.

Der Deutsche Wetterdienst hat das Phänomen unter anderem in einer Simulation für München untersucht und kam auf 20 bis 60 Tage im Jahr, an denen der natürliche Ventilator zur Kühlung der Stadt beiträgt. Das Ergebnis der Untersuchung gilt auch für andere Städte: Insbesondere große und zusammenhängende Grünflächen sind Luftaustauschbahnen. Ziel der Stadtplanung muss es daher sein, die Leitbahnen für die Kaltluft funktionsfähig zu halten.[174] Es geht also vorrangig darum, Grünflächen und Bebauung so zu planen, dass Luftzirkulation aus der Umgebung möglich wird oder erhalten bleibt. Und im besten Fall vernetzt dies gleich noch Biotope, was der Artenvielfalt zugutekommt. Allerdings werden viele Städte derzeit eher verdichtet, weil Wohnraum fehlt. Häuserblöcke ersetzen Schrebergärten. Brachflächen und Grünstreifen entlang von Gleisanlagen verschwinden. Das verstärkt das Aufheizen vielerorts noch.

Eine Alternative für die Kühlung unserer Städte wäre: Bäume pflanzen. Mit einer durchdachten Grünplanung lässt sich die urbane Überhitzung abmildern. Parks, Friedhöfe, begrünte Innenhöfe oder Freiflächen sind im Sommer deutlich kühler als die bebaute Umgebung. Messungen belegen: Sind sie mit Bäumen bestanden, ist der Kühleffekt tagsüber zwei- bis viermal stärker.

Das zeigt eine Studie unter Leitung des Geoökologen Jonas Schwaab von der Eidgenössischen Technischen Hochschule (ETH) Zürich. Die Forschenden werteten dafür Daten zu 293 europäischen Städten aus. Der höhere Kühleffekt kommt demnach unter anderem daher, dass Bäume durch tiefgründige Wurzeln mehr Wasser aufnehmen und verdunsten können – auch über einen längeren Zeitraum während einer Hitzewelle. In Mitteleuropa ist der Unterschied der Oberflächentemperaturen zwischen Baumflächen und bebauter Fläche demnach besonders groß, nämlich acht bis zwölf Grad.[175]

Forschende der TU München haben im Projekt *CityTree* ermittelt, dass schon junge Bäume je nach Art jährlich mit 6000 bis 14 000 Kilowattstunden kühlen. Ältere Bäume über 75 Jahre gar mit 40 000 bis 93 000 Kilowattstunden.[176] Bäume kühlen aber nicht nur, indem sie Schatten werfen und Wasser über ihre Blätter verdunsten, sie können auch Starkregen abpuffern und die Luftqualität verbessern, weil sie CO_2 absorbieren. Bäume gelten deshalb als Universalwaffe im Kampf gegen den Klimawandel.

Paris, eine der am dichtesten bevölkerten und bebauten Metropolen Europas, gehört nach Angaben der Stadtverwaltung schon jetzt zu den baumreichsten Großstädten des Kontinents. Rund 200 000 Bäume gibt es in der Stadt selber, weitere 300 000 in den Stadtwäldern von Boulogne und Vincennes. Dennoch sollen 170 000 neue Bäume bis zum Jahr 2026 angepflanzt werden – also überall dort, wo noch ein Plätzchen zu finden ist, auch an den Böschungen der Stadtautobahn Périphérique. Jeder neue Baum erhält einen Ausweis, denn seit 2014 wacht Paris mit einem automatisierten System über seinen Baumbestand. Jeder Baum ist digital registriert und wird jährlich begutachtet. So wissen die Verantwortlichen, wie es den Bäumen in ihrer Stadt geht, und können gegebenenfalls rechtzeitig handeln. Schließlich soll die Investition am Ende Früchte tragen. Paris scheint mit dieser Methode Erfolg zu haben: Weniger als 1,5 Prozent der Stadtbäume müssen gefällt werden, hieß es von der Stadtverwaltung.

Auch das dicht besiedelte Berlin ist als baumreiche Stadt bekannt. Doch die Zahl der 432 769 Straßenbäume sinkt, statt zu steigen wie in Paris. 2022 wurden in Berlin 2539 Bäume neu gepflanzt, aber 6557 gefällt.[177] Auch in Hamburg, Essen oder Augsburg wurden mehr Bäume gefällt als gepflanzt, um nur einige Städte zu nennen.

Zwar haben die meisten Metropolen Deutschlands Baumschutzsatzungen. Doch manchmal bewerten die Kommunen den Neubau von Immobilien als wichtiger. Als Ausgleich wollen sie dann eigentlich neue Bäume pflanzen, doch oft fehlen der passende Ort, das nötige Geld – immerhin vierstellige Beträge pro Baum für Pflanzung und Pflege in den ersten Jahren – oder das Fachpersonal. Und die Baumpflege wird durch die zunehmende Hitze und Trockenheit immer aufwendiger. Ein weiterer Grund für sinkende Baumzahlen in deutschen Städten: Viele Exemplare sind durch Klimawandel und Schädlingsbefall so geschwächt, dass sie ihre Standfestigkeit verlieren und schließlich aus Sicherheitsgründen gefällt werden müssen.

Stadtbäume haben mit unwirtlichen Standortbedingungen zu kämpfen. Sie befinden sich nicht in ihrem natürlichen Umfeld, sondern stehen isoliert und exponiert oder eingezwängt zwischen Häusern und Autos. Die Böden sind oft stark verdichtet und die Pflanzgruben zu klein, sodass sich die Bäume nur unzureichend mit Sauerstoff, Nährstoffen und Wasser versorgen können. Leitungen, Gebäudefundamente und der Unterbau von Gehwegen und Straßen engen ihre Wurzeln ein. Autoabgase, Streusalz und Hundeexkremente vergiften sie.

Eine Langzeitstudie der Stadt München brachte an den Tag, dass die Bäume im Stadtgebiet seit 1984 immer kränker geworden sind. Über 80 Prozent der untersuchten 30 000 Bäume waren bereits im extrem trocken-heißen Jahr 2003 mehr oder weniger stark geschädigt. Am besten kamen Rosskastanie, Pyramidenpappel, Robinie und Bergahorn mit den Bedingungen in der Stadt zurecht. Schwer gestresst waren dagegen Esche, Platane, Sommerlinde, Spitzahorn und Winterlinde.[178]

Und jetzt kommt auch noch der Klimawandel mit steigenden Temperaturen und Dürreperioden dazu, in denen über Wochen kein Tropfen Regen fällt. Das schwächt die Bäume zusätzlich. Die Folge: eine geringere Widerstandskraft gegen Pilzbefall und Schädlinge wie die in den Achtzigerjahren eingewanderte Miniermotte oder den Eichenprozessionsspinner, dessen Larven die wärmeren Temperaturen im Frühling genießen.

Und so kommt es, dass gestandene Baumexemplare immer häufiger von Sturm oder Starkregen umgerissen werden. Eine globale Studie zeigt aber auch, dass Stadtbäume schneller wachsen und somit schneller altern als Bäume in Vororten oder Wäldern. Als Gründe nennen die Forschenden unter anderem eine verlängerte Vegetationsperiode, höhere Temperaturen in der Stadt im Vergleich zum Umland, höhere Stickstoffeinträge und eine erhöhte CO_2-Konzentration.[179] Für die Kommunen bedeutet das höhere Kosten, da sie die schneller alternden Bäume häufiger ersetzen müssen.

Im langfristig angelegten Forschungsprojekt *Stadtgrün 2021* suchen Wissenschaftler*innen nach alternativen Baumarten für die Zukunft, die nicht nur mit steigenden Temperaturen und weniger Wasser klarkommen, sondern auch mit Frost, den es in Deutschland ja auch immer noch gibt. Dazu wurden 2009 in den klimatisch unterschiedlichen Städten Würzburg, Hof/Münchberg und Kempten zunächst 20 nicht heimische Baumarten gepflanzt – darunter Zürgelbäume aus Südeuropa, nordamerikanische Zelkove, asiatischer Ginkgobaum oder auch japanischer Dreizahnahorn. In den »Steppensommern« 2018 bis 2020 verglichen die Forschenden je zwei südosteuropäische Versuchsbaumarten, die Hopfenbuche und die Silberlinde mit ihren heimischen Schwesterbaumarten Hainbuche und Winterlinde. Im Ergebnis waren die südosteuropäischen Baumarten deutlich besser in der Lage, ihre Blatttemperaturen unter der kritischen 40-Grad-Marke zu halten, als die heimischen Exemplare.[180]

Die Silberlinde zum Beispiel bedient sich zum Schutz gegen solare Einstrahlung eines Tricks: Steigen die Temperaturen auf der Oberfläche der Blätter im Tagesverlauf unangenehm an, wendet sie deren dunkelgrüne Oberseite im Kronenbereich ab und richtet die silberne, stärker reflektierende Blattunterseite zur Sonne hin.

Leider gibt es bislang kaum ganzheitliche Konzepte, wie städtische Grünflächen an den Klimawandel angepasst werden können. Ein Beispiel für den Umbau eines von Trockenheit malträtierten Stadtparks zu einem klimaresilienten Erholungsort für Anwohnende ist die Neuköllner Hasenheide. Die Vegetation des alten Berliner Volksparks leidet seit Jahren. Dürresommer haben tief ausgetrocknete Böden hinterlassen, die an der Oberfläche verdichtet sind, auch, weil der Park stark frequentiert wird. Nur noch ein Drittel der Bäume ist ohne Schäden, mehr als 400 mussten seit 2019 gefällt werden. Nun werden 600 neue Bäume gepflanzt – entweder in Zylindern aus Schotter und Pflanzenkohle, die die Wurzeln nach unten locken, oder in Mulden, in denen sich Regenwasser sammelt. Dazu kommen spezielle Mischungen aus Gräsern für artenreiche Wiesenflächen.[181]

Bepflanzt die Häuser. Gebäudegrün filtert Feinstaub, speichert Regen, produziert Sauerstoff und dient als Klimapuffer.

Inzwischen stehen Bäume nicht mehr nur dort, wo man sie in der Stadt vermuten würde, nämlich in Parks und Innenhöfen, auf Freiflächen oder entlang von Straßen. Immer mehr Architekt*innen planen sie in und auf ihre Gebäude wie etwa beim *Bosco Verticale* in Mailand. Bei dem »senkrechten Wald« von Architekt Stefano Boeri handelt es sich um zwei Wohntürme, 80 und 112 Meter hoch, deren auskragende Balkone versetzt zueinander angeordnet sind und die mit rund 800 Bäumen und 5000 Sträuchern bepflanzt sind. Deren Laub schirmt im Sommer das Licht ab und im Winter lassen es die kahlen Zweige durchscheinen. Die Bepflanzung reguliert das Klima in den Wohnungen auf natürliche, energiesparende Weise. Darüber hinaus bindet sie Kohlendioxid und dämpft den Lärm der Stadt. Und was vielleicht am wichtigsten ist: Das Gebäude versiegelt zwar den Boden, auf dem es steht, doch durch die Bepflanzung der Balkone und Terrassen wird das mehr als wettgemacht.

Bereits drei Jahre vor Baubeginn wurden die Baumsetzlinge in einer Gärtnerei unter Bedingungen angepflanzt, die denen ihres späteren Standorts glichen. So konnten sie sich an Einschränkungen gewöhnen. Heute präsentieren sich die Pflanzen zu jeder Jahreszeit anders, der Bosco Verticale ist zu einem architektonischen Wahrzeichen Mailands geworden – und ein Prototyp für ein neues Format mittels Architektur unterstützter Biodiversität. So hat sich in dem bewaldeten Hochhaus eine Rotkehlchenart eingenistet, die es vorher in Mailand gar nicht gab.

In Berlin wiederum ist gerade ein ganzer Stadtpark auf dem Dach eines Bürogebäudes entstanden. Konstruktiv sahen sich Grüntuch Ernst Architekten mit einer Herausforderung konfrontiert: Die Windkonditionen in 20 Metern Höhe entfalten eine enorme Hebelwirkung und die Sturmsicherheit der zwölf Meter hohen Bäume musste gewährleistet sein. So installierte man mächtige Stahlkragen als Anker auf dem Dach. Für die Entwurfsstrategie des Büros, das Pflanzen, Sträucher und Bäume als Teil des urbanen Ökosystems schon in der Anfangsphase eines Projekts in die Planungen miteinbezieht, hat Almut Grüntuch-Ernst den Begriff *Hortitecture* geprägt – ein Kunstwort aus hortus, für Garten, und Architektur.

Die Bepflanzung von Gebäuden ist jedenfalls ein effektives Mittel, um die negativen Folgen von Hitze, Luftverschmutzung und Starkregen in unseren versiegelten Städten zu reduzieren. Denn Gebäudegrün filtert Feinstaub, produziert Sauerstoff, speichert Niederschlagswasser und dient als Klimapuffer, indem es im Sommer über Verdunstungskälte die Oberflächentemperaturen der Gebäudehüllen reduziert. Eine besondere Rolle spielt wegen des großen urbanen Flächenanteils das *Gründach*. Während sich Kiesdächer und schwarze Bitumenpappe auf bis zu 80 Grad aufheizen, weisen begrünte Dächer eine Oberflächentemperatur von lediglich 20 bis 25 Grad auf.

Gründächer sind wie ein Sandwich mit mehreren Schichten belegt: Wurzelschutzfolie, Speichermatte, Entwässerung, Filterschicht, spezielle Erdmischung. Damit das Ganze nicht zu schwer wird, ist die Erdschicht im Normalfall nur wenige Zentimeter dick. Der Vorteil: Diese Dächer mit *extensiver Begrünung* benötigen kaum Pflege. Man kann auf ihnen allerdings auch keine Bäume oder Sträucher mit tiefen Wurzeln pflanzen. Die verdunsten wegen der großen Gesamtoberfläche der Blätter aber mehr Wasser als Gras und Kräuter. Deshalb kühlen extensive Gründächer nicht so gut wie ein Stadtwald. Insbesondere in Gewerbegebieten mit flachen Hallenbauten am Stadtrand können sie aber dennoch einen deutlichen Unterschied machen. Denn auf ihrem

Weg vom kühleren Umland in die Stadt heizt sich die Luft weniger auf, wenn sie in geringer Höhe über großflächige Gründächer streichen kann.

Dazu kommt der Nutzen von Gründächern als Sickerflächen für Niederschläge, als Gebäudeisolation, als Lebensraum für Tiere. Und: Die Pflanzen auf dem Dach senken die Menge an Kohlenstoffdioxid in der Luft, weil sie es für die Fotosynthese brauchen. CO_2 absorbiert einen Teil der von der Planetenoberfläche in Richtung Weltall abgegebenen Wärme und strahlt sie zurück auf die Erde. Schweben weniger CO_2-Moleküle in der Luft, kann mehr Wärme direkt ins Weltall entweichen. Gründächer tragen also dazu bei, dass es in der Stadt kühler wird.

Wie effektiv dies geschieht, hat Stephan Weber vom Institut für Geoökologie der Technischen Universität Braunschweig auf einem Parkdeck des Berliner Flughafens BER untersucht. 9000 Quadratmeter Dach waren dort mit trockenheitstoleranten Pflanzen begrünt, etwa mit Fetthenne und Mauerpfeffer. Ergebnis der fünfjährigen Messungen: Das Gründach nahm im Schnitt so viel Kohlenstoffdioxid auf wie eine normale Wiese. Sogar während zwei besonders trockenen Jahren im Messzeitraum. Dabei wurde es weder bewässert noch sonst wie gepflegt, es war quasi sich selbst überlassen.

»Begrünte Dächer scheinen sehr robuste Kohlenstoffdioxid-Senken zu sein«, fasst Weber zusammen. Als die Lösung für Städte schlechthin möchte er Gründächer aber nicht verstanden wissen: »Wir müssen versuchen, Zielkonflikte mitzudenken. Bei den Dächern sehe ich den Vorteil, dass man nicht in irgendwelche Nutzungskonflikte mit dem ebenen Erdboden tritt, wo es Verkehrsflächen, Wohnflächen und Parks gibt.«[182]

Städtische Grünpfleger*innen bewässern Parks und Grünflächen meist mit Trinkwasser, was ökologisch zunehmend fragwürdig ist. Nun gilt Deutschland mit 700 bis 800 Litern Niederschlag pro Quadratmeter und Jahr als wasserreiches Land. Trinkwasser ist hierzulande so billig, dass die meisten Kommunen damit auch ihre Bäume, Parks und Grünanlagen bewässern. Wenn Städte und ihre Einwohner*innen wegen steigender Temperaturen künftig jedoch deutlich mehr Wasser verbrauchen, kann das lokal zu Versorgungsengpässen führen.

Dass sich anstelle von Trinkwasser Regenwasser und aufbereitetes *Grauwasser* – fäkalienfreies, gering verschmutztes Abwasser, wie es etwa beim Duschen, Baden oder Händewaschen anfällt – genauso gut für die Bewässerung des städtischen Grüns eignet, haben Wissenschaftler*innen am Institut für sozial-ökologische Forschung ISOE festgestellt. Dafür ist die Verknüpfung von grauen, blauen und grünen Infrastrukturen einer Stadt sinnvoll, also die Verbindung von Kanalisation und Leitungen mit natürlichen Wasserressourcen aus Teichen, Flüssen und Bächen und beides mit dem städtischen Grün.

Im Forschungsprojekt *netWORKS 4* wurden dazu unter anderem die Städte Berlin und Norderstedt untersucht.[183] Dabei stellte sich heraus: Längst nicht überall gibt es eine Verbindung zwischen dem Stadtgrün und diesen alternativen Wasserressourcen. In anderen Städten dürfte die Situation eine ähnliche sein. Eine Strategie könnte nun darauf beruhen, Niederschlagswasser von umliegenden Gebäuden und Verkehrsflächen gezielt in Grünanlagen zu leiten, um es sowohl direkt zur Bewässerung zu nutzen als auch zur Versickerung, um den Grundwasserspiegel zu erhöhen. Dann stünde in Trockenperioden genug Wasser zur Verfügung, um die Pflanzen bewässern zu können.[184] Dazu müssten Hauseigentümer*innen, der kommunale Abwasserentsorger, die Straßenverwaltungen und die kommunalen Grünämter zusammenarbeiten.

Fangen wir die enormen Wassermassen bei Starkregen auf, können wir damit in Hitzewellen die Stadt kühlen.

Hitze und Dürre sind nur ein Teil der negativen Auswirkungen des Klimawandels auf unsere Städte. Der andere sind die immer heftigeren Regengüsse. In Deutschland spricht man von Starkregen, wenn in einer Stunde mehr als 17 Liter Niederschlag pro Quadratmeter fallen. Das Umweltbundesamt zählt Tage mit mehr als 20 Litern pro Quadratmeter zu den Starkregentagen.[185] Damit ist die städtische Kanalisation – teils über 100 Jahre alt – überfordert. Sie ist nicht auf derartige Wassermengen in solch kurzer Zeit ausgelegt. Die Folge: vollgelaufene Keller, überschwemmte Straßen und Schäden an der Bausubstanz. Läuft die Kanalisation über, landet Wasser aus den Toiletten und Waschmaschinen zusammen mit Regenwasser, Hundekot, Chemikalien von Dächern und Hauswänden sowie dem Abrieb der Autoreifen ungereinigt in Kanälen und Flüssen.

»Eigentlich müssten wir jetzt sehr schnell reagieren«, sagt Martina Winker, Expertin für Wasserinfrastruktur am Institut für sozial-ökologische Forschung ISOE.[186] Doch eine Anpassung der Rohre und Auffanganlagen des städtischen Kanalsystems, der Kläranlagen und der Wasserversorgung bedeute einen enormen baulichen Aufwand über Jahre. Man müsste alle Straßen sukzessive aufreißen. »Diese Zeit haben wir nicht«, betont Winker. Die Kosten wären astronomisch – bei zweifelhaftem Sinn: Denn viele Abwasserleitungen brauchen einen Mindestdurchfluss, damit es aus ihnen nicht stinkt. Den größten Teil des Jahres liefe viel zu wenig Wasser hindurch.

Deshalb ist man dazu übergegangen, anfallendes Regenwasser unter dem Stichwort *Schwammstadt* nicht mehr nur zu kanalisieren und abzuleiten, sondern lokal zwischenzuspeichern und vor

Ort nutzbar zu machen – durch Entsiegelung, Dachbegrünung, Versickerungsmulden. Parks, Spielplätze oder Schulhöfe lassen sich zum Beispiel relativ einfach so anlegen, dass sie bei Starkregen als Wasserauffangbecken wirken. Flachdächer mit *intensiver Begrünung* – also einem dickeren Aufbau mit vielen verschiedenen Pflanzen und Stauden – können ebenfalls einen wesentlichen Speicherbeitrag leisten. Regenwasser vom Dach kann zudem in Sammelbehältern am Gebäude gespeichert und als Toilettenspülwasser, zu Reinigungszwecken oder zur Bewässerung etwa der Pflanzen im Innenhof genutzt werden.

So soll sich der Wasserhaushalt in urbanen Gebieten wieder an die natürliche Wasserbilanz annähern: In unseren Breiten verdunsten normalerweise 60 Prozent des Regenwassers, 30 Prozent versickern, und nur 10 Prozent fließen ab.

Kopenhagen zum Beispiel hat einen *Wolkenbruchplan* entwickelt, nachdem die Stadt im Juli 2011 nach einem Starkregenereignis regelrecht geflutet wurde. Das Regenwasser wird nun gar nicht erst in die Abwasserkanäle geleitet, sondern durch das natürliche Gefälle der Stadt direkt ins Meer. Gewisse Straßen weisen dazu ein v-förmiges Profil auf. Das hält das Wasser auch von den Hausfassaden und den Untergeschossen fern. Neue Fahrradwege werden so angelegt, dass sie bei Überflutung wie Kanäle funktionieren. Unnötige Asphaltflächen werden in Grünflächen umgewandelt, Parks sind gleichzeitig Versickerungsbecken.

Das *Klimaquartier Østerbro* dient als Experimentierfeld verschiedener Maßnahmen, bevor sie für die gesamte Stadt übernommen werden. Über grün-blaue Infrastruktur wie etwa begrünte Rinnen, Straßenbeete oder Bachläufe wird das Regenwasser an den niedrigsten Punkt im Quartier gelenkt. Dort verdunstet es oder versickert im Boden. 20 Prozent des Viertels wurden auf diese Weise bereits begrünt. Das erste Pilotprojekt war der Tåsinge Plads. 7500 Quadratmeter Straßenfläche wurden von der Kanalisation entkoppelt, 1000 Quadratmeter Grünfläche geschaffen. In der Mitte des Platzes stehen Installationen in Form von Regentropfen und umgekehrten Regenschirmen, die das Regenwasser sammeln und in Reservoirs leiten. Daraus werden dann wiederum die Grünflächen bewässert.[187]

Was bei Maßnahmen zur Klimaanpassung bislang kaum beachtet wurde, ist das Schwammpotenzial von Fassaden. Und das ist enorm. Auf die Dachfläche eines typischen innerstädtischen Wohnblocks von 420 Quadratmetern prasseln innerhalb von 15 Minuten heftigen Starkregens 4200 Liter Wasser, haben Forschende beim Fraunhofer-Institut für Umwelt-, Sicherheits- und Energietechnik UMSICHT berechnet. Wasser, das oftmals ungenutzt über die Dachentwässerung abfließt und im schlechtesten Fall die Kanalisation zum Überlaufen bringt.

Ein Team des Instituts entwickelt deshalb aktuell ein neuartiges Speicherelement, den *Vertical Water Sponge.*[188] Dieser vertikale Schwamm besteht aus Modulen mit einer tragenden, durchlässigen Hülle, etwa aus Lochblech, und einer Wasser speichernden Füllung aus mineralischen Materialien. Dafür kommen zerkleinerte Werkstoffe aus Recyclingprozessen wie etwa Ziegel, Kalksandstein oder Porenbeton zum Einsatz, die Wasser sehr gut speichern können. Die Module werden übereinandergesetzt, an die Fassade montiert und mit der Dachentwässerung verbunden.

Nach Angaben des Entwicklungsteams speichert ein solches Schwamm-Element mit einer Breite von anderthalb Metern und einer Tiefe von 50 Zentimetern bei einer Traufhöhe des Gebäudes von knapp elf Metern ungefähr 8100 Liter Wasser – je nach Füllmaterial. Damit können auch länger anhaltende Niederschläge oder mehrmals hintereinander auftretender Starkregen abgefangen werden, zumal es möglich ist, mehrere Elemente an eine Fassade zu montieren. Das Wasser wird aber nicht nur gespeichert, sondern trägt mittels Verdunstung auch zur Verbesserung des Mikroklimas in der direkten Umgebung bei – deshalb das Lochblech. Nicht zuletzt aufgrund der großen Oberfläche der zerkleinerten Füllmaterialien verspricht man sich am Fraunhofer UMSICHT eine Kühlwirkung über mehrere Tage.

Eine Fassadenbegrünung dagegen kann zwar ebenfalls Wasser speichern und verdunsten. Allerdings muss sie immer ein gewisses Maß an Feuchtigkeit haben, damit die Pflanzen nicht austrocknen. Ob es nun regnet oder nicht. Das Speichervolumen von zusätzlichem Regenwasser ist demzufolge eingeschränkt. Überdies müsste die Niederschlagsmenge zwischengelagert und allmählich an die Pflanzen abgegeben werden. Das ist aufwendig und meist fehlt der Platz für Speichertanks im innerstädtischen Raum.

Vermehrt auf Verdunstung zu setzen als bislang, ist nach Ansicht vieler Fachleute jedenfalls nicht nur im Hinblick auf künftige Hitzeperioden ein sinnvoller Ansatz. Der Fokus auf Versickerung allein reiche nicht aus, um den Wasserkreislauf zu stützen.

In der Nutzung privater städtischer Flächen für Speicherung und Verdunstung von Regenwasser, wie es beim Vertical Water Sponge oder bei Fassadenbepflanzung der Fall ist, steckt großes Potenzial. Denn die städtischen Behörden können nur auf öffentlichen Flächen planen. Und die sind begrenzt. Es müssen also die Grundstückseigentümer*innen und Gebäudebesitzer*innen mit ins Boot geholt werden. Anreize wären da, denn die meisten Städte haben eine gesplittete Abwassergebühr. Das heißt: Für abgeleitetes Regenwasser muss extra bezahlt werden. Wer Niederschlag auf seinem Grundstück etwa mittels einer Zisterne zurückbehält, wird belohnt.

Wenn wir uns nicht regelmäßig mit gefluteten Kellern und einer überlaufenden Kanalisation herumschlagen wollen, müssen wir mit großen Niederschlagsmengen in Zukunft anders umgehen. Und darin liegt auch eine Chance. Die Frage ist: Was wollen wir erreichen? Wollen wir mit Regenwasser das Stadtgrün bewässern? Oder damit den Grundwasserkörper auffüllen? Oder soll Regenwasser über Verdunstung zur Kühlung von städtischen Hitzeinseln beitragen? Für all diese unterschiedlichen Ziele gibt es nicht die eine Technik, die überall sinnvoll ist. Wir brauchen einen Werkzeugkasten voller verschiedener Maßnahmen, die wir situationsabhängig einsetzen.

In den Diskussionen über die Auswirkungen der Klimakrise geht es oft um den langfristigen Anstieg des Meeresspiegels oder die schrumpfenden Eismassen in der Arktis. Es entsteht der Eindruck, dass die Folgen weitab von Deutschland und erst in ferner Zukunft zu spüren sein werden. Doch der Klimawandel ist längst da. Und er wird Deutschland verändern. Manche Gegenden hatten Ende 2022 das fünfte Trockenjahr in Folge hinter sich.[189] Schon jetzt sind fünf Prozent der gesamten Waldfläche verloren, die geschwächten Bäume wurden von Schadinsekten wie dem Borkenkäfer überrannt. Um die Schädlinge einzudämmen, mussten sie gefällt werden. Satellitenaufnahmen des Deutschen Zentrums für Luft- und Raumfahrt (DLR) zeigen riesige Kahlstellen.[190] Und dies ist nur ein Beispiel für die katastrophalen Folgen.

Angesichts der negativen Auswirkungen, die der Klimawandel mit sich bringt, müssten wir längst Konsequenzen gezogen haben und handeln. Doch weite Teile von Gesellschaft, Politik und Wirtschaft tun kaum etwas bis gar nichts. Woran liegt das?

Tatsächlich ist das menschliche Gehirn im Laufe der Evolution auf plötzliche, unmittelbare Gefahren geeicht – auf einen Bären würden wir sofort reagieren. Die Erderhitzung jedoch geht schleichend vonstatten, die über Jahrzehnte messbaren Veränderungen sind mit menschlichen Sinnen kaum erfahrbar und gehen in den täglichen und jährlichen Wetterkapriolen unter.[9] Doch der Klimawandel ist Realität. Und wir müssen darauf reagieren.

RESSOURCEN

WIE KÖNNEN WIR NACHHALTIG BAUEN UND WOHNEN?

Unsere planetaren Ressourcen sind begrenzt und deshalb muss sich auch die Stadt auf Kreislaufwirtschaft umstellen. Das heißt: weniger neu bauen, mehr sanieren und bei Neubauten künftig auf getrennte Baustoffe und Verbindungen achten, damit man Bauteile am Ende wiederverwerten kann. Aber auch Energie und Nahrungsmittel sollten nicht mehr von außen in die Stadt gebracht, sondern möglichst vor Ort produziert, der Müll vor Ort entsorgt werden. Urban Mining, Vertikal Farming und die Fassade als Stromproduzent oder Bioreaktor tragen beim Umbau zur sich selbst versorgenden Stadt bei.

Betrachtet man die Stadt als Organismus, wäre sie ein Schmarotzer – ein Lebewesen, das durch andere mit Nährstoffen und Nahrung versorgt wird und diese dabei ausbeutet. Auch die Stadt wird von außen mit Energie, Ressourcen und Lebensmitteln versorgt. Sie verschlingt, ohne sich darum zu kümmern, wie lange die Quellen vorhalten. Als Stoffwechselprodukte hinterlässt sie

Abfälle und Emissionen in großem Stil. Damit schädigt sie die Umwelt wie ein Schmarotzer seinen Wirt. Und alle Stadtbewohner*innen sind daran beteiligt.

Die Bundesbürger*innen konsumieren statistisch gesehen seit Jahren weitestgehend konstant circa 16 Tonnen Rohstoffe pro Kopf und Jahr, die zum Beispiel in Kleidung stecken, in Spielzeug, Fahrrädern und Elektrogeräten, aber auch in Baumaterialien und im Sprit für Autos. Damit verbrauchen wir zehn Prozent mehr als der europäische Durchschnitt.[192] Jede*r von uns verursacht im Schnitt gut 11 Tonnen Treibhausgase pro Jahr. In die Bilanz eingerechnet werden unter anderem Emissionen, die beim Heizen entstehen, bei der Produktion unserer Konsumgüter und Nahrungsmittel oder wenn wir mit dem Flugzeug reisen.[193] Darüber hinaus produzieren wir rund 2,7 Tonnen Bauabfälle und 0,6 Tonnen Siedlungsabfälle pro Kopf und Jahr.[194] Dazu gehört unser alltäglicher Haushaltsmüll, den wir in die Tonne stopfen, genauso wie Abfälle aus Arzt- und Rechtsanwaltspraxen, aus Büros, Schulen, Kindergärten, Krankenhäusern und Pflegeeinrichtungen sowie hausmüllähnliche Abfälle aus Gewerbe und Industrie.

Die Mengen bekommen wir allerdings gar nicht so richtig mit. Denn sowohl die Energie- und Rohstoffgewinnung als auch die Abwasserreinigung und Abfallentsorgung geschehen größtenteils außerhalb unserer Städte – unter anderem in Fabriken und Kraftwerken, Kläranlagen und Mülldeponien. Würde man den urbanen Stoffwechsel vom Umland abschneiden, würde der Stadtorganismus zugrunde gehen.

Ein zukunftsfähiges Modell kann dies allein schon wegen der begrenzten Ressourcen unseres Planeten nicht sein. Diese kommen darüber hinaus oft aus fernen Gegenden, von den Feldern und aus Minen der ganzen Welt. Ein großer Teil des Verkehrs und der zugehörigen Luftschadstoffe rührt von den Transportströmen her, die unsere Städte versorgen. Und es dürfte auch klar sein, dass bei einer insgesamt wachsenden Weltbevölkerung immer mehr Verbrauch zwangsläufig zu Übernutzung führt – und damit zu Preissteigerungen und letztlich zu Verteilungskämpfen.

Städte tun also gut daran, ihren Stoffwechsel weniger belastend zu gestalten, im Idealfall in Form eines Kreislaufs: Bestehende Materialien und Produkte werden so lange wie möglich geteilt, geleast, wiederverwendet, repariert, aufgearbeitet, recycelt und schließlich in den Produktionsprozess zurückgebracht. Das verlängert den Lebenszyklus von Produkten und reduziert die Abfallmenge – idealerweise bis hin zur *Zero Waste City*, der *Null-Abfall-Stadt.*

Zero Waste beschreibt die Idee, Siedlungsabfällen aus Haushalten, Bürogebäuden, Schulen, Krankenhäusern sowie Sperrmüll, Marktabfälle, Straßenkehricht, Bioabfälle und getrennt erfasste Wertstoffe wie Glas und Papier zu minimieren und möglichst ganz zu vermeiden. Dafür braucht es ein Umdenken vom *linearen Wirtschaftssystem*, in dem Produkte genutzt und dann einfach weggeschmissen werden, hin zu einer *Kreislaufwirtschaft.*

Städte seien im Zusammenspiel mit den kommunalen Unternehmen und der Abfallwirtschaft die entscheidenden Akteure, um diese Transformation zu schaffen, sagt Volkswirt Henning Wilts, Leiter der Abteilung Kreislaufwirtschaft am Wuppertal Institut. Die Stadt hat sich Ende 2021 dem europäischen Netzwerk *Zero Waste Europe* angeschlossen, wie inzwischen über 480 weitere Kommunen.[195]

Auch Regensburg möchte seine Abfallmengen verringern. Derzeit liegt das Gesamtabfallaufkommen der Einwohner*innen bei 580 Kilogramm pro Person und Jahr. Davon werden 280 Kilogramm weiterverwendet. Die übrigen 300 Kilogramm sollen auf 50 Kilogramm reduziert werden.[196] Um dies zu erreichen, möchte die Stadt erst einmal bestehende Initiativen stärker forcieren – von der Altkleidersammlung über ein Mehrwegpfandsystem bis hin zur Versteigerung gebrauchsfähiger Gegenstände aus dem Sperrmüll. In 15 Onlineworkshops haben die Bürger*innen über 600 Ideen und Gedanken zusammengetragen, woraus 40 bis 60 konkrete Maßnahmen umgesetzt werden sollen. Dabei geht es auch immer um Fragen wie: Was ist schnell umsetzbar, was braucht Zeit, wofür ist ein Stadtratsbeschluss nötig, was kann die Stadt überhaupt selbst umsetzen und wo müssen zuerst Partner*innen gewonnen werden?

Im Februar 2023 wurde Kiel als erste Stadt in Deutschland als Zero Waste City zertifiziert. Dafür erarbeitete die Landeshauptstadt von Schleswig-Holstein gemeinsam mit rund 450 Bürger*innen seit Herbst 2018 ein Konzept mit über 100 Maßnahmen zur Abfallvermeidung und setzt es nun stückweise um – darunter ein Zero-Waste-Adventskalender mit vielen Tipps und Tricks für einen ressourcenschonenden Alltag oder eine Stoffwindelförderung mit einer geschätzten Abfallreduzierung von 100 Tonnen.[197]

Das Konzept wurde mit Bundesförderung erstellt, wesentlich für den Erfolg sei jedoch das vielfältige gesellschaftliche Engagement gewesen, heißt es im Projektbericht. So wurde in Kiel bereits im Jahr 2014 der erste Unverpackt-Laden Deutschlands eröffnet, in dem das gesamte Sortiment lose und somit frei von Verpackungen angeboten wird. Eine Nischenlösung für gewisse Lebensmittel.

Bei der Initiative *FettFressHair* sammeln Kieler Friseursalons Haare, die, in abgelaufene Kompressionsstrümpfe gefüllt, zur Säuberung der Kieler Gewässer und der Meere eingesetzt werden. Denn Haare können viel Fett aufsaugen und eignen sich deshalb hervorragend dazu, als natürliches Reinigungsmittel gegen Verschmutzungen durch Öl, Benzin und Sonnenmilchreste eingesetzt zu werden. Ein Kilogramm Haare soll bis zu acht Kilogramm Öl aus dem Wasser filtern.[198] Bisher werden jährlich Tonnen an Haarresten von etwa 83 000 Friseursalons in Deutschland im Restmüll entsorgt, da nur wenige Haare für die Herstellung von Perücken geeignet sind. Sie bedürfen einer gewissen Dicke.

Auch Köln macht sich auf den Weg zur Zero Waste City. 200 000 Euro veranschlagte die Kommune für 2024, um die Menge des Restabfalls als Teil der Siedlungsabfälle von 225 Kilogramm pro Kopf im Jahr 2021 auf 135 Kilogramm im Jahr 2040 zu senken. Neben dem bereits umgesetzten Sammeln von Wertstoffen und Bioabfällen implementiert die Stadt zehn Startmaßnahmen, darunter die Einrichtung gemeinnütziger Reparaturwerkstätten, den Aufbau von Mehrweg- und Pfandsystemen für Gastronomie und Veranstaltungen bis hin zur Rettung von Lebensmittelabfällen. Und sie denkt darüber nach, wie gebrauchte Büromöbel und Informationstechnik ihrer Verwaltung weiterverwendet werden können.[199]

Mit *Circular Valley* – angelehnt an den Begriff *Silicon Valley* – gibt es in Wuppertal Bestrebungen, die Rhein-Ruhr-Region innerhalb dieser Dekade zum globalen Zentrum der *Circular Economy*, der Kreislaufwirtschaft, zu entwickeln. Das ist gar nicht so abwegig, versammeln sich in der Region doch auf engem Raum über 300 Weltmarktführer – große Industriekonzerne ebenso wie mittelständische *Hidden Champions*, die in ihren Nischen Vorreiter sind. Die meisten von ihnen dürften schon aus Eigeninteresse die Gestaltung nachhaltiger Produkte, Prozesse und Lieferketten vorantreiben wollen. Dazu kommen über 70 wissenschaftliche Einrichtungen, die sich mit Material- und Stoffströmen beschäftigen.[200] Und auch die Politik zieht mit. So haben die Ministerpräsidenten von Nordrhein-Westfalen und von Flandern im November 2023 eine Absichtserklärung unterschrieben, mit der sie eine »grenzüberschreitende Zusammenarbeit in der Kreislaufwirtschaft« vereinbarten.

Viele Städte in Deutschland möchten inzwischen auf Müll verzichten und sparsam wirtschaften, und zwar nicht nur aus ökologischen Gründen, sondern auch aus ökonomischen Überlegungen heraus. Volkswirt Henning Wilts schätzt, dass die europäische Wirtschaft bis zu 640 Milliarden Euro an Kosten einsparen könnte. Die Umstellung auf eine Kreislaufwirtschaft sei auch angesichts knapper werdender Rohstoffe wichtig, um den europäischen Kontinent geopolitisch unabhängig zu machen.

Die Stadt ist ein riesiges Materiallager, das wir uns durch Urban Mining zunutze machen können.

Im Lauf der Jahrhunderte hat sich in unseren Städten, Dörfern und Häusern ein Ressourcenschatz von über 50 Milliarden Tonnen an Material angehäuft. Manches davon steckt in Konsumgütern, der Großteil jedoch ist in Gebäuden und Infrastruktur wie Straßen oder Brücken verbaut. Es handelt sich dabei vor allem um mineralische Materialien wie Beton, Gips oder Ziegel, Basismetalle wie Stahl, Kupfer oder Aluminium, aber auch Kunststoffe, Asphalt oder Holz.[201] Betrachtet man die Stadt nun als gigantisches Lager oder eine Mine voller Material, könnte man dieses »abbauen« und wiederverwenden, wenn etwa Gebäude abgerissen werden – so die Idee des *Urban Mining*, des *urbanen Bergbaus*.

Im Unterschied zum Zero-Waste-Konzept geht es dabei hauptsächlich um langlebige Güter. Durch Urban Mining könnten natürliche Ressourcen geschont werden und Deutschland als rohstoffarmes Land wäre ein Stück unabhängiger von fragilen Lieferketten und dem globalen Markt.

Papier oder Glas werden schon wiederverwertet, bei Baustoffen ist das Recyclingpotenzial aber bei Weitem noch nicht ausgeschöpft. Dabei fallen jedes Jahr in Deutschland rund 250 Millionen Tonnen mineralische Abfälle an wie zum Beispiel Bodenaushub,

Bauschutt oder Schlacken aus der Metallerzeugung. Das sind etwa 60 Prozent der gesamten Abfallmenge hierzulande.[202]

Eine besondere Rolle spielt Beton, der meistgenutzte Baustoff überhaupt. Gerade die Herstellung von Stahlbeton ist mit erheblichen CO_2-Emissionen verbunden. Und Bausand[203], ein wichtiger Bestandteil von Beton und nicht zu verwechseln mit dem vom Wind rund geschliffenen, glattkörnigen Wüstensand, ist bereits so knapp, dass er auf dem Schwarzmarkt gehandelt wird. Im Hochbau wird deshalb inzwischen auch *Recycling-Beton* verwendet, dessen Kiesanteil ganz oder teilweise durch rezyklierte Gesteinskörnungen ersetzt wurde.[204]

In den meisten Fällen kommen aus Bauabfällen aufbereitete Baustoffe jedoch über ein *Downcycling* zum Einsatz, wobei das Material zwar wiederaufbereitet wird, jedoch nicht die ursprüngliche Qualität erhalten bleibt – stattdessen findet eine Abwertung statt. So werden Beton-, Ziegel- und Fliesenbauschutt vor allem zu Schüttgütern für den Straßen- und Erdbau aufbereitet. Diese sogenannten Sekundärbaustoffe gelten immer noch als Abfall – und welche Gemeinde möchte schon einen Kindergarten oder ein Museum aus Müll errichten?

Einen ersten Schritt, recycelte Baustoffe attraktiver zu machen, hat die Bundesregierung getan. Seit August 2023 gibt es deutschlandweit einheitliche Vorgaben und Qualitätsstandards für die Verwertung mineralischer Abfälle. Vorher konnte das jedes Bundesland für sich festlegen, was unter anderem zu rechtlichen Unsicherheiten bei Herstellern und Investoren führte. In einem zweiten Schritt soll nun bestimmt werden, unter welchen Bedingungen mineralische Materialien nicht mehr als Abfall gelten.

Besser als Recycling wäre es jedoch, Produkte oder Komponenten davon möglichst lange zu nutzen und wiederzuverwenden nach dem Motto *Reduce, Reuse, Recycle*. Neu ist der Gedanke nicht. Als ab dem 15. Jahrhundert mit dem Aufkommen von Kanonen mit durchschlagskräftiger Munition die Verteidigungslinie immer weiter von der Stadt abgerückt wurde, verlor die mittelalterliche Stadtmauer ihre Funktion als Befestigungsanlage. Expandierende Städte nutzten die Steine für den Bau neuer Häuser, in ärmeren Städten blieb die Mauer erhalten. So kommt es, dass zum Beispiel das Städtchen Murten heute eine der besterhaltenen Ringmauern der Schweiz hat, wohingegen in der knapp 20 Kilometer entfernten Kantonshauptstadt Fribourg nur noch Bruchteile davon erhalten sind.

Übertragen auf die heutige Bauwirtschaft, bedeutet *Reduce*, den Fokus auf den Baubestand zu legen, also mehr zu sanieren und weniger neu zu bauen. Laut einer Studie des Wuppertal Instituts verursacht die energetische Sanierung eines typischen Mehrfamilienhauses nur halb so viele CO_2-Emissionen wie ein Neubau, wenn man den gesamten Lebenszyklus des Gebäudes berücksichtigt.[205] Das Problem: Neu zu bauen, ist oft billiger und schneller als eine Sanierung.

Ein Gebäude abreißen – wenn es nach der Deutschen Umwelthilfe geht, soll das künftig genehmigungspflichtig sein. Sie schlägt als Basis dafür eine Ökobilanzierung vor. Bei unvermeidbaren Abrissen müssten dann Wiederverwendungs- und Recyclingkonzepte sicherstellen, dass Materialien nicht verschwendet würden. Die Begründung: Abriss verstärke die Wohnungskrise, indem bezahlbarer Wohnraum zerstört werde. Sanierung und Umbau hingegen könnten die Qualität im bestehenden Wohnraum sozialverträglich erhöhen und zugleich den Flächenverbrauch im Vergleich zum Neubau reduzieren. Auch der Bund Deutscher Architekten (BDA) sowie weitere Institutionen und Expert*innen fordern in einem offenen Brief einen temporären Abriss-Stopp von Gebäuden und eine Neuregelung der derzeit gültigen Vorschriften. Jeder Abriss bedürfe demnach einer Genehmigung unter der Maßgabe des Gemeinwohls, also der Prüfung der sozialen und ökologischen Umweltwirkungen.[206]

Erfreulicherweise machen sich auch immer mehr Architekt*innen für eine Herangehensweise an das Bauen stark, bei der mitbedacht wird, wie Baumaterialien hergestellt und transportiert werden. Ein großer Hebel liegt darin, gebrauchte Bauteile wiederzuverwenden. Wenn Bauelemente, die noch jahrzehntelang halten, beim Rückbau oder der Umnutzung eines Gebäudes nicht zerstört, sondern für neue Bauten wiederverwendet werden, spart das nicht nur Ressourcen. Es reduziert auch den Energieverbrauch und die Emissionen in der Erstellungsphase von Bauwerken. Für die Planenden bedeutet das ein fundamentales Umdenken, konnten sie doch bis jetzt davon ausgehen, dass alle Bauteile eines Entwurfs in der gewünschten Menge, Form und Qualität verfügbar sind. Nun müssten sie sich danach richten, welche Bauteile zum Beispiel in *Bauteilbörsen* gerade vorrätig sind – oder recherchieren, wo sie Bauteile herbekommen.

Ein Beispiel für den Einsatz gebrauchter Bauelemente ist das Rankgerüst am Science- und Erlebniscenter des Schweizer Energieversorgers Primeo in Münchenstein bei Basel. Es besteht aus Einzelteilen alter Strommasten, die dem Schweizer Netzbetreiber Swissgrid abgekauft wurden. Ursprünglich hatte das Büro Rapp Architekten geplant, die Masten als Tragstruktur für die umlaufenden Balkone zu verwenden. Weil die als Rettungswege vorgesehen waren, sich die Stahlgüte der Profile jedoch nicht mehr feststellen ließ, war diese Art der Wiederverwendung mit den Schweizer Bauvorschriften unvereinbar. So entstand die Idee einer begrünten Fassade mit Rankhilfe. Um aus den unterschiedlich langen Profilen Tragewerks- und Fassadenvarianten zu entwickeln, setzten die Architekt*innen einen Software-Algorithmus ein. Das bedeutete einiges an Mehrarbeit, denn dafür mussten die Masten erst einmal katalogisiert werden.

Ein weiteres Beispiel ist Kopenhagens Stadtviertel *Ørestad*, das als Experimentierfeld sozialverträglicher Wohnarchitektur gilt. Zu den Vorzeigeprojekten gehört die Wohnanlage *Resource Rows*. Deren straßenseitige Fassaden bestehen aus großformatigen Betonfertigteilen mit einer Verblendung aus wiederverwendeten Mauerziegeln. Gut die Hälfte der Ziegel ließen die Planenden der Lendager Group als ein mal ein Meter große Blöcke aus Abbruchhäusern heraussägen und den Rest einzeln vermauern. Die markante Patchworkstruktur ist weithin sichtbar. Ein Maurer, der so etwas in einem konventionellen Neubau versuche, müsste entweder »extrem betrunken oder künstlerisch sehr begabt sein«, sagt Architekt Anders Lendager.[207]

Die Lendager Group hat auch die 20 Reihenhäuser der *Upcycle Studios* im selben Stadtviertel entworfen. Auch dort kamen Baustoffe zum Einsatz, die sonst auf der Deponie oder in der Müllverbrennungsanlage gelandet wären. Beispielsweise wurde die Gebäudehülle aus Betonresten vom Bau der Kopenhagener U-Bahn hergestellt, während die Fenster aus verlassenen Gebäuden in Jütland stammen. Das Holz für Fassade, Fußböden und die Wandverkleidungen im Innenraum stammt aus aussortiertem Holz von einem Parketthersteller.

Heute so zu bauen, dass Bauteile und -materialien morgen für einen weiteren Nutzungszyklus in gleicher Qualität rückgebaut werden können, setzt auch ein Umdenken beim Konstruieren voraus. Das heißt: verschrauben, nicht verkleben und möglichst keine Verbundwerkstoffe, also keine Mischmaterialien, die man am Ende nur schwer oder gar nicht wieder voneinander lösen kann. Werden dagegen sortenreine Materialien verwendet, kann man ein ganzes Haus, falls nötig, am Ende wieder in seine Einzelteile zerlegen – ein perfektes Materialdepot.

Leider wurden Gebäude bislang nicht unter diesem Aspekt errichtet. Der Rückbau von Bestandsgebäuden ist deshalb oft gar nicht oder nur beschränkt möglich. Und eine Entsorgung von Bauteilen ist im Vergleich zu einem Ausbau fast immer einfacher und kostengünstiger.

Umbau und Wiederverwendung werden aber auch dadurch systematisch benachteiligt, dass Baunormen und Baugesetze vornehmlich für Neubauten ausgelegt sind. Grundlegende Fragen, wie zum Beispiel die Gewährleistung für wiederverwendete Bauteile, sind bislang noch ungeklärt.[208] Hier sind die Kommunen in der Pflicht. Sie könnten in Ausschreibungen für Bauvorhaben künftig Mindestquoten für den Einsatz von Sekundärbaustoffen definieren. Oder bei Abbrüchen und Rückbauten ein Recycling verbindlich vorschreiben.

Vicente Guallart, ehemaliger Chefarchitekt von Barcelona, fordert, Städte müssten künftig gar CO_2 absorbieren, statt es auszustoßen. Grundlage dafür seien Häuser wie Bäume, Städte wie Wälder. Er meint das wörtlich – Holz ist für ihn der Baustoff der Stunde. Der Rohstoff wächst nach und speichert dabei CO_2. Und ein Wald nutzt ausschließlich natürliche Ressourcen wie etwa Sonnenenergie. Für Guallart ist er der Inbegriff eines intakten Kreislaufs: Wenn man Natur sich selbst überlasse, entstehe ein Wald, denn der Wald habe die Fähigkeit, sich selbst zu reproduzieren. Städte müssten Teil des Naturkreislaufs werden oder wir werden alles zerstören, warnt er.[209]

Gemüse und Salat wachsen künftig in Farmscrapern, Pilze und Kräuter werden in alten Tunneln und Tiefgaragen gezüchtet.

Nach dem Prinzip einer durchgängigen urbanen Kreislaufwirtschaft müssen auch Nahrungsmittel künftig in der Stadt angebaut werden, anstatt sie um die halbe Welt zu transportieren. Die intensiven Anbaumethoden der heutigen Landwirtschaft stoßen sowieso schon an ihre Grenzen. Vielerorts sind die Böden ausgelaugt, Nitrate und Pestizide belasten die Umwelt, Grundwasserquellen versiegen, Lager- und Kühlhallen verbrauchen Platz und Energie. Dazu kommt die wachsende Weltbevölkerung. Und es ist nicht abzusehen, ob die heutigen globalen Lieferketten in einigen Jahrzehnten noch bestehen, wenn der Kampf um Ressourcen wie etwa Wasser aufgrund klimatischer Veränderungen vielleicht zu größeren Spannungen geführt hat. Wir werden nicht drum herumkommen, künftig zumindest einen Teil unserer Nahrungsmittel in unseren Städten anzubauen.

Doch freie Bodenfläche ist in den Metropolen knapp und Dachflächen sind zum Teil schon für den Klima- und Artenschutz vorgesehen oder mit Fotovoltaik oder Gebäudetechnik belegt. In Städten werden sich die Anbauflächen in Zukunft deshalb eher in die Höhe als in die Fläche ausdehnen.

Vertical Farming bezeichnet das Konzept eines übereinandergeschichteten Massenanbaus – in Hochhäusern, Containern oder ausgedienten Lagerhallen. Obst, Gemüse und Salat gedeihen dort unter maximal kontrollierten Wachstumsbedingungen, entkoppelt von ihrer natürlichen Umgebung. LED-Lampen ersetzen die Sonne, Nährstofflösungen herkömmliche Erde. Licht, Temperatur, Wasser- und Nährstoffzufuhr müssen optimal aufeinander abgestimmt sein, um die Vorteile der Hightech-Nahrungsfabriken nutzen zu können: eine ganzjährige Produktion über mehrere Etagen mit teils mehrmaligen Erntezyklen ohne Ernteausfälle aufgrund von Dürre oder Wetterkapriolen.

Eine vertikale Farm benötigt für den gleichen Ertrag bis zu 100-mal weniger Grundfläche als herkömmliche Landwirtschaft, hat Daniel Podmirseg ausgerechnet, Architekt und Gründer des Vertical Farm Institute in Wien. Da verwundert es, dass zwar seit Jahren spektakuläre Entwürfe von Pflanzentürmen, sogenannten

Farmscrapern, kursieren, aber bislang wenig in diese Richtung gebaut wurde. Eine Hürde seien die hohen Investitionskosten, erklärt Podmirseg.[210] »Technisch geht fast alles, aber es fehlen Prototypen und Daten für den wirtschaftlichen Betrieb von vertikalen Farmen.« Genau daran arbeitet das multidisziplinäre Team des Vertical Farm Institute.

Ein großer Vorteil dieser, auch *Indoor Farming* genannten, Anbauweise besteht darin, dass Wasser und Nährstoffe im Kreislauf gefahren werden können. Denn in den geschlossenen Anlagen geht kaum Wasser durch Verdunstung verloren, wie es bei der Bewässerung im Freien der Fall ist. Überschüssige Nährlösung versickert nicht. Sie wird aufgefangen und den Pflanzen von Neuem zugeführt. Es müssen nur geringe Mengen an neuen Nährstoffen zugegeben werden, die man sogar aus Gärresten von Biogasanlagen gewinnen kann. Die Indoor-Farmen könnten darüber hinaus gezielt dort errichtet werden, wo sich Synergien ergeben – etwa in der Nähe von Gewerbebetrieben, die viel Abwärme produzieren. Damit ließe sich der Wärmebedarf im Winter umweltfreundlich decken. In Städten kämen dafür zum Beispiel auch große Rechenzentren und Serverfarmen infrage, die viel Wärme erzeugen.

Denn eines der größten Probleme beim Indoor-Anbau ist der Energieverbrauch – vor allem für Kunstlicht. Am Vertical Farm Institute nutzt man eine Simulationssoftware, mit der sich auf das einzelne Projekt bezogen berechnen lässt, wie viel Energie in die Kultivierung gesteckt werden müsste. »Wenn ich die falsche Gebäudetypologie mit einer ungeeigneten Pflanze kombiniere, explodiert der Energieverbrauch«, sagt Podmirseg. Zum Beispiel sei es Unsinn, Tomaten in einem Hochhaus zu ziehen, denn Tomaten brauchen viel Tageslicht. Spargel oder Chicorée seien dort besser aufgehoben. Kleine, schnell wachsende und wenig anfällige Arten funktionieren gut – etwa Kopfsalat, Mangold, Basilikum oder Petersilie. Produkte, die viel Fläche brauchen und schwer sind, zum

Beispiel Getreide, Zuckerrüben oder Mais, sind eher ungeeignet. Und auch tierfreundliche Weidehaltung lässt sich zwischen Autolärm und Hochhausschluchten kaum realisieren.

Wobei es auch beim *Urban Farming*, der – im Unterschied zum *Urban Gardening* – gewerblichen Lebensmittelproduktion in urbanen Ballungsgebieten, immer wieder überraschende Ansätze gibt. So wird in einem ehemaligen Hafenbecken in Rotterdam professionell Milchwirtschaft betrieben. 34 Kühe sind auf der obersten Etage eines dreistöckigen schwimmenden Kuhstalls zu Hause. Dort genießen sie viel Tageslicht und frische Luft. In der Etage darunter, auf dem 27 mal 27 Meter großen Ponton, wird die Milch verarbeitet. Direkt vor Ort also. Ursprünglich wollten die Betreiber ihre schwimmende Farm als autarkes Kreislaufsystem installieren, doch die Fläche ist nicht groß genug, um eine ausreichende Futtermenge anzubauen. So bekommen die Kühe jetzt Gras von Wiesen eines Naturschutzgebiets an Land, Kartoffelschalen eines Pommes-Herstellers und die Bioabfälle einer Rotterdamer Brauerei. Ein Teil des Kuhmists düngt die städtischen Parks und Gärten. Den Kühen scheint es im Stall auf dem Wasser gut zu gehen, immerhin existiert der Betrieb bereits seit 2019.

Dass Urban Farming auch im Untergrund funktionieren kann, beweist *La Caverne* in Paris. In einer ehemaligen Tiefgarage wachsen auf 3500 Quadratmetern Austernpilze, Champignons und Shiitake sowie Endiviensalat und sogenannte *Microgreens*, also diverse Gemüse- und Kräuterkeimlinge. Diese Arten brauchen wenig bis gar kein Licht. Im Schnitt können pro Monat und pro Quadratmeter um die zwei Kilogramm Kräuter und 300 Kilogramm Endivien geerntet werden. Und auch hier wird in einem Kreislauf gewirtschaftet: Das von den Pilzen abgegebene CO_2 binden die anderen Sprossen bei ihrem Wachstum. Bioabfälle werden kompostiert und wiederverwendet. Ein ähnliches Projekt ist

Growing Underground, bei dem seit 2015 verschiedene Salate und Keimlinge in einem Weltkriegsbunker in London gedeihen.

Die Millionen Quadratmeter Fassadenflächen in unseren Städten eignen sich dagegen weniger als urbane Agrarflächen. Nicht jede Fassade kann vorgehängte Trog- und Kassettensysteme tragen, es gibt Brandschutzbestimmungen und auch die Ernte könnte zum Problem werden. Schließlich muss gewährleistet sein, dass man an die Pflanzen herankommt – schwierig wird das bei Mietshäusern oder Bürogebäuden, die von vielen verschiedenen Parteien genutzt werden. Dazu kommt: Mit steigender Gebäudehöhe verstärken sich Windgeschwindigkeiten und Temperaturunterschiede. Die Auswahl an Gewächsen, die sich in derart exponierten Lagen wohlfühlen, ist überschaubar.

Auf der Suche nach Alternativen zur Agrarproduktion an Außenfassaden richtet sich der Blick der Forschenden auf winzige Organismen, die weder Wurzeln noch Blätter haben: Mikroalgen. Sie besiedeln seit drei Milliarden Jahren unsere Meere und Böden, bewohnen Wüsten und Polregionen, haben die Fotosynthese erfunden und könnten nun die Versorgung der Menschheit mit Nahrungsmitteln und Rohstoffen revolutionieren. Denn nichts tun diese winzigen Lebewesen lieber, als aus Wasser, Sonnenlicht und Kohlendioxid etwas herzustellen – zum Beispiel Zucker, Eiweiße oder Vitamine. Oder anders gesagt: Biomasse, die geerntet werden kann.

Bislang werden Mikroalgen vornehmlich in Wasserbecken oder Wasserröhren gezüchtet, was teuer und energieaufwendig ist. Das interdisziplinäre Forschungsnetzwerk *Next Generation Biofilm* entwickelt nun Brutkästen für Mikroalgen, die als Fassadenelement eingesetzt werden können.[211] Der Prototyp ähnelt einem überdimensionierten Handtuchwärmer aus Glasröhren. Mehrere Millionen Mikroalgen pro Quadratzentimeter tummeln sich auf deren Innenseiten. Sie brauchen nicht viel Wasser, um zu wachsen – es reicht aus, sie mit Nebeltröpfchen zu besprühen. Die luftgeführten Röhren sind nur etwa halb so schwer wie mit Wasser gefüllte Modelle. Dadurch eignen sie sich für eine nachträgliche Wandmontage an Bestandsfassaden. Bei Next Generation Biofilm ist man von der Technik überzeugt: Man stehe heute da, wo man in den Achtzigerjahren mit der Fotovoltaik war – die Systeme existieren, funktionieren aber noch nicht wirtschaftlich.

Mit der U-Bahn als Kraftwerk und der Abwärme von Serverfarmen kann sich die Stadt selbst mit Energie versorgen.

Inzwischen ist die Fotovoltaik auf dem Weg, zu einer tragenden Säule der Stromversorgung in Deutschland zu werden. Im Jahr 2023 wurden in Deutschland 12,2 Prozent des erzeugten Stroms durch Fotovoltaik produziert.[212] In der urbanen Kreislaufwirtschaft, in der Städte künftig ihre eigene erneuerbare Energie gewinnen, wird Solarstrom eine noch größere Rolle spielen. Die Bundesregierung plant, bis 2030 die installierte Leistung aus Fotovoltaikanlagen von etwa 78 (Stand November 2023) auf 215 Gigawatt fast zu verdreifachen. Soll Deutschland wie anvisiert bis zum Jahr 2045 klimaneutral werden, also ein Gleichgewicht zwischen Treibhausgasemissionen und deren Abbau erreichen, müssen Gebäude künftig nicht nur weniger Energie für ihre Wärme-, Kälte- und Stromversorgung verbrauchen, sondern auch aktiv zur Erzeugung und Speicherung von Energie aus erneuerbaren Quellen beitragen.

Und hier kommen wieder die Fassadenflächen ins Spiel. Fotovoltaikmodule zur Stromerzeugung aus Sonnenenergie lassen sich nämlich inzwischen nicht mehr nur auf dem Dach installieren. Die neuesten Typen von Solarzellen integrieren sich so in Gebäude, dass sie als solche kaum mehr erkennbar sind: als Fassadenplatten glänzend oder matt und farblich breit gefächert, als semitransparente Elemente in Fensterglas oder als Teil eines Balkongeländers. Es gibt sogar biegsame Elemente in Folienform.

Allein Deutschlands Gebäudefassaden haben das Potenzial für 2200 Quadratkilometer sogenannter *bauwerkintegrierter Fotovoltaik*. Das entspricht einer Leistung von rund 450 Gigawatt, so das Ergebnis einer aktuellen Analyse des Fraunhofer-Institut für Solare Energiesysteme ISE und des Leibniz-Institut für ökologische Raumentwicklung.[213] Dazu stellten die Forschenden bundesweit 53 Millionen oberirdische Gebäudeobjekte in Form eines Klötzchenmodells nach. In der Analyse berücksichtigten sie sowohl die Gebäudeformen als auch die technischen Parameter der Fotovoltaiksysteme.

Das ist eine ganze Menge an Fläche, die zur Energieproduktion beitragen kann. Und für dieses Potenzial interessieren sich zunehmend auch Immobilieninvestoren. Die Dachfläche eines Baukörpers bleibt ja immer gleich groß. Die Fassade aber wächst mit der Höhe eines Hauses. Und da Strom nicht nur mittags genutzt wird, ist auch eine Installation an Fassaden mit Ost- oder West-Ausrichtung sinnvoll, die morgens und abends am effektivsten arbeitet. Dabei darf man bauwerkintegrierte Fotovoltaik nicht einfach als Technik zur Stromerzeugung sehen, sondern sollte sie als Bau- und Gestaltungsmaterial wie Stein oder Glas betrachten. Am Ende hat man dann nicht nur eine Fassade, die das Haus sowieso benötigt, sondern eine, die auch noch Energie erzeugt.

Doch die Stadt und ihre Infrastruktur bietet noch viel mehr Möglichkeiten der innovativen Energiegewinnung, die bislang noch kaum genutzt werden. So könnten zum Beispiel U-Bahnen künftig nicht nur Menschen von A nach B transportieren, sondern dabei gleich noch Energie liefern – zum Beispiel über *Strom-Recycling*. Nach dem Vorbild von Elektroautos könnte die beim Bremsen freigesetzte Energie wieder in elektrische Energie zurückverwandelt werden.

Die Nahverkehrsbetriebe der Stadt Wien setzen das bereits mit dem Projekt *Brake Energy* um. Über Wechselrichteranlagen in einigen U-Bahn-Stationen wird die Bremsenergie in das Wechselstromnetz der Wiener Linien eingespeist. Damit werden dann die Rolltreppen und Aufzüge betrieben und Stationen beleuchtet. Die britische Bahngesellschaft Southeastern wiederum nutzt die Vibration der Zugräder ihrer *Electrostar*-Flotte, um kleine Magnetspulen in Schwingung zu versetzen. Die so erzeugte Energie dient dem Betrieb von Sensoren am Zug, die etwa die Temperatur in den Radlagern messen. Laut Hersteller ist die Technik auf 100 Jahre ohne Wartung ausgelegt. Züge müssten also nicht mehr zum Batteriewechsel aus dem Verkehr gezogen werden.

Wind ist ein weiterer Energielieferant, der in der Stadt genutzt werden kann – ohne Windräder zu bauen. So entwickeln erste Firmen handliche Windkraftgeneratoren, die auf dem Boden zwischen U-Bahn-Gleisen montiert werden könnten. Wenn die U-Bahn durch die Tunnel darüber hinwegbraust, entsteht Wind, den die kleinen Turbinen darin in Energie umwandeln und speichern. Diese könnte dann zum Beispiel zur Beleuchtung der U-Bahnhöfe genutzt werden.

Andere Unternehmen beschäftigen sich mit piezoelektrischen Folien und Textilien, die sich aufladen, wenn sie elastisch verformt werden – zum Beispiel durch eine Windbö. Würde man sie in Fransen oder Streifen schneiden und in Durchgängen, unter Brücken oder über den Auslass von U-Bahn-Schächten aufhängen – also an Orten mit Windströmung –, könnte sich das Material durch das Flattern im Wind elektrisch aufladen. Ein Chip wandelt die elektrische Spannung dann in Strom um. Damit sich dieser einspeisen lässt, muss das Material an den Stromkreislauf angeschlossen werden.

Jeder einzelne Passant und jede Fußgängerin könnten ihren Energiebeitrag leisten – indem sie nichts anderes tun, als zu Fuß unterwegs zu sein. Es gibt Bodenplatten, die bei jedem Schritt über das Körpergewicht und Induktionsgeneratoren kleine Mengen elektrischer Energie generieren. Diese Energie kann in Batterien gespeichert werden, die an Bänken oder anderer Stadtmöblierung montiert sind. Dort lässt sich dann zum Beispiel das Smartphone aufladen. Besonders sinnvoll ist das an viel frequentierten Orten, etwa in Einkaufszentren oder an Bahnhöfen.

Ein anderer ungewöhnlicher Ansatz besteht darin, Körperwärme zu nutzen, um Gebäude zu heizen. So wird zum Beispiel das Kungsbrohuset, ein Bürohaus in Stockholm, zum Teil mit Abwärme aus dem Hauptbahnhof beheizt, durch den täglich 200 000 Menschen strömen. Ein weiteres Beispiel ist ein Wohnblock in der Rue de Beaubourg in Paris, der mit der Metrostation Rambuteau darunter verbunden ist. Das Prinzip ist ähnlich: Warme Luft aus dem U-Bahn-Tunnel passiert einen Wärmetauscher, der wiederum das Wasser für die Raumheizungen erwärmt. So werden nach Angaben der Wohnungsbaugesellschaft Paris Habitat, der das Gebäude gehört, rund 35 Prozent dessen Energiebedarfs bereitgestellt. Das Potenzial dieser Art von Abwärmenutzung ist allein für Paris enorm, wenn man davon ausgeht, dass eine Person 100 Watt auf ihrem Weg durch Bahnhöfe und U-Bahn-Stationen produziert, und wenn man weiß, dass rund 6 Millionen Menschen täglich die Pariser U-Bahn nutzen.

Auch Abwärme ist eine Ressource, die in Deutschland noch viel zu wenig Beachtung bekommt. Vor allem die Zahl der Rechenzentren, die im Zuge der Digitalisierung wächst, wird hier in den Fokus rücken. Laut dem Borderstep Institut verbrauchten

Serverfarmen 2022 allein in Deutschland 18 Milliarden Kilowattstunden Strom, Tendenz steigend.[214] Ein Großteil davon wird in den Zigtausenden Servern und anderen IT-Geräten in Wärme umgewandelt und meist ungenutzt an die Umwelt abgegeben – eine gewaltige Energieverschwendung.

Bislang lohnte es sich wirtschaftlich kaum, Abwärme zum Heizen von Wohnungen und Büros zu nutzen, zumal das vorhandene Fernwärmenetz oft ungeeignet ist, Wärme auf niedrigem Niveau aufzunehmen. Denn die Abwärme der Server beträgt nur rund 30 bis 35 Grad, die meisten Fernwärmenetze arbeiten jedoch mit 90 bis 120 Grad. Man müsste also die Fernwärmenetze anpassen, wie es in Skandinavien bereits gang und gäbe ist. Die im Oktober 2023 in Kraft getretene EU-Energieeffizienzrichtlinie nimmt allerdings eher die Betreiber der Rechenzentren in die Pflicht. Die Firmen sollen ihre Serverhallen dort bauen, wo sie Gebäude in direkter Nähe beheizen können.[215]

Einige Modellprojekte gibt es in Deutschland bereits. Das neue Rechenzentrum von VW Financial Services in Braunschweig zum Beispiel leitet einen Teil seiner Abwärme, die durch das Kühlen entsteht, in das angrenzende Wohngebiet mit 400 Wohneinheiten. Gekühlt wird mit Wasser. Über einen *Wärmetauscher* wird die Wärme auf die Nahwärmestation übertragen, die das Wohnviertel heizt. Eine Wärmepumpe sorgt für ein ausreichendes Wärmeniveau. Im neuen Wohnquartier *Westville* in Frankfurt am Main sollen auf ähnliche Weise demnächst rund 70 Prozent des Wärmebedarfs aus der Abwärme des benachbarten Rechenzentrums abgedeckt werden. Sämtliche Wohn- und Büroräume der Stadt ließen sich im Jahr 2030 theoretisch mit der Abwärme von Rechenzentren beheizen, hat der Branchenverband Eco berechnet.[216]

Wird der Strom für die Rechenzentren umweltfreundlich – etwa über Solarpaneele – gewonnen, könnten sogar energiepositive Städte entstehen: Orte, die trotz ihres hohen Energiebedarfs mehr Energie erzeugen, als sie verbrauchen. Voraussetzung dafür wäre allerdings, dass Rechenzentren und andere Abwärme generierende Industrie nicht länger in Gewerbegebieten am Stadtrand angesiedelt werden, sondern in den urbanen Zentren. Wie das aussehen könnte, zeigt unter anderem das *Amager Ressource Center* in Kopenhagen – eine Müllverbrennungsanlage mitten in der Stadt, die gleichzeitig eine urbane Skipiste ist. Entworfen hat den künstlichen Berg das Architekturbüro BIG. Es ist ein spektakuläres Projekt, das Technologie, Ökologie und Sport auf futuristische Weise verbindet.

Ein allgemeines Strategierezept zur Transformation von der Wegwerfgesellschaft zur Kreislaufwirtschaft gibt es nicht, da jede Stadt andere Grundvoraussetzungen mitbringt. Es ist jedoch essenziell, die Bevölkerung für zirkuläres Leben und Wirtschaften zu sensibilisieren, besser noch, zu begeistern. Denn die nachhaltige Stadt der Zukunft funktioniert nur, wenn ihre Bewohner*innen und Unternehmen bewusst auf endliche Ressourcen verzichten.

Positiv stimmt da der Trend zur *Sharing Economy*, der *Wirtschaft des Teilens*, die auf der gemeinschaftlichen Nutzung von Gütern beruht durch Teilen, Tauschen, Leihen, Mieten oder Schenken sowie auf der Vermittlung von Dienstleistungen. Der Gedanke ist nicht grundlegend neu, seit Langem gibt es Bibliotheken, Waschsalons, Skiverleihe, Mitfahrzentralen oder Secondhandshops. In letzter Zeit kommen aber vielerorts auch Tauschbörsen, ganze Gebrauchtwarenhäuser oder Repair-Cafés dazu. Das EU-Parlament hat im April 2024 beschlossen, dass Verbraucher*innen das Recht haben, elektronische Geräte vom Hersteller reparieren zu lassen – sofern die Reparatur nicht mehr kostet als ein Ersatzprodukt.[217]

Neu ist die Haltung vor allem der jüngeren Bevölkerung zu Eigentum, das vielfach nicht nur als unnötig, sondern als Belastung gesehen wird. Ein häufig genanntes Beispiel ist die Bohrmaschine, deren Anschaffung sich kaum lohne, da sie nur wenige Minuten pro Jahr genutzt werde. Warum kaufen, wenn man sie auch schnell und unkompliziert ausleihen kann – in der nächsten Leihbar oder per Nachbarschafts-App wie etwa *nebenan.de?* Auch kommerzielle Vermittlungsdienste im Transport- und Tourismusbereich boomen. Dazu gehören beispielsweise die als *Car-Sharing* bezeichnete kurzfristige Autovermietung, taxiähnliche Fahrdienste wie *Uber* oder die Privatzimmer-Vermittlungsplattform *Airbnb.*

DIGITALISIERUNG

WIE DURCHSCHAUBAR WOLLEN WIR SEIN?

Digitale Steuerung soll besseres Verkehrsmanagement, mehr Sicherheit, weniger Umweltverschmutzung erzielen – zum Beispiel über smarte Mülltonnen, die den Füllstand melden, oder intelligente Ampeln, die ihre Rotlichtphase dem Verkehr anpassen. Grundlage sind Sensoren, Messstationen, Kameras im öffentlichen – und manchmal auch privaten – Raum. Die Gefahr: Die Stadtbewohner*innen verlieren die Kontrolle über ihre Daten und Privatsphäre. Die Chance: Digitalisierung ermöglicht es, zielgenau Maßnahmen zu ergreifen, die maximal wirken. Es muss ja nicht gleich die ganze Stadt zur Smart City werden.

Morgens sechs Uhr. Während Sie noch fest schlafen, ist Ihr Haus oder Ihre Wohnung längst wach, um Ihnen den perfekten Start in den Tag zu bereiten. Das Wasser wird vorgeheizt, der Fußboden erwärmt – und schließlich werden Sie sanft mit Ihrer Lieblingsmusik geweckt. Die Jalousien fahren automatisch nach oben und der Duft frisch gebrühten Kaffees durchzieht das Schlafzimmer. Das Badezimmer begrüßt Sie mit Geräuschen und Gerüchen des Regenwalds, Sensoren erkennen, wann Sie zusätzliches Licht vor dem Spiegel benötigen. Die Dusche kennt Ihre bevorzugte Wassertemperatur, und wenn Sie das Bad verlassen, öffnen sich die Fenster automatisch kurz, um den Wasserdampf entweichen zu lassen. Die Küche serviert Ihnen frischen Kaffee und die neuesten Nachrichten auf dem Tablet.

Während Sie auf dem Weg ins Büro oder im Homeoffice sind, kontrolliert der Kühlschrank seinen Inhalt und bestellt über das Internet Nachschub. Der Saugroboter beginnt seine Putzrunde. Die Türsprechanlage mit Kamera beobachtet den Hauseingang in der Zwischenzeit aufmerksam und meldet auf das Smartphone: Da ist jemand! Sie sehen: Es ist nur der Postbote, kein Grund zur Aufregung. Als die Solaranlage gerade günstigen Strom erzeugt, startet sich die Waschmaschine, die Sie morgens befüllt haben. Und sollten Sie gegen Feierabend Lust auf ein entspannendes Schaumbad verspüren, teilen Sie der Badewanne per Smartphone mit, sie möge schon mal warmes Wasser einlassen.

Im *Smart Home* sind Haushaltsgeräte und Haustechnik per Tablet, Smartphone oder Sprachbefehl steuerbar. Bereits 44 Prozent der Menschen in Deutschland nutzen Smart-Home-Anwendungen schreibt der Branchenverband der deutschen Informations- und Telekommunikationsbranche Bitkom. Viele haben Funksteckdosen, smarte Dimmer oder Thermostate, welche die Heizung bei geöffnetem Fenster automatisch abschalten.

Beim Smart Home sind die einzelnen Komponenten über Kabel, Funk oder das Stromnetz miteinander verbunden. Sensoren messen die Raumtemperatur oder die Helligkeit in Zimmern, prüfen, ob Türen und Fenster geöffnet oder geschlossen sind, oder erkennen die Anwesenheit von Personen. Die Daten werden an eine zentrale Steuerungseinheit gesendet, das *Gateway*. Es ist quasi das »Gehirn« des Smart Home und kann von den Nutzenden über die Eingabegeräte angesteuert werden. So lassen sich zeitliche Abläufe und Szenarien wie etwa »Feierabend«

mit gedimmter Beleuchtung, heruntergelassenen Jalousien und der Lieblingsmusik einstellen. Die intelligente Vernetzung soll das Wohnen komfortabler, aber vor allem auch sicherer machen und dabei helfen, Energie zu sparen.

Befürworter sogenannter *Smart Cities* wollen durch Digitalisierung und vernetzte Infrastruktur auch Städte effizienter, nachhaltiger und fortschrittlicher machen. Das Prinzip ist ähnlich wie beim Smart Home: Tausende über die Stadt verteilte Sensoren, Kameras und Messstationen sammeln Daten und laden sie in die *Cloud*, die als zentrale Steuerungseinheit dient. Auf diese Weise häufen sich Berge von Daten an, die für sich genommen nicht sehr aussagekräftig sind. Um aus diesen kontinuierlich anwachsenden Datenmassen informative Aussagen zu destillieren, benötigt man Algorithmen. Sie erkennen darin Muster und Abläufe. Durch diese Datenanalyse soll die Stadt vorhersehbar und besser lenkbar werden. Die Technik hilft, Emissionen zu reduzieren, die Mobilität bequemer und effizienter zu gestalten und die Gesundheit der Bewohner zu verbessern.

So könnte man beispielsweise den Einsatz der Busflotte optimieren oder Streifenwagen vor, während und nach einem Fußballspiel verteilen. Smarte Ampeln steuern den Verkehr bedarfsgerecht, indem sie erkennen, wann Fußgänger*innen die Straße überqueren wollen und wann jemand nur zufällig neben der Ampel stehen bleibt. Smarte Straßenlampen passen ihre Beleuchtungsstärke an Verkehr und Wetter an. Smarte Mülltonnen messen den Füllstand und melden, wann sie geleert werden müssen. Smarte Bodenfliesen schlagen Alarm, falls jemand hinfällt.

Die entsprechenden Software- und IT-Anbieter versprechen vollmundig mehr Sicherheit, eine saubere Umwelt und eine verbesserte Lebensqualität. Meist soll das Verkehrs- und Ressourcen-Management optimiert werden bis hin zur Klimaneutralität. Rund um den Globus wird an der smarten Stadt der Zukunft getüftelt.

In Japan baut Toyota am Fuß des Mount Fuji mit *Woven City* gerade eine Modellstadt für Mitarbeitende des Unternehmens und deren Familien, in der Menschen, Gebäude und Fahrzeuge alle miteinander in einem vollständig vernetzten Ökosystem verbunden sind. Im Untergrund fließen Daten, Strom und Wasser, aber auch Wasserstoff. Denn die Siedlung für rund 2000 Personen gewinnt ihre Energie aus Solarkraftwerken und aus Brennstoffzellen. So will das Unternehmen nicht nur die alltägliche Mobilität CO_2-neutral machen, sondern das gesamte Leben der Bewohner*innen und der städtischen Infrastruktur. Vor Ort werden moderne Technologien getestet wie automatisierte Mobilität, Smart Home und Künstliche Intelligenz. Man will zum Beispiel erproben, wie Roboterautos, Elektroroller und Menschen unfallfrei miteinander koexistieren können.

Und Panasonic hat im April 2022 mit *Suita* im Norden von Osaka bereits seine dritte Modellstadt vollendet, nach Fujisawa südlich von Yokohama und Tsunashima bei Tokio. In Suita geht es um das Zusammenleben mehrerer Generationen, ein drängendes Thema nicht nur in Japan, wo 30 Prozent der Bevölkerung 65 Jahre oder älter sind. So achten unter anderem KI-betriebene Kameras in öffentlichen Räumen und Sensoren in Haushaltsgeräten älterer Bewohner*innen auf Stürze und Verhalten, das auf Demenz schließen lässt. Gesundheitsdaten können auf eine App geladen werden, die daraufhin personalisierte Empfehlungen gibt. Basierend auf dem Feedback der Bewohner*innen werden die Dienstleistungen angepasst. Verwaltet wird das Projekt von einem »Rat« unter Einbezug von Partner*innen, Anwohnenden, der lokalen Regierung und Forschenden.

Einen größeren Maßstab setzt *The Line* in Saudi-Arabien. Bis 2030 soll in der Wüste eine klimaneutrale Stadt für eine Million Menschen entstehen – ohne privaten Individualverkehr. Die Stadt wird ihr eigenes Steuerungssystem haben: *Neos*. »Wo andere Projekte ein Prozent der verfügbaren Daten nutzen, werden in Neos rund 90 Prozent der Daten eingespeist«, verrät Joseph Bradley, Technik- und Digitalchef bei der Neom Company, die den Bau mit realisiert.[218] Neos weiß demnach jederzeit wo sich jeder einzelne Stadtbewohnende aufhält, kennt seine Gewohnheiten und ist über dessen Gesundheitszustand informiert. Fällt jemand hin, entsendet das System Drohnen, um die Lage zu bewerten, kommen Tourist*innen am Flughafen an, schickt Neos ein autonomes Fahrzeug für die Fahrt zum Hotel. Damit das System funktioniert, werden die Bewohner*innen mit einer digitalen Kennkarte ausgestattet, auf deren Daten Dienstleistende zugreifen können – vom Transportanbieter über den Einzelhandel bis hin zur Bank.

Auch in Deutschland gibt es von Firmen geplante und betriebene smarte Siedlungen, zum Beispiel das Neubauquartier *Future Living Berlin*, ein Projekt der Wohnungsbaugesellschaft GSW. »Durch die Kooperation mit führenden Technologieunternehmen als Projektpartner ist die kontinuierliche technologische Weiterentwicklung auch in Zukunft gewährleistet. Mit der Einbindung der Bewohner sowie der Analyse ihrer Nutzungsdaten sind die beteiligten Partner in der Lage, die angebotenen Lösungen für die Nutzer gezielt zu optimieren«, steht auf der Webseite zu lesen. Und auch der Siemens-Konzern will seinen historischen Industriestandort in Berlin bis 2035 zu einem komplett neuen Stadtteil umbauen, in dem zukunftsorientierte Technologien getestet werden sollen: *Siemensstadt Square*.

Letztlich geht es um die Frage: Wem gehört die Stadt? Wer plant, wer finanziert, wer kontrolliert, wer regiert?

Hinter solchen »auf der freien Wiese« geplanten Smart Cities – wobei es sich eigentlich um abgegrenzte Siedlungen oder Quartiere handelt – stehen meist Konzerne, die Städte als potenziell lukrative Märkte sehen und die auf den Versuchsarealen die Anwendung neuer digitaler Techniken in realer Umgebung testen. Und das ist ein Problem, denn Grundlage dafür sind Daten, die in großer Vielfalt, in großen Mengen und in Echtzeit gesammelt werden – vom Bewegungsmelder in der Straßenlaterne über die Kamera am Spielplatz bis hin zum Sensor im heimischen Bad, der misst, wie häufig die Toilettenspülung läuft.

Auch die Anwohnenden selbst füttern die smarte Stadt mit ihren Daten. Schon längst ist die gern propagierte Bürgerbeteiligung häufig über Apps geregelt, über die wir zum Beispiel Schlaglöcher melden oder uns an Umfragen beteiligen können – und dabei selbstverständlich Daten generieren. Wenn wir Dienste verwenden, die etwa den Fahrweg von Bussen verfolgen oder freie Parkplätze anzeigen, geben wir auch unseren eigenen Standort bekannt. Viele von uns nutzen Apps gerne als Abnehmcoach, Einkaufs- oder Fitnessberater – und geben jedes Mal persönliche Daten preis. Darüber hinaus liefern wir durch die Nutzung oder Nichtnutzung der Angebote Informationen, die den Unternehmen und den beteiligten Partnerfirmen zeigen, welche Produkte morgen wichtig sein werden. Letztlich werden unsere Kontakte, Gewohnheiten und Bewegungen laufend erfasst und ausgewertet.

Dass solche Datensammelwut nicht immer auf Begeisterung stößt, zeigt die Aufgabe des Hightech-Quartiers *Quayside* in Toronto. Der Google-Mutterkonzern Alphabet wollte dort eine Idealstadt errichten, in der es keine Unfälle mehr geben würde, weil Roboterautos und smarte Fahrräder einander erkennen, und auch keine Überfälle mehr, weil jeder Bewohner und jede Bewohnerin einen Tracker mit sich tragen würde. Das Konzept beinhaltete unter anderem ein zentralisiertes Identitätsmanagementsystem, über das »jeder Bewohnende Zugang zu öffentlichen Diensten« wie zum Beispiel Bibliotheken und Gesundheitsversorgung erhalten hätte. Öffentliche Leistungen wie Krankenversicherungen oder Schulunterricht sollten privatisiert werden. Ganz offen sprach Alphabet davon, die bestehenden Vorstellungen von Sozialpolitik und politischer Führung »neu zu erfinden«.

Der Konzern, ein privates Unternehmen mit kommerziellen Zielen, wollte nicht nur die Infrastruktur realisieren, sondern das neue Quartier für Tausende Menschen auch nach eigenen Regeln zentral verwalten und betreiben.[219] Die Bürger*innen wehrten sich, dem IT-Riesen auf Schritt und Tritt Daten zu liefern. Es entbrannte eine Diskussion um die Macht von Unternehmen, um Datenschutz, Datensicherheit und Überwachungskapitalismus, um die Rolle der öffentlichen Hand und der privaten Akteure, die schließlich mit der Auflösung des Vertrags endete.

In den Augen global agierender Tech-Multis ist der Staat eine veraltete Hardware, die mit einer neuen Software upgedatet werden muss.[220] Google-Gründer Larry Page beklagte bereits anlässlich der Entwicklerkonferenz 2013 in San Francisco, dass er nicht das richtige *Interface* für die Regierung finde. Gesetze seien überholt und man benötige »sichere Orte, an denen wir neue Dinge ausprobieren können«. Der Technologie-Konzern IBM setzt seit geraumer Zeit auf *Cognitive Government*, das auf künstlicher Intelligenz, Spracherkennung und Robotik basiert. Die Technologie lernt mit jeder Interaktion und jeder neuen Information. Daraus resultierend soll dem Konzern zufolge Politiker*innen eine KI-gestützte Art des Regierens mit besseren Entscheidungsgrundlagen ermöglicht werden.[221]

Die Risiken von Datenmissbrauch, Hackerangriffen und Datenklau werden wohlweislich ausgeblendet. Gerade die elementaren Datenquellen der Smart City – die einfachen Messfühler und mit dem Internet verbundene Geräte – haben oft Schwachstellen im Hinblick auf Ausfall, die Nutzung falscher Daten oder den unautorisierten Zugriff auf persönliche Informationen. Außerdem lässt sich schlecht verhindern, dass Unbefugte auf Sensoren und Geräte im öffentlichen Raum zugreifen. Allein die hohe Anzahl von Komponenten ist ein Sicherheitsrisiko.

Kritiker weisen zudem darauf hin, dass die von Konzernen geförderten Visionen zu sozialer Polarisierung und Ungleichheit führen. Die Investitionen in Infrastruktur und Bevölkerungsgruppen seien selektiv nach wirtschaftlichem Gewinn ausgewählt.[222] Abgesehen von den Mitgliedern der Stadtverwaltung seien keine der Beteiligten demokratisch gewählt. Smart Cities seien ein Showroom, um das Image der dahinterstehenden Konzerne als Tech-Pioniere zu festigen und kluge Köpfe anzuziehen. Sie konzentrierten sich auf Profitstreben und seien weitestgehend ohne Kontrollmechanismen angelegt. Und zwar in einem Maß, dass Smart Cities »schwerlich außerhalb einer neoliberalen Volkswirtschaft vorstellbar« seien, wie es der Autor und Architekturkritiker Adam Greenfield ausdrückt.[223]

Und tatsächlich bestätigt sich diese Aussage, wenn man Renderings und Hochglanzbroschüren von smarten Pilotprojekten betrachtet: Da sind weite Plätze und ein paar Wasserspiele zwischen ökologisch korrekt begrünter futuristischer Architektur zu sehen – mit Firmenlogos geschmückt und bespielt von glücklichen Menschen im Business-Outfit.

Was bei den Konzepten darüber hinaus irritiert, ist die Haltung, dass die Analyse von Datenströmen effektiver sein soll als politische Lernprozesse. Die Stadt ist demnach nichts weiter als ein Konvolut aus Daten. Und die Bürger*innen sind willige Datenlieferanten. Städte werden unter dieser Prämisse nicht mehr regiert, sondern aufgrund von Zahlen optimiert und gemanagt.

So hat die Stadt Boston einen *City Score* eingeführt, der die Stadtverwaltung über den allgemeinen Zustand der Stadt informieren soll, indem bestimmte Leistungskennwerte in einer Zahl zusammengefasst werden: zum Beispiel die Reaktionszeit der Notrufzentrale, das Müllaufkommen, Baumpflege, Schlaglöcher, die Nutzung der Bibliothek. Es gibt sogar einen »Trend« für Graffitis und Schießereien.[224] Das Problem an solchen rein datengetriebenen Ansätzen: Was nicht gemessen werden kann, erscheint nicht auf der politischen Agenda.

Und das betrifft oft das Gemeinwohl, das Miteinander einer Stadtgesellschaft, eigentlich das Herz einer Stadt – und die Ursache mindestens ebenso drängender Herausforderungen wie eine überlastete Infrastruktur. Vielleicht könnte man Verdrängung durch Gentrifizierung sogar irgendwie messen oder soziale Ungleichheit, fehlende Inklusion. Aber solche Fragen sind politisch heikel – deshalb geht es bei Smart City-Konzepten oft eher um objektiv behandelbare Probleme wie verstopfte Straßen. Doch auch hier gilt: Der Einsatz eines KI-Systems mag den Verkehrsfluss verbessern, die Ursache für Stau wird es nicht benennen, geschweige denn beseitigen können.

Während sich Bürgermeister*innen durch den Einsatz von Digitalisierung und Vernetzung in erster Linie Lösungen für konkrete Probleme in Bereichen wie Verkehrsführung, Energieverbrauch oder Abfallentsorgung erhoffen, erwarten die Bürger*innen von Smart Cities schlicht mehr Lebensqualität. Genau das versprechen die Laborstädte von Toyota, Panasonic und Siemens: fließenden Verkehr, saubere Luft, weniger Lärm, mehr Grün. Genügt das?

»Stadt würde ich das nicht nennen«, sagt Stadtforscherin Tatjana Schneider.[225] Die Leiterin des Instituts für Geschichte und

Theorie der Architektur und Stadt an der TU Braunschweig beschäftigt sich seit Jahren mit den soziokulturellen und politischen Aspekten von Stadtplanung. »Stadt ist für mich ein Ort, an dem viele Menschen und Kulturen zusammenkommen, die sich sonst nicht treffen würden.« Die Technik schaffe es im Moment noch nicht, diese zufälligen Begegnungen zu reproduzieren. Eine lebenswerte Stadt bedeute, »dass Kinder auf den Straßen spielen können, dass ganz viel Grün da ist, dass die Innenstädte nicht mehr nur auf Konsum ausgerichtet sind, dass mehr am Gemeinwohl orientierte Orte geplant werden«.

Wer an erste Stelle setzt, dass alles reibungslos funktionieren muss, wer das Unberechenbare und Improvisierte an die Ränder drängt, schafft Urbanität ab. Die hat viel mit Aufenthaltsqualität zu tun, mit Plätzen, die nicht komplett durchgestaltet sind, mit Orten, an denen man sich auch ganz zufällig begegnen kann.

Auch den dänischen Stadtplaner Jan Gehl interessiert es, warum sich Leute an bestimmten Orten gerne aufhalten, ob sie sich auf eine Parkbank setzen und warum nicht. »Jede Stadt kann Leute haben, die herumlaufen – wenn zum Beispiel die Distanz vom Bahnhof zur Uni groß ist. Eine gute Stadt wird viele Leute haben, die nicht herumlaufen. Weil sie die Umgebung genießen«, sagt er.[226] Als ersten Schritt bei Beratungsprojekten versucht Gehl deshalb herauszufinden, wie viele Plätze es in einer Stadt gibt, auf denen man sitzen kann, ohne dafür bezahlen zu müssen. Wie viele öffentliche Parkbänke gibt es? Wo würde man sie am besten platzieren? Und dann stellt er eine Menge neue Bänke auf. Wozu man einlade, das bekomme man auch, betont Gehl.

Zusammenfassend lässt sich sagen, dass urbane Digitalisierung sicherlich in einigen Bereichen als krisenhaft wahrgenommen werden kann. Sie bietet aber dennoch gute Möglichkeiten, ein Stadtgefüge besser zu verstehen und die Erkenntnisse für nachhaltige

Stadtplanung einzusetzen. Und die meisten Smart-City-Konzepte in Europa werden auch nicht für komplett neue Hightechsiedlungen geplant, sondern müssen in bestehende Stadtstrukturen integriert werden.

Die Frage stellt sich, wie Behörden bestehender Städte mit ihren Verwaltungsakten, Hierarchieebenen und langwierigen Gesetzgebungsverfahren auf die Geschwindigkeit einer datengetriebenen Gesellschaft antworten. »Es vollzieht sich gerade eine Machtverschiebungen in der Stadtentwicklung«, sagt Jochen Rabe, Professor für Urbane Resilienz und Digitalisierung am Einstein Center Digitale Zukunft in Berlin.[227] Die Digitalisierung der Stadt geschehe so schnell, dass ein langfristiges Planen und ein Verwalten allein nicht mehr ausreichten. »Den Behörden muss ermöglicht werden, in Zukunft zusätzlich Prozesse zu moderieren.«

Als Beispiel nennt er die App *Gieß den Kiez*, auf der man einzelne Berliner Stadtbäume adoptieren kann.[228] Wer seinen Baum gegossen hat, gibt diese Information in der App ein. Die App ist da, die Leute nutzen sie und die Stadt muss nun mit ihrer langfristig angelegten Baumpflege durch Gemeindegärtner*innen auf Tausende einzelne Maßnahmen reagieren. Und zwar zeitnah, sonst kann es passieren, dass einzelne Bäume übergossen werden.

Und die besten Echtzeitdaten haben nun mal Technologiekonzerne wie Google oder Apple. Übermittelt bekommen sie sie zu einem großen Teil direkt von der Bevölkerung, freiwillig, über deren Smartphones, die tagtäglich benutzt werden. Denn Apps sind als nützliche Helfer im Alltag einfach nicht mehr wegzudenken. Jochen Rabe plädiert deshalb an dieser Stelle für die Kooperation mit den Unternehmen. »Warum neue digitale Systeme aufbauen, um Daten zu generieren, die es bereits in viel besserer Qualität und Quantität gibt?« Allerdings müssten dafür neue rechtliche Grundlagen gelegt werden, Daten im Sinne des Gemeinwohls zugänglich zu machen.

Trotz Beteiligung des Bundes an Förderprojekten: die hohen Investitionen in die Digitalisierung der Städte werden nicht ohne private Investoren finanziert werden können. Gewinnorientierte Unternehmen werden aber nur dann ein Interesse daran haben, wenn sie im Gegenzug die Nutzungsrechte über die generierten Daten erhalten, um damit neue Geschäftsmodelle zu entwickeln. Eine Alternative wären Public-Private-Partnerships, die öffentlich-private Kofinanzierung von Projekten. Sie dürften deshalb für die digitale Transformation in Deutschland eine wachsende Rolle spielen. Es bleibt die Frage, welche Daten die Bürger*innen zu Verfügung stellen wollen, um von einer scheinbar kostenlosen Infrastruktur profitieren zu können. Umso wichtiger ist es, dass die Politik möglichst bald die Rahmenbedingungen für die Datennutzung festlegt.

Der digitale Zwilling ist ein virtuelles Abbild der realen Stadt. Man kann damit in die Zukunft schauen.

In Deutschland gibt es 73 vom Bund mit insgesamt 820 Millionen Euro geförderte *Modellprojekte Smart Cities* mit dem Ziel, »Digitalisierungsstrategien im Sinne einer nachhaltigen, integrierten und gemeinwohlorientierten Stadtentwicklung zu erarbeiten«. Jede beteiligte Stadt oder Region setzt eigene Schwerpunkte. Oft geht es um den Umgang mit dem Klimawandel und mit Ressourcen, um die Aufwertung der Innenstädte oder um Imagebildung, etwa als Wissensstandort.[229]

30 der beteiligten Städte bauen derzeit *digitale Zwillinge* auf, die man als interaktive Weiterentwicklungen von 3D-Stadtmodellen beschreiben könnte. Neben Gebäuden werden verschiedenste

Daten – etwa Verkehrsströme, Luftverschmutzung oder soziale Interaktionen – zu einem digitalen Abbild der Stadt zusammengefügt. Diese virtuellen Abbilder müssen ständig mit neuen Daten gefüttert werden, um aktuell zu bleiben. Auf dieser Basis können Kommunen dann zum Beispiel den Verkehr oder die Folgen von Starkregen simulieren und andere Szenarien für die Stadtentwicklung entwerfen.

Der Vorteil: Man sieht schon im Vorfeld, welche Auswirkungen eine Maßnahme oder eine bauliche Veränderung auf das Stadtgefüge haben wird – und kann dann falls nötig umplanen, bevor viel Geld in einem Projekt versenkt wird. Digitale Zwillinge machen komplexe städtische Zusammenhänge für unterschiedliche Zielgruppen nachvollziehbarer. So entsteht eine fundierte Basis für den Diskurs, für neue Möglichkeiten zur Beteiligung der Stadtgesellschaft, neue Denkansätze und letztlich schnellere Entscheidungen in der Stadtentwicklung.

Viele deutsche Städte haben schon vor geraumer Zeit mit der digitalen Transformation begonnen – aus Kostengründen meist schrittweise. Das Resultat ist ein Wildwuchs an Technologien, der eine Vielzahl nicht zueinander kompatibler Daten hervorgebracht hat. Ein Parkleitsystem hier, eine Sensortechnik dort und am besten noch von verschiedenen Dienstleistern mit unterschiedlicher Datenlage umgesetzt. Doch eine intelligente Stadt ist mehr als die Summe der Digitalisierung einzelner Sektoren. Erst mit einer ganzheitlichen Digitalstrategie können Anforderungen etwa an die Infrastruktur vereinheitlich werden. Daraus ergeben sich dann Potenziale, die über die einzelnen Bereiche der Stadt hinausgehen.

Um zum Beispiel den urbanen Wasserkreislauf anzukurbeln, der von unterschiedlichen Grundwasserständen oder lokalen Regengüssen beeinflusst wird, wäre es sinnvoll, bestehende und neue Informationen der verschiedenen kommunalen und öffentlichen Datenquellen auf einer einzigen Plattform zusammenzuführen, auf die alle beteiligten Akteure gleichermaßen Zugriff haben – den digitalen Zwilling. Damit würde es möglich, in einer sich baulich sehr langsam verändernden Stadt mit knappen Ressourcen zielgenau die richtigen Maßnahmen mit maximaler Wirkung zu ergreifen – zum Beispiel eine Antwort auf die Frage zu finden, an welchen Stellen Gründächer als Wasserspeicher am meisten bewirken würden.

Eines der 30 Modellprojekte Smart Cities ist Regensburg. Dort soll ein digitaler Energiezwilling zu einer »ökologischen und ökonomischen Energieversorgung« beitragen und Einsparpotenziale ausweisen. Dafür werden der Strom-, Wärme- und Wasserverbrauch von Gebäuden und Quartieren gemessen und in einem digitalen Modell dargestellt. Dies soll künftig auch als Informationsgrundlage für energetische Sanierungen im Stadtgebiet dienen. Als erstes Pilotprojekt wurde das genossenschaftliche Quartier *Margaretenau* ausgewählt. Im Zuge des Projekts werden auch datenschutzrechtliche Aspekte des Vorhabens untersucht.

Konstanz wiederum setzt sich unter anderem für nachhaltige Stadtlogistik auf der letzten Meile ein, indem Zulieferungen in die Innenstadt mit Lastenfahrrädern unterstützt werden. Bestimmte Stellplätze sollen für das Umladen vom Lieferwagen auf das Lastenrad reserviert werden können. Damit möchte die Stadt das Aufkommen von Kurier-, Express- und Paketdienstleistern in den zum Teil engen Gassen der Altstadt verringern. Außerdem wurde die Straßenbeleuchtung auf der Europabrücke durch LED-Lampen ausgetauscht, die nicht nur den Energieverbrauch senken, sondern auch entsprechend dem aktuellen Bedarf gesteuert werden: Ist kein Verkehr, sind die Leuchten im Ruhemodus, kommt ein Auto, erhellen sich die Lampen mitlaufend. Sie passen sich sogar an den Helligkeitsgrad der Umgebung je nach Wetter an.

Projektideen zu den unterschiedlichsten Themenfelder sollen die teilnehmenden Gemeinden smarter machen. So könnten im

Straßenverkehr etwa Fußgänger*innen, Rad- und Autofahrende via Smartphone miteinander verbunden werden und über eine künstliche Intelligenz sicher, schnell und CO_2-arm durch die Stadt geführt werden. Neue Energiekonzepte können dabei helfen, Gebäude CO_2-frei zu heizen. Ein zeitnahes Lagebild könnte die Bevölkerung eines Quartiers oder sogar einzelner Straßen vor Starkregen warnen und geeignete Schutzmaßnahmen aufzeigen. Die technischen Möglichkeiten dafür sind vorhanden.

Digitalstrategien sind nicht nur etwas für Städte. So baut der Landkreis Hof seit März 2023 mit seinen 27 Gemeinden an einem digitalen Zwilling, um unter anderem das Wassermanagement in der Region zu verbessern. Dort geht es darum, einer potenziellen Wasserknappheit frühzeitig vorzubeugen, aber auch darum, Hochwassergefahren besser einschätzen zu können. Wie verhält sich zum Beispiel ein bestimmter Bach bei verschiedenen Regenmengen? Wohin breitet sich das Wasser aus, wenn es über die Ufer tritt? Auch zum Waldmonitoring soll der digitale Zwilling Erkenntnisse bringen oder bei der Simulation von Lärm- und Luftbelastungen, wenn es darum geht, neue Gewerbegebiete auszuweisen.

»Unsere Smart City ist als agiles Projekt angelegt. Das heißt, wir entwickeln unseren digitalen Zwilling im Aufbau schon weiter«, erklärt Programmleiter Hermann Seiferth. Aus dem Modellprojekt ergäbe sich außerdem, dass viele der Anwendungen erst neu entwickelt oder getestet werden müssen. Ein Jahr wird der Aufbau der digitalen Infrastruktur mindestens dauern. Das durch den Bund geförderte Projekt selbst läuft noch bis 2027.

Als Orientierungshilfe für die Kommunen auf ihrem Weg zu digitalen Städten und Gemeinden hat der Bund 2017 die *Smart City Charta* aufgesetzt und 2021 aktualisiert.[230] Demnach sollen »neue digitale Informations- und Vernetzungstechnologien im Sinne einer gemeinwohlorientierten Stadtentwicklung in den Dienst der Bürgerinnen und Bürger« gestellt werden. Eine Smart

City stellt demnach »die Bedarfe der Menschen in den Mittelpunkt des Handelns und unterstützt im Sinne des Allgemeinwohls lokale Initiativen, Eigenart, Kreativität und Selbstorganisation«. Ebenso wichtig ist es, dass Kommunen die Digitalisierung dazu nutzen, um politische Entscheidungen und ihre Hintergründe aktiv und transparent zu kommunizieren.

Ganz im Sinn der Smart City Charta können digitale Zwillinge auch für die partizipative Stadtplanung eingesetzt werden. Denn am digitalen Abbild einer Stadt lassen sich verschiedene Szenarien anschaulich darstellen. Dazu müssen die Daten so aufbereitet sein, dass sie auch von Menschen, die nicht unbedingt technikaffin sind, genutzt und verstanden werden können.

In Hamburg wurde dazu das Online-Beteiligungstool DIPAS entwickelt und mit Erfolg eingesetzt. Bürger*innen können von zu Hause aus, mobil oder an digitalen Planungstischen während Veranstaltungen Karten, Luftbilder, Pläne, 3D-Modelle und Geodaten abrufen und Feedback zu Planungsvorhaben geben – seien dies Hochbaupläne, Infrastrukturprojekte, Grünplanungen oder Entwicklungskonzepte. Als Open Source steht die Software allen Städten zur Verfügung, Leipzig und München greifen schon darauf zurück.[231]

Auch andere Städte experimentieren mit partizipativen Angeboten und Online-Beteiligungsplattformen innerhalb der Modellprojekte Smart Cities. Kaiserslautern etwa geht ziemlich kreativ mit dem knappen Platz in der Innenstadt um: Die Stadt lässt interaktiv abstimmen, für was und für wen ein bestimmter beliebter und freier Platz temporär genutzt werden soll. Mal Skaterbahn, mal Beach-Bar mit Sand und Liegestühlen, mal Tanzfläche für Salsa-Abende. Vorschläge gibt es viele. Beim Projekt *Stadt.Raum. Wir* bestimmen die Bürger*innen, welche Idee als Nächstes umgesetzt wird. Der nicht kommerzielle »dritte Ort« soll auf diese Weise soziale Kontakte fördern und Generationen verbinden.

Cottbus fordert seine Bürger*innen dazu auf, sich über die Onlineplattform *IdeenLAB* mit Vorschlägen zur Digitalisierung des Bildungsbereichs zu beteiligen. Mittels digitaler Planungstools und fachkundiger Beratung werden bis Herbst 2024 Lösungsansätze in konkrete Projekte umgesetzt, ebenfalls unter Beteiligung der Bürger*innen. Kassel wiederum schickt den *MobiBus* zu älteren und mobilitätseingeschränkten Bürger*innen, um sie über Smart-Home-Technologien und intelligente Assistenzsysteme zu informieren, die ihnen den Alltag erleichtern können – wie zum Beispiel per App gesteuerte Türöffner.

Rostock möchte dank smarter Lösungen »noch lebens- und liebenswerter« werden und hat seinem Förderprojekt den Titel *Smile City* gegeben. Dazu hat man unter anderem einzelne Quartiere als Pilotprojekte ausgewählt, in denen die Anwohner*innen »Orte der Gemeinschaft« gestalten können: kleine Gärten, Spiel- und Sportbereiche, Grillplätze, Sitzmöglichkeiten oder Kunstinstallationen, die »aufwerten, vitalisieren und die Menschen zusammenbringen«.

Generell ist es nicht einfach, neue Techniken in bestehende Systeme zu implementieren. Das Fraunhofer-Institut für Experimentelles Software Engineering IESE begleitet die Modellprojekte Smart Cities und kam in einer Studie zu dem Schluss, dass es nicht den einen digitalen Zwilling geben wird, der für alle Städte passt.[232] Zu unterschiedlich sind die jeweiligen Ausgangslagen. Ein Problem bestünde zum Beispiel darin, dass die benötigten Daten meist an verschiedenen Stellen des Behördengefüges gespeichert sind. Es müssen erst technische Schnittstellen geschaffen werden, um sie miteinander verbinden zu können. Mittelfristig soll ein Baukastensystem für urbane digitale Zwillinge geschaffen werden, von dem vor allem auch kleinere Kommunen mit begrenzten finanziellen Mitteln profitieren.[233]

Seit 2019 verfolgt der Branchenverband Bitkom den Digitalisierungsgrad deutscher Großstädte ab 100 000 Einwohnern und stellt die Ergebnisse regelmäßig im *Smart City Index* vor.[234] Untersucht werden die Themenbereiche Verwaltung, IT und Kommunikation, Energie und Umwelt, Mobilität sowie Gesellschaft, zuletzt kam das Thema Bildung dazu. Das aktuelle Ranking von 2023 führt München vor Hamburg und Köln an. Unter den Top Ten sind aber auch kleinere Städte wie Aachen, Osnabrück oder Ulm. Was negativ auffällt: Nur vier von zehn Großstädten verwenden behördenübergreifend elektronische Akten und viele Bürgerservices sind immer noch nicht digital verfügbar. Dafür erfassen 89 Prozent der deutschen Großstädte Umweltdaten, 75 Prozent setzen auf smarte Straßenbeleuchtung und 72 Prozent auf intelligente Ampeln. Zwar fährt in Deutschland nur jeder vierte Bus mit emissionsarmem Antrieb, aber bereits jede zweite Stadt arbeitet an Projekten zum autonomen Fahren im ÖPNV.

In Europa gelten Kopenhagen, Wien und Barcelona als führende Städte. Schaut man sich jedoch den globalen *IMD Smart City Index Report* von 2023 an, stehen mit Zürich, Lausanne und Genf gleich drei Schweizer Städte auf einem der ersten zehn Plätze.[235] Und auch Skandinavien ist mit Oslo, Kopenhagen, Helsinki und Stockholm überdurchschnittlich unter den besten zehn vertreten. Abgesehen von Abu Dhabi und Dubai liegen die Top-20-Städte entweder in Europa oder im asiatisch-pazifischen Raum, was einen globalen Wandel verdeutlicht. Anhand von 141 analysierten Städten zeigt der Bericht einige interessante Trends auf. So haben mittelgroße Städte in Europa eine solide Position, was darauf hindeutet, dass Größe für die Digitalisierung nicht immer ein Vorteil ist. Weiter ist ein Übergang von technologiezentrierten zu menschenzentrierten Modellen zu beobachten. Städte verfolgen einen integrativeren, vielfältigeren und nachhaltigeren Ansatz.

Städte können durch Digitalisierung funktionsfähiger, transparenter und sicherer werden, aber auch anfälliger für Sabotage. Um die Technik herumkommen werden wir nicht. Umso wichtiger ist es, sich vor diesem Hintergrund mit Fragen des Datenschutzes, der Datenhoheit und Informationssicherheit auseinanderzusetzen und Regeln aufzustellen, die eine Privatisierung und Kommerzialisierung des öffentlichen Raumes durch Tech-Konzerne verhindern und Entscheidungsbefugnisse nicht dem Markt überlassen. Nicht direkt messbare Themen wie soziale Ungleichheit bedürfen besonderer Aufmerksamkeit, damit sie nicht unter den Tisch fallen.

Rechenzentren und die sonstige Nutzung digitaler Technologien sind heute laut dem Weltklimarat IPCC bereits für rund zwölf Prozent des weltweiten Stromverbrauchs verantwortlich. Durch rechenintensive Anwendungen wie künstliche Intelligenz, Streaming oder autonomes Fahren wird der Anteil bis 2025 auf 30 Prozent ansteigen, schätzen Fachleute. Der Stromverbrauch in Deutschland lag 2023 bei rund 517 Terawattstunden.

Mit der Digitalisierung besteht die Gefahr, dass nach der autogerechten Stadt mit der Smart City ein weiteres Mal ein technikgetriebenes Leitbild das menschliche Lebensumfeld in den Hintergrund drängt. Dabei wäre es wichtig, den menschlichen Maßstab wieder in den Fokus zu rücken. Schließlich werden wir auch morgen noch gleich groß sein, gleich schnell laufen können und genauso weit gucken. Die Smart City kann eine Antwort auf die Herausforderungen der urbanen Gegenwart sein, wenn Planende, Stadtverwaltung und Privatwirtschaft mit den ihnen zur Verfügung gestellten Daten verantwortungsbewusst umgehen. Jedoch wird sie kaum anders aussehen als die heutige Stadt. Der Unterschied wird darin liegen, wie wir sie nutzen und betreiben.

FAZIT

SO BEKOMMEN WIR UNSERE STÄDTE ZURÜCK

WIE WOLLEN WIR IN ZUKUNFT WOHNEN?

Auf diese Frage wird es nach wie vor so viele verschiedene Antworten geben wie Menschen, die in und um unsere Städte leben. Wir alle haben unsere individuellen Wünsche, Vorstellungen und Rahmenbedingungen. Vielleicht ist Ihnen nach der Lektüre dieses Buches verständlicher oder überhaupt erst bewusst geworden, was für Sie eine lebenswerte Stadt ausmacht? Womöglich hat ein Thema an Bedeutung gewonnen, im besten Fall haben Sie neue Ideen für Ihr persönliches Wohnumfeld bekommen und Lust, sich für Ihr Stadtviertel, für Ihre Stadt zu engagieren.

Nicht alle Maßnahmen sind für alle Städte gleich sinnvoll, doch eine gerechte Stadtplanung hat immer alle Menschen im Blick mit dem Ziel, ein gutes Leben für alle zu ermöglichen. Egal, ob es um die barrierefreie Zugänglichkeit von Museen oder Stadtbussen geht, um die gleichberechtigte Nutzung von Straßenraum, um naturnahe Grünflächen, um die Reduktion von Stressfaktoren, um einen zukunftsorientierten Umgang mit Abfall und Baumaterialien oder um bezahlbaren und angemessenen Wohnraum. Eine Stadt, die sich Ungleichheiten aktiv annimmt, wird lebenswerter für viele.

Das Beispiel der autogerechten Stadt der Fünfzigerjahre, die auf das Rollenbild des Mannes als Familienoberhaupt und Alleinernährer ausgelegt war (siehe Kapitel Gesellschaft), macht es im Rückblick deutlich: Die Gesellschaft wandelt und verändert sich. Daher ist es wichtig, verfestigte, oft machtgesteuerte Entscheidungsmuster und Prinzipien immer wieder aufs Neue zu hinterfragen, damit diese nicht einfach an den aktuellen Bedürfnissen der Menschen vorbei weiter reproduziert werden. Auch Regeln und Normen sollten wir aus dem gleichen Grund regelmäßig überdenken und anpassen.

Den Bauplan für den Wandel müssen wir alle gemeinsam erarbeiten. Denn nur, wenn sich sehr viele Menschen für ihre Umwelt interessieren, in der sie leben, entsteht Handlungsdruck für die Politik. In Zukunft werden wir uns viel ausführlicher als bisher damit beschäftigen müssen, wer für wen oder mit wem plant. Wir werden genauer hinschauen müssen, wer was finanziert, wer Zugriff auf welche Daten bekommt, wer wen an was beteiligt. Und welche Absichten und Ambitionen jeweils dahinterstecken. Es braucht mehr Transparenz in den Planungsabläufen und mehr Beteiligung der Bürger*innen. Und zwar echte, ergebnisoffene Partizipation.

Zwar ist bei Bauprojekten und Stadtplanungsprozessen immer häufiger eine gewisse Bürgerbeteiligung vorgesehen, doch üblicherweise wird die Bevölkerung erst befragt, nachdem die grundlegenden Entscheidungen bereits getroffen wurden. Ob und was gebaut wird, steht dann bereits fest und auch, wie es genutzt werden soll. Die Mitbestimmung beschränkt sich dann oft darauf, Wünsche zu sammeln, von denen am Ende kaum etwas umgesetzt wird. Das ist frustrierend. Dabei kann und soll Bürgerbeteiligung auch Spaß machen.

Idealerweise geht es bei partizipativer Arbeit an einer realen Aufgabe darum, den besten gemeinsamen Nenner zu finden. Die ideale Stadtverwaltung sieht ihre Bürger*innen als Wissens- und Inspirationsquelle, als Beirat und Expert*innenstab. Schließlich kennen die Bewohner*innen ihre Stadt selbst am besten und wissen, was überhaupt gebraucht wird und wie alle davon profitieren können. Die Planenden freuen sich auf lebhafte Diskussionen und nehmen Kritik als Anregung zu Verbesserungen auf. Die Politik ist offen für Neues und trägt nonkonforme Ergebnisse aus voller Überzeugung mit. Das ideale Beteiligungsverfahren bietet lokale Workshop-Formate ebenso wie die Möglichkeit zur digitalen Beteiligung aus der Ferne, Schulprojekte binden die Jugend ein, Stadtspaziergänge öffnen neue Perspektiven und das dreidimensionale Stadt-Umbau-Modell macht Veränderungen buchstäblich greifbar. Und natürlich stehen am Ende konkrete Ergebnisse, die auch umgesetzt werden.

Die Geschichte hat gezeigt, dass abstrakte Stadtplanungen am Reißbrett nicht funktionieren. Als der schweizerisch-französische Architekt Le Corbusier ab 1951 die Planstadt Chandigarh für den indischen Staat entworfen hatte, ging das nach hinten los. Dabei wollte die Regierung demonstrieren, dass das Land nach der Unabhängigkeit von Großbritannien nicht im Chaos versinkt. Doch Le Corbusier hatte, als er die Straßen und Wege strikt nach Intensität des Verkehrsaufkommens trennte, nicht an den indischen Alltag gedacht. Und auch nicht daran, dass Indiens heilige Kühe überall herumlaufen dürfen, Kühe im Allgemeinen keine Schilder lesen und sich nicht an Kategorien halten für Fernverkehr, Pendler*innen, Rikschas und Fahrräder.

Und auch Oscar Niemeyers Konzept für die Regierungsstadt Brasília, die 1960 eingeweiht wurde, ging nicht auf. Der Architekt hatte das Projekt hauptsächlich für Mitarbeitende des Öffentlichen Dienstes geplant. Doch die Bauarbeiter blieben einfach, nachdem sie die neue Hauptstadt Brasiliens errichtet hatten, und ließen sich am Rand der City nieder. Nach der ursprünglichen Idee sollten sich alle Gesellschaftsklassen den gleichen Raum teilen. Heute wohnen fast 90 Prozent der Menschen in den mehr als

15 Satellitenstädten, die im Lauf der Jahre rund ums Zentrum aus dem Boden gestampft wurden.

Heute hat man erkannt, dass Städte keine technokratischen, also allein von Gesichtspunkten der Technik und Verwaltung bestimmte und auf das reine Funktionieren ausgerichtete Systeme sind. Sie sind gebaute und – zumindest in Europa – in der Regel historisch gewachsene Realität, die wahrgenommen und erfahren wird und die Lebensqualität vieler Menschen beeinflusst. Demzufolge tendieren Stadtplanende wieder zu einer Durchmischung der Funktionen, zu mehr Dichte und Vielfalt – zu mehr Urbanität.

Um sich an veränderte Rahmenbedingungen und gesellschaftlichen Wandel anpassen zu können, müssen Städte Lücken und Freiräume aufweisen, die mit Neuem gefüllt werden können – baulich und im übertragenen Sinn. Denn wie wollten wir unsere Zukunft gestalten, wenn in der Gegenwart schon alles entschieden und festgezurrt ist?

Die Stadt braucht ein gewisses Maß an Elastizität, damit sich Spielräume zur Improvisation öffnen. Kleine Inseln vor unserer Haustür, die wir uns aneignen können. Das kann der vor sich hin kümmernde Seitenstreifen zwischen Gehweg und Straße sein, den die Anwohnenden mit bienenfreundlichen Wildblumen bepflanzen. Oder eine Pop-up-Galerie in einem leer stehenden Ladengeschäft, die von der Nachbarschaft temporär betrieben wird und allen zur Beteiligung offensteht. Oder eine Flohmarktaktion in den Hinterhöfen eines Stadtviertels, bei der sich Ideen für die Gestaltung des eigenen Innenhofs quasi von selbst einstellen. Oft genügt es ja schon, ein paar Topfpflanzen, einen Sonnenschirm und Liegestühle aufzustellen, um aus einer trostlosen Angelegenheit eine lauschige Sommeroase für die Hausgemeinschaft zu machen.

Bei all diesen Gelegenheiten begegnen wir den Menschen, die in unserem Viertel leben. Personen mit unterschiedlichsten kulturellen Hintergründen, Lebensentwürfen, Wertvorstellungen kommen in Kontakt. Leute, die sich sonst wahrscheinlich nie kennengelernt hätten. Und wer erst einmal miteinander ins Gespräch gekommen ist, bringt meist mehr Verständnis füreinander auf. Im besten Fall entsteht auf diese Weise ein Gefühl der Gemeinschaft und der Verantwortung für das gemeinsame Wohnumfeld.

Jugendliche oder junge Menschen interessieren sich vor allem für jene Räume in der Stadt, die von der älteren Generation noch nicht besetzt sind und nicht für deren Bedürfnisse ausgelegt wurden.[236] Meist handelt es sich um Brachflächen oder vernachlässigte Plätze. In diesen »unberührten« Räumen können sie sich ungestört aufhalten und nutzen diese auch gerne für informellen, also nicht organisierten Sport, der eine gewisse Fläche beansprucht – wie Skaten, Parkour oder BMX-Radfahren.

So haben junge Skater*innen in Hannover auf einem ungenutzten Parkplatz im Stadtteil Linden-Mitte vor einiger Zeit einen kleinen Skatepark angelegt. Eingebettet zwischen verwahrlosten Gewerbegrundstücken mit viel Wildwuchs haben sie verschiedene Skatespots gebaut. Findige Köpfe kamen schließlich auf die Idee, einen Teil der weiterhin ungenutzten Fläche für etwas Neues zu verwenden: das *PLATZprojekt.* Ziel des Containerdorfs ist es, jungen Kreativen und Start-ups einen Raum für unkonventionelle Ideen mit gemeinnützigen Ansätzen oder experimentellem Charakter in einer »selbst gemachten« Stadt zu bieten.

Das Uminterpretieren von Räumen bringt in der Regel auch eine Belebung des Ortes mit sich. Aufgabe der Stadtverwaltung muss es deshalb sein, in den Quartieren Kreativnutzungen zuzulassen und die Rahmenbedingungen einer temporären Bespielung zu erleichtern. Das Bundesinstitut für Bau-, Stadt und Raumforschung BBSR hat zu diesem Zweck die Freiraumfibel »Wissenswertes über die selbstgemachte Stadt« herausgegeben.[237] Sie enthält Regeln und Ansätze, wie man sich diese Räume in einer Stadt aneignen kann. Darüber hinaus zeigt sie rechtliche Schlupflöcher und gibt Hinweise zu Ermessensspielräumen der Kommunen, um alle vorhandenen Möglichkeiten ausschöpfen zu können.

Mut zum Handeln und Experimentieren ist gefragt, nicht nur von den Anwohnenden, sondern auch von der Politik. Und in dieser Richtung passiert auf Planungsebene einiges. Auf die Stadt als Versuchsraum zielt die Idee des *Reallabors* ab.[238] Hierbei geht es darum, neue Konzepte, Techniken und Pilotprojekte direkt in der Praxis zuerst in einzelnen Stadtvierteln auszuprobieren, zu beobachten und wissenschaftlich zu begleiten. Und bei Erfolg werden die Maßnahmen und das erworbene Wissen, wo sinnvoll, auf das gesamte Stadtgebiet ausgeweitet. Städte wie Karlsruhe, Heidelberg oder Braunschweig experimentieren mit diesem Planungsansatz.

Im Rahmen des Projekts *Zukunftsstadt Lüneburg 2030+* hat die norddeutsche Stadt in 15 Realexperimenten unter anderem untersucht, wie historische Hinterhofgärten der eng bebauten Altstadt im Zuge der Klimaanpassung gemeinschaftlich reaktiviert werden können, ohne den Denkmalschutz zu vergessen. Und wie man im *Wohnprojekte-Kontor* Menschen, die sich für alternative Formen des Wohnens interessieren oder selbst Wohnprojekte ins Leben rufen wollen, zusammenbringt mit Investor*innen, die eigene Bauvorhaben verantwortungsbewusst gestalten wollen. Oder wie die Biodiversität auf Lüneburgs Grünflächen erhöht werden kann, indem man etwa als *Blühpate* oder *Blühpatin* für 50 Cent einen Quadratmeter Wildblumenwiese wachsen lässt.

Das überregionale Verbundprojekt *Norddeutsches Reallabor* wiederum will die ganzheitliche Transformation des Energiesystems erproben.[239] Mithilfe von mehr als 20 Referenzanlagen sollen Industrie, Wärmeversorgung und Mobilitätssektor sukzessive von fossilen Energieträgern auf erneuerbare Alternativen umgestellt werden – indem man zum Beispiel in großem Umfang Abwärme nutzt. Acht Stoffumwandler, sogenannte *Elektrolyseure*, erzeugen Wasserstoff, der in verschiedenen Szenarien Fahrzeuge antreibt – vom Müllauto über Linienbusse bis hin zu Gepäcktransportern. Für ihren Einsatz werden unterschiedliche Betankungskonzepte entwickelt und umgesetzt. Begleitend untersucht man, welche Potenziale die Techniken besitzen, welche Gesetzesänderungen für den Einsatz nötig wären und welche neuen Markt- und Geschäftsmodelle sich daraus ableiten lassen.

Wie wichtig es ist, die Anwohnenden in Versuchsprojekte einzubeziehen, zeigt das Beispiel Kolumbusstraße aus München (siehe Kapitel Mobilität). Die Stadt wollte in Kooperation mit der Technischen Universität München in einer Versuchsanordnung ausloten, wie eine autofreie Umgestaltung vieler Straßen künftig aussehen könnte. In dem Pilotprojekt verbannte sie im Sommer 2023 für drei Monate die Autos aus der zentrumsnahen Straße. Parkplätze fielen zugunsten von Rollrasen, Sitzbänken und Hochbeeten weg. Für die Kinder wurde ein Sandkasten aufgestellt. Eigentlich eine schöne Sache. Doch einige Anwohner*innen fühlten sich übergangen und mit ihrem Bedürfnis nach Parkraum nicht ernst genommen. Sie klagten vor Gericht. Die Versuchsphase endete schließlich mit einem Vergleich und wurde fünf Tage früher als vorgesehen abgebrochen. Künftig will die Stadt sich bemühen, Bürger*innen bei ähnlichen Projekten früher zu beteiligen und zu informieren.

Wie man es besser machen kann, zeigt Kopenhagen. Die Stadt richtete Bürgerversammlungen ein – ein Partizipationsmodell, das sie von Toronto übernommen hat. Soll ein Projekt in einem Stadtviertel umgesetzt werden, bekommen alle Bewohner*innen dieses Viertels eine Einladung. Von beispielsweise 80 000 Einwohnenden melden sich dann vielleicht 2000 Leute an. Aus dieser Gruppe werden Menschen ausgewählt, die bestimmte Parameter – unter anderem Alter, Geschlecht, Beruf, Autobesitz oder ethnische Zugehörigkeit – proportional korrekt repräsentieren. Am Ende bleiben etwa 36 Leute übrig, die statistisch die 80 000 Menschen in dem Viertel darstellen. Diese Gruppe tauscht sich während sechs Monaten mit der Stadtverwaltung, Planenden und Forschenden der Universität zu bestimmten Aspekten aus. Am Ende werden Empfehlungen an die politischen Entscheidungsträger*innen formuliert, etwa zur Frage, wie der Anteil Autos zu Grünraum in dem betreffenden Stadtviertel sein sollte.

Der Vorteil bei dieser Art von direkter Demokratie liegt darin, dass es mehr als eine öffentliche Anhörung gibt, bei der das Risiko besteht, dass die Unzufriedenen überproportional daran teilnehmen und mehr Beschwerden einbringen als konstruktive Vorschläge. Stattdessen generieren verschiedene Expert*innen Input und die Problematiken und Bedenken werden gemeinsam mit den Betroffenen in einem längeren Prozess von allen Seiten beleuchtet und durchdacht. Die Erfahrung hat gezeigt, dass Bürger*innen, die »ihr« Quartier konkret mitgestalten können, Identität und Mit-Verantwortlichkeit für ihren Wohn- und Lebensraum entwickeln.

Partizipation ist aber kein Allheilmittel, das alle Problemzonen in Städten wieder »gerade« rückt. Stadtplanung ist anspruchsvoll und konfliktbeladen. Sie muss soziokulturelle und ökologische, technische und ökonomische Aspekte beachten. Unterschiedliche Interessen, Positionen und Ziele prallen hier aufeinander, die nicht immer miteinander vereinbar sind. Das Ringen um Lösungen ist zeitaufwendig und aufreibend.

Erschwerend kommt hinzu, dass die Stadt ein komplexes System ist, in dem alles auf vielfältige Weise mit allem zusammenhängt. Martha Thorne, langjährige Vorsitzende der Pritzker-Preis-Jury, dem »Oscar« in der Architektur, vergleicht einzelne Maßnahmen zur Veränderung in der Stadt mit einem losen Faden an einem Wollpulli: Zieht man daran, löst sich das Ganze auf und etwas Neues kann entstehen.[240] Sie zeigt das sehr schön an einem Beispiel auf: Entscheidet sich die Politik für hundert Prozent E-Autos, gibt es weniger Verkehrslärm, aber vielleicht auch mehr Unfälle, weil man die Autos nicht mehr hört. Deswegen müssten dann eventuell mehr Krankenhäuser gebaut werden. Die für die E-Autos benötigten Ladesäulen wiederum könnte man gleichzeitig als Straßenlaternen nutzen. So werden am Ende neue, multifunktionale Stadtelemente kreiert.

Weitreichende Veränderungen urbaner Systeme verursachen in der Regel erst einmal ökonomische und soziale Verwerfungen. Transformationen, und seien sie noch so vernünftig oder dringlich, werden sich deshalb nur langsam durchsetzen. Und oft lassen sie sich auch nur in zahlreichen Einzelmaßnahmen umsetzen. So ist es zum Beispiel kaum möglich, das Entwässerungssystem einer Stadt in seinen Dimensionen als Ganzes an die Erfordernisse von Starkregenereignissen anzupassen. Mit Entsiegelung und dem Anlegen von Versickerungsmulden in Parks und auf Plätzen gelingt der Wandel zur Schwammstadt in vielen Einzelschritten (siehe Kapitel Klimawandel). Andere Entwicklungen schreiten so schnell voran, dass es nicht möglich ist, langfristig zu planen, wie das Beispiel der *Gieß den Kiez*-App aufzeigt (siehe Kapitel Digitalisierung).

Meist muss es aber gar nicht der ganz große Wurf sein, um unsere Umwelt positiv zu verändern. Oft kommt man weiter mit einzelnen Maßnahmen, die sich einfach in die gewachsene Stadtstruktur einfügen lassen, und kostengünstigen Vorschlägen, die bei den zuständigen Politiker*innen und Behörden eher auf offene Ohren stoßen.

Wichtig ist es, überhaupt einmal anzufangen – mit fassbaren Projekten vor Ort und pragmatischer, lösungsorientierter Politik.

Auf diese Weise wird man die Leute auch am ehesten von Veränderungen überzeugen können. Denn der Mensch als Spezies ist träge. Wir ändern unser Verhalten nicht radikal. Allein der Gedanke an Veränderung ruft bei vielen spontanes Unbehagen hervor. Je mehr Veränderung, desto größer der Widerstand. Das hat mit der Funktionsweise unseres Gehirns zu tun. Es denkt gerne in erlernten Bahnen, denn Gewohnheiten erleichtern die Hirnarbeit und sparen Energie. Nehmen wir an, wir müssten jede Entscheidung ständig bewusst treffen, weil wir nicht auf Erfahrungen zurückgreifen könnten. In welcher Hebelstellung läuft warmes Wasser aus dem Hahn? Wie funktioniert die Kaffeemaschine? In welche Richtung sperrt der Schlüssel die Tür zu? Ohne Routine wäre unser Gehirn mit all diesen Denkleistungen überfordert.

Veränderung ist anstrengend. Wer Veränderung will, muss seinen Mitbürger*innen schmackhaft machen, was sie damit gewinnen. So, wie Bürgermeisterin Anne Hidalgo den Pariser*innen ihre Vorstellung von der Mobilitätswende nahegebracht hat, indem sie beharrlich die Vorteile von weniger Autos für Gesundheit und Sicherheit darlegte. Nach anfänglichem Widerstand hat sie damit zumindest die im Zentrum lebenden Pariser*innen überzeugt. 2023 wurde sie dafür mit dem Preis für Visionäre der Stadtentwicklung des Urban Land Institutes (ULI) ausgezeichnet. Sie habe »in den zwei Jahrzehnten ihres öffentlichen Wirkens nicht nur Paris zu einer gesünderen, integrativeren und lebenswerteren Stadt gemacht, sondern auch die Art und Weise verändert, wie andere Städte über die Möglichkeiten von morgen denken«, begründet Architektin und ULI-Vorsitzende Diane Hoskins die Auszeichnung.[241]

Manchmal ist es tatsächlich gar keine schlechte Idee, einmal einen Blick auf die Lösungsansätze anderer Städte in anderen Ländern zu werfen. Wie gehen zum Beispiel die Niederländer mit dem Thema Hochwasser um? Sie bauen mit und auf dem Wasser, statt dagegen. Vor rund 20 Jahren entstanden die ersten schwimmenden Häuser auf Pontons, die sich mit dem Wasserpegel heben und senken. Inzwischen gibt es ganze schwimmende Siedlungen, Hotels und sogar eine schwimmende Farm im Hafenbecken von Rotterdam (siehe Kapitel Ressourcen).

Und Japan geht das Thema Parken ganz anders an als die Verantwortlichen hierzulande, nämlich rigoros. Dort gibt es in den Städten kaum Platz, Autos abzustellen. Bei der Zulassung muss man einen Parkplatz nachweisen, der entweder auf dem eigenen Grundstück liegt, zur Mietwohnung gehört oder dauerhaft angemietet ist. Meist stapeln sich die Autos auf Metallpaletten zwei- und dreifach in vollautomatischen Parksystemen. Vor der Einfahrt befindet sich oft eine Drehbühne, sodass man voraus einparken und das Auto später auch wieder vorwärts herausfahren kann. Das Einparken auf dem eigenen Grundstück erfordert hingegen Millimeterarbeit. Selbst das Design vieler japanischer Kleinwagen ist auf möglichst wenig Platzverbrauch ausgelegt. Die Autos gleichen eher rollenden Containern. Parkplätze im öffentlichen Straßenraum gibt es in Großstädten wie Tokio, Osaka, Kobe oder Kyoto so gut wie nicht. Und niemand regt sich auf.

Warum sollte das, was in anderen Ländern erfolgreich angewendet wird, nicht auch bei uns funktionieren?

Wir sollten Orte, Gebäude und Infrastrukturen öfter als Reallabore betrachten. Und Experimente zulassen. Wir sollten das Prinzip des Versuchens, Scheiterns und Lernens wertschätzen und damit die Tatsache, dass eine gesunde Fehlerkultur eine Stadt nachhaltig zu einem besseren Ort machen kann.

Stadt, so wie wir sie heute verstehen, ist Vielfalt und Veränderung. Und Städte sind immer noch, nicht anders als vor 6000 Jahren, der Nährboden, auf dem spannende Ideen, grandiose Erfindungen, individuelle Lebensstile und innovative Lösungen entstehen und erprobt werden können.

Leben wir die Stadt mit all unserer Energie und Fantasie. Denn unsere gebaute Umwelt ist Ausdruck unserer Vorstellungskraft – eine der wertvollsten und außergewöhnlichsten Eigenschaften des Menschen. Nutzen wir sie.

BUCHEMPFEHLUNGEN DER AUTORIN

Bücher zum Thema, die sowohl informieren als auch gut lesbar sind – abseits trockener Fachliteratur:

Gesellschaft

Stadt der Zukunft – Wege in die Globalopolis – Friedrich von Borries, Benjamin Kasten
Fischer Taschenbuch, 3. Auflage 2021, 207 Seiten, ISBN: 978-3-596-70432-3

Die Stadt für alle – Osamu Okamura
Karl Rauch Verlag, 2020, 173 Seiten, ISBN: 978-3-7920-0379-4

Zukunftsbilder 2045 – Stella Schaller, Lino Zeddies, Ute Scheub, Sebastian Vollmar
oekom Verlag, 2023, 174 Seiten, ISBN: 978-3-96238-386-2

Städte für Menschen – Jan Gehl
jovis Verlag, 2021, 302 Seiten, ISBN: 978-3-86859-356-3

Ziemlich beste Nachbarn – Ina Brunk, Michael Vollmann
oekom Verlag, 2018, 174 Seiten, ISBN: 978-3-96238-051-9

Stress and the City – Mazda Adli
C. Bertelsmann Verlag, 2017, 383 Seiten, ISBN: 978-3-570-10270-1

Licht aus!? – Annette Krop-Benesch
Rowohlt Taschenbuch Verlag, 2019, 254 Seiten, ISBN: 978-3-499-63448-2

Mobilität

Autokorrektur – Katja Diehl
S. Fischer Verlag, 2022, 262 Seiten, ISBN: 978-3-10-397142-2

Movement – Thalia Verkade, Marco te Brömmelstroet
Scribe Verlag, 2022, 275 Seiten, Englisch, ISBN: 978-1-911344-97-1

Manifest der Freien Straße – Allianz der freien Straße (Hrsg.)
jovis Verlag, 2022, 158 Seiten, ISBN: 978-3-86859-774-5

Klimawandel

Deutschland 2050 – Nick Reimer, Toralf Staud
Kiepenheuer & Witsch, 2023, 376 Seiten, ISBN: 978-3-462-00493-9

Architekturgeschichte

Die Stadt (Band 1&2) – Lewis Mumford
dtv wissenschaft, 1979, 878 Seiten, ISBN: 3-423-04326-1

Metropolen – Ben Wilson
S. Fischer Verlag, 2022, 574 Seitem, ISBN: 978-3-10-397370-9

ANMERKUNGEN

Alle Onlinequellen zuletzt aufgerufen am 12.08.2024

1 statista (2022): Urbanisierungsgrad in Deutschland von 2000–2022. de.statista.com/statistik/daten/studie/662560/umfrage/urbanisierung-in-deutschland/

2 Osterhammel Jürgen (2020): Die Verwandlung der Welt, S. 355.

3 Berking Helmut, Löw Martina (2008): Die Eigenlogik der Städte.

4 Bornstein Marc und Helen (1976): The Pace of Life. In: Nature Nr. 259, S. 557–559.

5 Steinebach Mario (2003): Wir leben, wie wir laufen – Psychologen erforschen Gehgeschwindigkeiten in 20 deutschen Städten. Online: TUCaktuell. www.tu-chemnitz.de/tu/pressestelle/aktuell/1916

6 Löw Martina (2016): Warum jede Stadt anders tickt. www.spektrum.de/news/warum-jede-stadt-anders-tickt/1408835

7 Milgram Stanley, Jodelet Denise (1977): New Society, The way Parisians see Paris. In: New Society, Nr. 42, 787(3), S. 234–237.

8 Adli Mazda (2017): Stress and the City, S. 264/265.

9 National Trust for Historic Preservation (2014): Older, Smaller, Better. Measuring how the character of buildings and blocks influences urban vitality. Preservation Green Lab Report, S. 27 ff.

10 ARD alpha (2024): Wie Duft von der Nase ins Gehirn gelangt. www.ardalpha.de/wissen/gesundheit/geruch-riechen-gerueche-nase-geruchssinn-olfaktorisch-duft-gefuehle-sinne-geruchsverlust-100.html

11 www.odeuropa.eu

12 Menden Alexander (2020): Warum es in der Vergangenheit ein bisschen fäkal gerochen hat. www.sueddeutsche.de/panorama/europa-duft-gestank-chanel-historiker-forscher-william-tullett-1.5123293

13 Rautenberg Marius (2022): Urbanes Uruk: Die erste Großstadt der Menschheit. www.nationalgeographic.de/geschichte-und-kultur/2022/12/urbanes-uruk-die-erste-grossstadt-der-menschheit

14 Bundesinstitut für Bau-, Stadt- und Raumforschung (2020): Wachsende und schrumpfende Städte und Gemeinden in Deutschland. www.bbsr.bund.de/BBSR/DE/startseite/topmeldungen/2020-wachsend-schrumpfend.html

15 statista (2022): Einwohnerzahl der größten Städte in Deutschland am 31. Dezember 2022. de.statista.com/statistik/daten/studie/1353/umfrage/einwohnerzahlen-der-grossstaedte-deutschlands/

16 Hans Böckler Stiftung (2023): Wohnungsnot in Deutschland. www.boeckler.de/de/auf-einen-blick-17945-20782.htm

17 Statistisches Bundesamt (2024): 0,3 Prozent weniger fertiggestellte Wohnungen im Jahr 2023. www.destatis.de/DE/Presse/Pressemitteilungen/2024/05/PD24_203_31121.html
18 www.deutschland.de/de/energiewende-umschalten-auf-zukunft Stadtentwicklung
19 Statistisches Bundesamt: Demografischer Wandel. www.destatis.de/DE/Themen/Querschnitt/Demografischer-Wandel/_inhalt.html
20 Diringer Julia, Pätzold Ricarda, Trapp Jan Hendrik et al. (2022): Frischer Wind in die Innenstädte – Handlungsspielräume zur Transformation nutzen. In: Berichte, Ausgabe 3/2022, S. 6. difu.de/publikationen/2022/frischer-wind-in-die-innenstaedte
21 www.quartier2030-bw.de/landkarte/
22 www.syndikat.org/solidartransfer/
23 www.demografie-portal.de/DE/Fakten/aeltere-bevoelkerung.html
24 Statistisches Bundesamt (2019): Bevölkerung im Erwerbsalter sinkt bis 2035 voraussichtlich um 4 bis 6 Millionen. www.destatis.de/DE/Presse/Pressekonferenzen/2019/Bevoelkerung/pm-bevoelkerung.pdf
25 Statistisches Bundesamt (2022): 2035 werden in Deutschland 4 Millionen mehr ab 67-Jährige leben. www.destatis.de/DE/Presse/Pressemitteilungen/2022/12/PD22_511_124.html
26 Dribbusch Barbara (2024): Umzug im Rentenalter – Auf die Parkbank nach Altötting. www.taz.de/Umzug-im-Rentenalter/!5988168/
27 statista (2024): Anteil der bewohnten Wohnungen in Wohngebäuden nach Merkmalen des Barriereabbaus in Deutschland im Jahr 2018. de.statista.com/statistik/daten/studie/1261899/umfrage/barrierefreiheit-in-wohnungen/
28 Zhaoyang Ruixue, Scott S. B., Martire Lynn Margaret et al. (2021): Daily social interactions related to daily performance on mobile cognitive tests among older adults. In: PLOS ONE, vol. 16, issue 8.
29 Kubotsch Lara (2023): Gemeinschaft verbessert Wohlbefinden im Alter. In SWR Wissen. www.swr.de/wissen/gemeinschaft-verbessert-wohlbefinden-im-alter-100.html
30 Heißen Petra, von Kuczkowski Merle (2024): Pilotprojekt Grevesmühlen: Die erste demenzfreundliche Stadt in MV. www.ndr.de/nachrichten/info/Pilotprojekt-Grevesmuehlen-Die-erste-demenzfreundliche-Stadt-in-MV,demenz846.html
31 Janett Sandra, Fabian Carlo (2019): Wie Altersbilder und Stereotypen die Stadtentwicklung prägen. www.intergeneration.ch/de/blog/wie-altersbilder-und-stereotypen-die-stadtentwicklung-praegen/
32 Beck Gabriela (2022): Die Stadt des Mannes wird Vergangenheit. www.sueddeutsche.de/kolumne/gender-planning-stadtplanung-gendergerechtigkeit-fahrrad-1.5628088
33 Stadtgartenamt Wien: Geschlechtssensible Freiraumgestaltung. www.wien.gv.at/stadtentwicklung/alltagundfrauen/pdf/planung.pdf
34 Koldehoff Sarah (2023): Wie eine »Stadt für alle« aussehen kann. www.spektrum.de/news/stadt-fuer-alle-wie-eine-gendergerechte-stadt-aussieht/2195439
35 Sennett Richard (2019): Die offene Stadt.
36 Schubert Dirk (2016): Urban Guru: Jane Jacobs zum 100. Geburtstag. www.bauwelt.de/themen/betrifft/Urban-Guru-Jane-Jacobs-100.-Geburtstag-2601794.html
37 Wissenschaftszentrum Berlin für Sozialforschung (2023): Trennung von Arm und Reich: Städte im Osten und im Ruhrgebiet besonders betroffen. www.wzb.

eu/de/pressemitteilung/trennung-von-arm-und-reich-staedte-im-osten-und-im-ruhrgebiet-besonders-betroffen

38 Leibnitz-Institut für Bildungsverläufe (2023): Interview mit Prof. Dr. Marcel Helbig. https://www.lifbi.de/Portals/2/Publikationen/Newsletter/Interview_Marcel%20Helbig_Neue%20Studie%20soziale%20Segregation%20in%20153%20deutschen%20St%C3%A4dten.pdf

39 www.immobilienscout24.de/wohnbarometer.html

40 Statistisches Bundesamt (2024): Deutschland ist Mieterland Nr. 1 in der EU. www.destatis.de/Europa/DE/Thema/Bevoelkerung-Arbeit-Soziales/Soziales-Lebensbedingungen/Mieteranteil.html

41 Mannweiler Antonia (2024): Warum es in Deutschland so wenige Eigentümer gibt. www.tagesschau.de/wirtschaft/verbraucher/immobilien-eigentuemer-deutschland-podcast-100.html

42 Schön Britta Beate (2024): Mietpreisbremse: Neue Wohnung? So viel Miete ist erlaubt. www.finanztip.de/mietpreisbremse/

43 www.landesrecht-bw.de/bsbw/document/NJRE001518008

44 Spinnler Thomas (2024): Boom möblierter Wohnungen hebelt Mietgesetze aus. www.tagesschau.de/wirtschaft/verbraucher/moeblierter-wohnraum-mietpreisbremse-vermieter-miethoehe-aufschlaege-100.html

45 Neuhoff Johanna, Sun Jan, Lehmann-Richter Arnold (2023): Empirische und rechtswissenschaftliche Untersuchung des möblierten Mietwohnungsmarktes. Schlussbericht, S. 2. www.bmj.de/SharedDocs/Publikationen/DE/Fachpublikationen/2023_Schlussbriicht_Untersuchung_moeblierter_Mietwohnungsmarktes.html

46 www.finanz-tools.de/inflation/inflationsraten-deutschland

47 Tagesschau-Redaktion (2023): Index-Mietverträge: Immer mehr Mieten an Inflation gekoppelt. www.tagesschau.de/wirtschaft/verbraucher/mieter-immobilien-indexmieten-101.html

48 Bocksch René (2020): Großstädte bestehen mehrheitlich aus Einpersonenhaushalten. de.statista.com/infografik/21494/anteil-der-einpersonenhaushalte-in-deutschen-staedten/

49 Pestel Institut (2024): Bauen und Wohnen 2024 in Deutschland. Im Auftrag des Verbändebündnis »Soziales Wohnen«. https://igbau.de/Binaries/Binary19767/Studie-Bauen-und-Wohnen-2024-in-Deutschland.pdf

50 Kalarickal Jasmin (2024): Studie zum Mangel an Sozialwohnungen: »Der Staat ist erpressbar«. www.taz.de/Studie-zum-Mangel-an-Sozialwohnungen/!5983106/

51 Seibel Carsten (2024): Deutschland fehlen 800 000 Wohnungen – und Geywitz präsentiert einen Steuervorteil. www.welt.de/wirtschaft/article251879042/Immobilien-Deutschland-fehlen-800-000-Wohnungen-und-Geywitz-praesentiert-einen-Steuervorteil.html

52 Bundesministerium für Wohnen, Stadtentwicklung und Bauwesen (2022): Maßnahmen für eine Bau-, Investitions- und Innovationsoffensive. www.bmwsb.bund.de/SharedDocs/downloads/Webs/BMWSB/DE/veroeffentlichungen/wohnen/buendnis-wohnraum/20221012-buendnis-massnahmen.pdf

53 Voigtländer Michael (2017): Argumente für den Verkauf kommunaler Wohnungen. IW-Policy Paper 8/2018. Institut der Deutschen Wirtschaft.

54 dpa-Newskanal (2023): Online zum Beispiel auf: www.sueddeutsche.de/karriere/einkommen-fast-jeder-vierte-mit-niedriglohn-unter-14-euro-dpa.urn-newsml-dpa-com-20090101-230726-99-536819

55 Boden Cindy (2024): Sozialwohnung trotz höheren Einkommens: Passt das zusammen? www.br.de/nachrichten/bayern/sozialwohnung-trotz-hoeheren-einkommens-passt-das-zusammen,UBKvKFG
56 Schmidt-Farrent Julian (2024): Wie die Mieten in Großstädten sinken könnten. www.zdf.de/nachrichten/politik/deutschland/mieten-grossstadt-wohnungsnot-loesung-100.html
57 Continental-Umfrage (2024): Homeoffice – oder ich kündige! www.continental.com/de/presse/pressemitteilungen/umfrage-home-office/
58 ifo Institut (2023): Dreimal mehr ungenutzte Büros als vor Corona. www.ifo.de/fakten/2023-05-15/dreimal-mehr-ungenutzte-bueros-als-vor-corona
59 Scheunemann Helge (2023): Büroumnutzung bietet Potenzial für knapp 20 000 Wohnungen in Metropolen. www.jll.de/de/presse/Bueroumnutzung-bietet-Potenzial-fuer-knapp-20000-Wohnungen-in-Metropolen
60 Wilke Felicitas (2024): Umnutzung von Büroimmobilien – Home statt Office. www.sueddeutsche.de/projekte/artikel/wirtschaft/bueroimmobilien-wohnraum-umnutzung-e715798/
61 Jeric Lorenz (2023): Wohnungstausch – Wunderwaffe gegen die Wohnungsnot? www.baubiologie.de/wissen/baubiologie-magazin/gemeinschaftliches-wohnen/wohnungstausch-wunderwaffe-gegen-die-wohnungsnot
62 Sagner Pekka, Voigtländer Michael (2023): Mismatch im Wohnungsmarkt. IW-Kurzbericht 5/2023. www.iwkoeln.de/studien/pekka-sagner-michael-voigtlaender-mismatch-im-wohnungsmarkt.html
63 Beck Gabriela (2022): Und wie wollen Sie im Alter wohnen? www.sueddeutsche.de/kolumne/wohnen-im-alter-wg-soziologie-christine-hannemann-1.5660284
64 Bundesinstitut für Bau-, Stadt- und Raumforschung (2020): Clusterwohnungen – Eine neue Wohnungstypologie für eine anpassungsfähige Stadtentwicklung. www.bbsr.bund.de/BBSR/DE/veroeffentlichungen/zukunft-bauen-fp/2020/band-22.html
65 Statistisches Bundesamt (2023): Pkw-Dichte im Jahr 2022 erneut auf Rekordhoch. www.destatis.de/DE/Presse/Pressemitteilungen/2023/09/PD23_N048_46.html
66 Nobis Claudia, Kuhnimhof Tobias (2018): Mobilität in Deutschland – MID Ergebnisbericht. Studie im Auftrag des BMVI. www.mobilitaet-in-deutschland.de/archive/pdf/MiD2017_Ergebnisbericht.pdf
67 ADAC Staubilanz (2023): Deutschlandticket reduziert Staus nicht. www.adac.de/news/staubilanz-2023/
68 Andor Mark A., Gerster Andreas, Gillingham Kenneth T. et al.(2020): Running a car costs much more than people think. In: Nature. Ausgabe 580(7804), S. 453–455.
69 Williams Heike, Gellrich Angelika (2023): Umweltbewusstsein in Deutschland 2022. Ergebnisse einer repräsentativen Bevölkerungsumfrage im Auftrag des BMUV. www.umweltbundesamt.de/sites/default/files/medien/3521/publikationen/umweltbewusstsein_2022_bf-2023_09_04.pdf
70 Statista (2024): Anzahl der Pkw-Zulassungen in Deutschland von 1955 bis 2023 und Prognose für 2024. de.statista.com/statistik/daten/studie/74433/umfrage/neuzulassungen-von-pkw-in-deutschland/
71 Dick Michael (2001): Die Situation des Fahrens. Phänomenologische und ökologische Perspektiven der Psychologie. In: Hamburg: Harburger Beiträge zur Psychologie und Soziologie der Arbeit, Sonderband 3. https://tore.tuhh.de/entities/publication/5575a1eb-7c7c-4295-a8c6-10ee11be2e60

72 Burger Andreas, Bretschneider Wolfgang (2021): Umweltschädliche Subventionen in Deutschland. Umweltbundesamt, Texte 143/2021. www.umweltbundesamt.de/sites/default/files/medien/479/publikationen/texte_143-2021_umweltschaedliche_subventionen.pdf
73 Hummel Thomas, Timmler Vivien (2024): Auto first? Das war einmal. www.sueddeutsche.de/politik/stvg-neu-strassenverkehrsgesetz-aenderungen-auto-rad-fussgaenger-lux.UY2hegQRCJF4CM3X75STTR
74 Diehl Katja (2022): Autokorrektur – Mobilität für eine lebenswerte Stadt, S. 137.
75 https://dserver.bundestag.de/btd/20/029/2002903.pdf
76 Bundesministerium für Digitales und Verkehr (2024): Verkehr in Zahlen 2023/2024. https://bmdv.bund.de/SharedDocs/DE/Anlage/G/verkehr-in-zahlen23-24-pdf
77 Statista (2024): Länge des Schienennetzes der Deutschen Bahn AG in den Jahren 2000 bis 2023. https://de.statista.com/statistik/daten/studie/13349/umfrage/laenge-vom-schienennetz-der-db-ag/
78 Milam Ronald T., Birnbaum Marc, Ganso Chris et al. (2017): Closing the Induced Vehicle Travel Gap between Research and Practice. In: Transportation Research Record Journal of the Transportation Research Board 2653(1):10–16.
79 Vetterli Marc (2023): Kapazitätsreduktionen im Strassenverkehr: Erfolgsfaktoren und Praxisempfehlungen. www.ost.ch/fileadmin/dateiliste/3_forschung_dienstleistung/institute/irap/dokumente/news/web_vetterl_kapazitaetsreduktionen_im_strassenverkehr__erfolgsfaktoren_und_praxisempfehlungen.pdf
80 Criado-Perez Caroline (2019): Unsichtbare Frauen – Wie eine von Daten beherrschte Welt die Hälfte der Bevölkerung ignoriert.
81 Bundesministerium für Digitales und Verkehr BMVD (2018): Ergebnisbericht Mobilität in Deutschland – MiD, S. 4. https://bmdv.bund.de/SharedDocs/DE/Anlage/G/mid-ergebnisbericht.pdf
82 Institut für sozial-ökologische Forschung ISOE: Pendelmobilität nachhaltiger gestalten. www.pendellabor.de / www.isoe.de/fileadmin/Edit/PDF/Publ/2023/PendelLabor-Broschuere_online.pdf
83 Statista (2024): Ausgewählte Kennzahlen zu einer möglichen Paket-Lieferung mit der Tram und dem Lastenrad in Frankfurt 2020. de.statista.com/statistik/daten/studie/1126957/umfrage/paket-lieferung-mit-der-tram-in-frankfurt/
84 *Gössling S., Freytag T., Humpe A., Scuttari A. (2023): Keeping older people mobile: Autonomous transport services in rural areas. In: Transportation Research Interdisciplinary Perspectives, Volume 18.*
85 www.adac.de/rund-ums-fahrzeug/auto-kaufen-verkaufen/autokosten/uebersicht/
86 Latz Christian, Schwietering Caspar (2024): Verkehrswende wie in Paris? Grüne wollen höhere Parkgebühren für SUV. www.tagesspiegel.de/politik/verkehrswende-wie-in-paris-grunen-wollen-hohere-parkgebuhren-fur-suv-11153668.html
87 Allgemeiner Deutscher Fahrrad-Club adfc (2024): Parken im öffentlichen Raum. www.adfc.de/artikel/parken-im-oeffentlichen-raum
88 www.bverwg.de/pm/2024/28
89 Cookson Graham, Pishue Bob (2017): The Impact of Parking Pain in The US, UK and Germany. www2.inrix.com/research-parking-2017
90 Schneidemesser Dirk, Betzien Jody (2021): Local Business Perception vs. Mobility Behavior of Shoppers: A Survey from Berlin. In: Transport Findings, June 2021.

91 Mobilitätsforum Bund (2019): Mit dem Rad zum Einkauf in die Innenstadt. www.mobilitaetsforum.bund.de/DE/Themen/Wissenspool/Projekte/Projektbeispiele/Projekte/17753_mit_dem_rad_zum_einkauf_in_die_innenstad.html
92 content.tfl.gov.uk/walking-cycling-economic-benefits-summary-pack.pdf
93 dpa-infocom (2023): dpa:230816-99-850521/11
94 www.youtube.com/watch?v=TQ2f4sJVXAI
95 Henninger Julia (2024): Parkgebühren in deutschen Städten – Wo Fahrer größerer Autos schon draufzahlen. www.tagesschau.de/wirtschaft/verbraucher/suv-parkgebuehren-100.html
96 Mueller Natalie, Rojas-Rueda David, Basagaña Xavier et al. (2016): Urban and Transport Planning related Exposures and Mortality: A Health Impact Assessment for Cities. In: Environmental Health Perspectives, Vol. 125, Issue 1, S. 89–96.
97 Macher Julia (2023): Mobilität weltweit: Barcelona – im Schritttempo in eine grüne Zukunft? www.riffreporter.de/de/international/mobilitaet-weltweit-barcelona-superilles-verkehrswende-luftverschmutzung
98 www.citypopulation.de/de/spain/admin/catalu%C3%B1a/08__barcelona/
99 Arndts Miriam (2023): Vorfahrt fürs Fahrrad – Was Deutschland von Kopenhagen lernen kann. www.deutschlandfunkkultur.de/fahrrad-rad-verkehr-stadtplanung-kopenhagen-100.html
100 Zeile Peter, Resch Bernd, Loidl Martin et al. (2016): Urban Emotions and Cycling Experience – Enriching Traffic Planning for Cyclists with Human Sensor Data. In: GI Forum, Vol.1, S. 204–216.
101 Lederbogen Florian, Kirsch Peter, Haddad Leila et al. (2011): City living and urban upbringing affect neural social stress processing in humans. In: Nature, Volume 474, S. 498–501.
102 Statista (2024): Verbreitung von Stress in der deutschen Erwachsenenbevölkerung in den Jahren 2013 bis 2021. de.statista.com/statistik/daten/studie/282555/umfrage/umfrage-zur-verbreitung-von-stress-in-deutschland/
103 Adli Mazda, Schöbdorf Jonas (2020): Macht uns die Stadt krank? Wirkung von Stadtstress auf Emotionen, Verhalten und psychische Gesundheit. In: Bundesgesundheitsblatt, Vol. 63, S. 979–986.
104 Guldner Jan (2022): Was Menschen in der Stadt krank macht. www.wiwo.de/erfolg/trends/koennen-sich-nicht-dagegen-wehren-was-menschen-in-der-stadt-krank-macht/27944734.html
105 Bocksch René (2020): Großstädte bestehen mehrheitlich aus Singlehaushalten. de.statista.com/infografik/21494/anteil-der-einpersonenhaushalte-in-deutschen-staedten/
106 Statistisches Bundesamt (2023): 17 % der EU-Bevölkerung leben in überbelegten Wohnungen. www.destatis.de/Europa/DE/Thema/Bevoelkerung-Arbeit-Soziales/Soziales-Lebensbedingungen/Ueberbelegung.html
107 Hecht H., Welsch R., Viehoff J., Longo, et al. (2019): The shape of personal space. In: *Acta Psychologica*, Volume 193, S. 113–122.
108 Rapp M. A., Kluge U., Penka S. et al. (2015): When local poverty is more important than your income: mental health in minorities in inner cities. In: World Psychiatry, Vol. 14, S. 249–250.
109 www.umweltbundesamt.de/daten/flaeche-boden-land-oekosysteme/flaeche/siedlungs-verkehrsflaeche#-das-tempo-des-flachen-neuverbrauchs-geht-zuruck

110 Statistisches Bundesamt (2024): Bevölkerung wächst im Jahr 2023 um gut 0,3 Millionen Personen. www.destatis.de/DE/Presse/Pressemitteilungen/2024/01/PD24_035_124.html

111 Tichelmann Karsten Ulrich, Blome Dieter, Ringwald Sandra et al. (2019): Deutschlandstudie 2019 – Wohnraumpotenziale in urbanen Lagen. www.tu-darmstadt.de/media/daa_responsives_design/01_die_universitaet_medien/aktuelles_6/pressemeldungen/2019_3/Tichelmann_Deutschlandstudie_2019.pdf

112 https://warwick.ac.uk/newsandevents/features/what-makes-us-happy/libby-burton/

113 Frey Kilian, Burger Andreas, Dziekan Katrin et al. (2020): Verkehrswende für alle – So erreichen wir eine sozial gerechtere und umweltverträglichere Mobilität. www.umweltbundesamt.de/sites/default/files/medien/376/publikationen/2020_pp_verkehrswende_fuer_alle_bf_02.pdf

114 Klaas Katharina, Kaas Elias Alexander (2020): Die Verkehrswende ist sozial gerecht! VCD Fact Sheet 11/2020. www.vcd.org/fileadmin/user_upload/Redaktion/Themen/soziale_Verkehrswende/VCD_Fact_Sheet-_Die_Verkehrswende_ist_sozial_gerecht.pdf

115 Statistisches Bundesamt (2024): Weiterhin gut ein Fünftel der Bevölkerung von Armut oder sozialer Ausgrenzung bedroht. www.destatis.de/DE/Presse/Pressemitteilungen/2024/04/PD24_147_63.html

116 Statista (2024): Durchschnittliche Geschwindigkeit auf Hauptverkehrsstraßen deutscher Großstädte zur Hauptverkehrszeit im Jahr 2018. de.statista.com/statistik/daten/studie/1079302/umfrage/durchschnittliche-fahrgeschwindigkeit-zur-hauptverkehrszeit-in-deutschen-grossstaedten/

117 Xinye Qiu, Liuhua Shi, Laura D. Kubzansky et al. (2023): Association of Long-term Exposure to Air Pollution With Late-Life Depression in Older Adults in the US. In: Jama Network Open.

118 Steiner Johann, Vasilevska Veronika (2021): Inflammation und psychische Erkrankung. In: InFo Neurologie, volume 23(11), S. 42–51.

119 Sudimac Sonja, Sale Vera, Kühn Simone (2022): How nature nurtures: Amygdala activity decreases as the result of a one-hour walk in nature. In: Molecular psychiatry.

120 De Vries Sjerp, van Dillen Sonja, Groenewegen Peter et al. (2013): Streetscape greenery and health: stress, social cohesion and physical activity as mediators. In: Social science & medicine, vol. 94, S. 26–33.

121 World Health Organization WHO (2024): Physical Activity – Key Facts. www.who.int/news-room/fact-sheets/detail/physical-activity

122 Varnaccia Gianni, Zeiher Johannes, Lange Cornelia et al. (2018): Kindliche Adipositas: Einflussfaktoren im Blick. Das AdiMon Indikatorensystem. Im Auftrag des Robert Koch-Institut. www.rki.de/DE/Content/Gesundheitsmonitoring/Studien/Adipositas_Monitoring/AdiMon_Infobroschuere.pdf

123 Richard-Elsner Christiane (2018): Draußen spielen – ein unterschätzter Motor der kindlichen Entwicklung. In: Konrad Adenauer Stiftung, Analysen und Argumente, Volume 315.

124 www.geocaching.com/play

125 Lerche Sabine (2024): Wie öffentlicher Raum zu mehr Bewegung einladen kann. www.deutschlandfunk.de/denkfabrik-bewegung-oeffentlicher-raum-100.html

126 www.tierschutzbund.de/tiere-themen/wildtiere/wildtiere-in-staedten

127 Jansen Florian (2022): Forscher beklagt Rückgang der Artenvielfalt. www.uni-rostock.de/universitaet/kommunikation-und-aktuelles/medieninformationen/detailansicht/n/forscher-beklagt-rueckgang-der-artenvielfalt/
128 Werner Peter, Zahner Rudolf (2009): Biologische Vielfalt und Städte – Eine Übersicht und Bibliographie. BfN Skripten 245, S. 8/15/16.
129 Hochkirch Axel (2023): A multi-taxon analysis of European Red Lists reveals major threats to biodiversity. In: PLoS ONE 18(11).
130 Deutsche Anpassungsstrategie an den Klimawandel. Kabinettsbeschluss vom 17. Dezember 2008, S. 25.
131 Schroer Markus (2023): Im neuen Dickicht der Städte. www.zeit.de/kultur/2023-11/wildtiere-stadt-lebensraum-pflanzen-natur, Beitrag in Zeit Online vom 23. November 2023.
132 Weisser Wolfgang, Hensel Michael, Barath Shany et al. (2022): Creating ecologically sound buildings by integrating ecology, architecture and computational design. In: People and Nature, Volume 4(6), pages00, S. 1–17.
133 Beck Gabriela (2022): Die Stadt als Biotop. www.sueddeutsche.de/kolumne/stadtplanung-artenvielfalt-gruendaecher-1.5591609
134 https://animal-aided-design.de
135 Landesbund für Vogel- und Naturschutz in Bayern e. V. LBV (2000): Die Spatzenfibel, S. 4.
136 Bayerisches Landesamt für Umwelt; Rote Liste gefährdeter Tiere Bayerns ab 2016. www.lfu.bayern.de/natur/rote_liste_tiere/2016/index.htm
137 www.nabu.de/tiere-und-pflanzen/voegel/gefaehrdungen/11932.html
138 Landesbund für Vogel- und Naturschutz in Bayern e. V. LBV: Deutschlands Zugvögel auf großer Fahrt. www.lbv.de/ratgeber/tipps-voegel-bestimmen/die-wichtigsten-zugvoegel/
139 Rydell J., Eklöf J., Sánchez-Navarro S. (2017): Age of enlightement: longterm effects of outdoor aesthetic lights on bats in churches. In: Royal Society Open Science, 4(161077).
140 Sprau Philipp, Mouchet Alexia, Dingemanse Niels J. (2016): Multidimensional environmental predictors of variation in avian forest and city life histories. In: Behavioral Ecology, Issue 1, S. 59–68.
141 Owens A. C. S., Meyer-Rochow V. B., Yang E. (2018): Short- and mid-wavelength artificial light influences the flash signals of Aquata ficta fireflies. In: Plos One No. 13, Issue 2, S. 1–14.
142 Ratto F., Simmons B. I., Spake R. et al. (2018): Global importance of vertebrate pollinators for plant reproductive success: a meta-analysis. In: Frontiers in Ecology and the Environment, No. 16, Issue 2, S. 82–90.
143 www.nabu.de/tiere-und-pflanzen/insekten-und-spinnen/info/22683.html
144 Watts Jonathan (2020): Treat artificial light like other forms of pollution, say scientists. www.theguardian.com/environment/2020/nov/02/treat-artificial-light-form-pollution-environment
145 Falchi Fabio, Cinzano Pierantonio, Duriscoe Dan (2016): The new world atlas of artificial night sky brightness. In: Science Advances, Vol. 2, Issue 6.
146 Krop-Benesch Annette (2019): Licht aus!? Lichtverschmutzung – Die unterschätzte Gefahr. S. 61 ff.
147 Chang A., Aeschbach D., Duffy J. F., Czeisler C. A. (2015): Evening use of light-emitting eReaders negatively affects sleep, circadian timing, and next morning

alertness. In: PNAS Proceedings of the National Academy of Sciences, No. 112 / Issue 4, S. 1232–1237.

148 Phillips A. J. K., Vidafar P., Burns A. C., et al. (2019): High sensitivity and inter-individual variability in the response oft the human circadian system to evening light. PNAS Proceedings of the National Academy of Sciences, 1 901 824 116.

149 Koo Yong Seo, Song Jin-Young, Joo Eun-Yeon (2016): Outdoor artificial light at night, obesity, and sleep health: Cross-sectional analysis in the KoGES study. In: Chronobiology International, No. 33, Issue 3, S. 301–314.

150 Min Jin-Young, Min Kyoung-Bok (2018): Outdoor Artificial Nighttime Light and Use of Hypnotic Medications in Older Adults. In: JCSM Journal Clinical Sleep Medicine, No. 14, Issue 11, S. 1903–1910.

151 Burns Angus C., Windred Daniel P., Rutter Martin K. (2023): Day and night light exposure are associated with psychiatric disorders: an objective light study in > 85 000 people. In: nature mental health.

152 Steinbach Rebecca, Perkins Chloe, Tompson Lisa (2015): The effect of reduced street lighting on road casualties and crime in England and Wales. In: Journal of Epidemiology & Community Health, Vol. 69, Issue 11.

153 Schroer Sibylle, Huggins Benedikt, Böttcher Marita (2019): Leitfaden zur Neugestaltung und Umrüstung von Außenbeleuchtungsanlagen. BfN-Skripten 543.

154 Beck Gabriela (2022): »Wir sollten Licht als potenziell schädliche Emission wie Lärm behandeln«. www.sueddeutsche.de/kolumne/licht-beleuchtung-stadt-menschen-tiere-1.5688181

155 Statista (2024): Anzahl der Personen in Deutschland, die im Leben großen Wert auf Naturerfahrung legen, bzw. darauf, viel in der Natur zu sein, von 2019 bis 2023. de.statista.com/statistik/daten/studie/455678/umfrage/umfrage-in-deutschland-zur-bedeutung-von-naturerfahrung-im-leben/

156 Hammoud R., Tognin Stefania, Smythe Michael et al. (2024): Smartphone-based ecological momentary assessment reveals an incremental association between natural diversity and mental wellbeing. In: Scientific Reports 14(1).

157 Wilson Edward O., Kellert Stephen R. (1993): The Biophilia Hypothesis, S. 32.

158 Brielmann Aenne A., Buras Nir H., Salingaros Nikos A. et al. (2022): What Happens in Your Brain When You Walk Down the Street? Implications of Architectural Proportions, Biophilia, and Fractal Geometry for Urban Science. In: Urban Science, No. 6, Issue 3.

159 Flade Antje (2004): Parks und Natur in der Stadt – Konzepte und Wirkungen. Institut für Wohnen und Umwelt. www.iwu.de/fileadmin/publikationen/stadtnatur/2004_IWU_Flade_Parks-und-Natur-in-der-Stadt.pdf

160 Hoyle Helen (2021): Futureproofing urban parks and greenspaces for climate resilience, people and wildlife. Policy and practise note, University of the West of England, Bristol.

161 www.terrapinbrightgreen.com/reports/14-patterns/

162 Cooper Cary (2015): The Global Impact of Biophilic Design in the Workplace. Human Spaces Report. greenplantsforgreenbuildings.org/wp-content/uploads/2015/08/Human-Spaces-Report-Biophilic-Global_Impact_Biophilic_Design.pdf

163 Ulrich Roger S. (1984): View Through a Window May Influence Recovery from Surgery. In: Science, No. 224, S. 420–21.

164 Merlone Andrea, Pasotti Luigi, Musacchio Chiara (2024): Evaluation of the highest temperature WMO region VI Europe (continental): 48.8 °C, Siracusa Sicilia, Italy on August 11, 2021. In: International Journal of Climatology. https://doi.org/10.1002/joc.8361
165 www.dwd.de/DE/presse/pressemitteilungen/DE/2020/20200702_dach_news.html
166 Brasseur Guy P., Jacob Daniela, Schuck-Zöller Susanne (Hrsg.) (2017): Klimawandel in Deutschland. Entwicklung, Folgen, Risiken und Perspektiven, S. 64.
167 Thiery Wim, Lange Stefan, Rogelj Joeri, et al. (2021): Intergenerational inequities in exposure to climate extremes. In: Science, No. 374, Issue 6564, S. 158–160.
168 www.gerics.de/about/news_and_events/news/103043/index.php.de
169 Umweltbundesamt (2023): Hitzeaktionspläne: Status quo, Barrieren und Erfolgsfaktoren. www.umweltbundesamt.de/hitzeaktionsplaene-status-quo-barrieren
170 Reusswig Fritz (2021): Klimawandel und Klimapolitik in Berlin.
171 Peyerl Martin, Krispel Stefan (2016): Optimierter Verkehrsflächenbeton für den innerstädtischen Bereich – Stadtverkehrsflächen. www.smartminerals.at/projekte/153-optimierter-verkehrsflaechenbeton-fuer-den-innerstaedtischen-bereich-stadtverkehrsflaechen
172 Lin Kaixin, Chen Siru, Zeng Yijun, et al. (2023): Hierarchically structured passive radiative cooling ceramic with high solar reflectivity. In: Science, Vol. 382, Issue 6671.
173 Beck Gabriela (2020): Grün kühlt. www.sueddeutsche.de/wirtschaft/stadtentwicklung-gruen-kuehlt-1.4898898
174 Mühlbacher Gudrun, Koßmann Meinolf, Sedlmeier Katrin et al. (2020): Stadtklimatische Untersuchungen der sommerlichen Temperaturverhältnisse und des Tagesgangs des Regionalwindes (»Alpines Pumpen«) in München. In: Berichte des Deutschen Wetterdienstes, Band 252.
175 Schwaab Jonas, Meier Ronny, Mussetti Gianluca et al. (2021): The role of urban trees in reducing land surface temperatures in European cities. In: Nature Communications, Vol. 12, Issue 6763.
176 Rötzer T., Reischl A., Rahman M. et al.(2021): Leitfaden zu Stadtbäumen in Bayern. Handlungsempfehlungen aus dem Projekt Stadtbäume – Wachstum, Umweltleistungen und Klimawandel. Zentrum Stadtnatur und Klimaanpassung, S. 54.
177 www.berlin.de/sen/uvk/natur-und-gruen/stadtgruen/daten-und-fakten/stadtbaeume/
178 www.nabu.de/tiere-und-pflanzen/pflanzen/pflanzenwissen/04009.html
179 Rötzer T., Reischl A., Rahman M. et al. (2021): Leitfaden zu Stadtbäumen in Bayern. Handlungsempfehlungen aus dem Projekt Stadtbäume – Wachstum, Umweltleistungen und Klimawandel. Zentrum Stadtnatur und Klimaanpassung, S. 28.
180 Eppel Jürgen, Böll Susanne (2021): Fieberkurven von Stadtbäumen. Endbericht zum Forschungsvorhaben Nr. KL/18/03, Bayerische Landesanstalt für Weinbau und Gartenbau. www.lwg.bayern.de/mam/cms06/landespflege/dateien/lwg_stadtgruen2021_fieberkurven_abschlussbericht_opt_bf.pdf
181 Schilp Susanne (2023): Volkspark Hasenheide wird widerstandsfähiger gegen Trockenheit und Hitze gemacht. www.berliner-woche.de/neukoelln/c-umwelt/volkspark-hasenheide-wird-widerstandsfaehiger-gegen-trockenheit-und-hitze-gemacht_a395761

182 Loschinsky Bianca (2020): Verbessern Gründächer das Klima in der Stadt? In: Magazin der Technischen Universität Braunschweig. magazin.tu-braunschweig.de/m-post/verbessern-gruendaecher-das-klima-in-der-stadt/

183 https://networks-group.de/de/networks-4/das-projekt.html

184 Schramm Engelbert, Trapp Jan Hendrik, Stein Christian et al. (2023): Aufbau und Erhalt blau-grün-grauer Infrastrukturen für die kommunale Klimaanpassung. In: netWORKS-Papers, Band 39, S. 18. https://difu.de/publikationen/2023/aufbau-und-erhalt-blau-gruen-grauer-infrastrukturen-fuer-die-kommunale-klimaanpassung

185 https://kommunalwiki.boell.de/index.php/Starkregen

186 Beck Gabriela (2023): Die Schwamm-Fassade. www.sueddeutsche.de/wissen/klima-anpassung-fassaden-1.6218969

187 https://klimaanpassung-datenbank.rzu.ch/beispiele/302

188 www.umsicht.fraunhofer.de/de/presse-medien/pressemitteilungen/2023/messe-bau-2023-glas-folien-eindeckung-und-wasserrueckhaltesystem.html

189 www.umweltbundesamt.de/themen/wasser/extremereignisseklimawandel/trockenheit-in-deutschland-fragen-antworten#trockenheit-aktuelle-situation

190 Deutsches Zentrum für Luft- und Raumfahrt DLR (2022): Sorge um den deutschen Wald. www.dlr.de/de/aktuelles/nachrichten/2022/01/20220221_sorge-um-den-deutschen-wald

191 Marshall George (2014): Don't even think about it. Why our brains are wired to ignore climate change. In: www.klimafakten.de/kommunikation/warum-unser-gehirn-darauf-programmiert-ist-den-klimawandel-zu-ignorieren

192 Lutter Stephan, Kreimel Julia, Giljum Stefan (2023): Die Nutzung natürlicher Ressourcen in Deutschland. Ressourcenbericht 2022 für das Umweltbundesamt. In: Texte 118/2023. www.umweltbundesamt.de/sites/default/files/medien/11850/publikationen/118_2023_texte_die_nutzung_natuerlicher_ressourcen_in_deutschland.pdf

193 Statista (2024): Durchschnittliche jährliche Treibhausgasbilanz pro Person in Deutschland. Stand 2021. de.statista.com/statistik/daten/studie/1275275/umfrage/treibhausgasbilanz-pro-person/

194 www.umweltbundesamt.de/daten/ressourcen-abfall/abfallaufkommen#deutschlands-abfall

195 https://zerowasteeurope.eu/

196 www.regensburg.de/leben/umwelt/abfall-und-recycling/zero-waste

197 www.kiel.de/de/umwelt_verkehr/zerowaste/index.php

198 www.hair-help-the-oceans.com/

199 https://zerowastekoeln.de/ueber-die-initiative/

200 Erb Andreas (2023): Wuppertal – Kraftzentrum der Circular Economy. www.stadtvonmorgen.de/kreislaufwirtschaft/wuppertal-kraftzentrum-der-circular-economy-8622/

201 Müller Felix, Lehmann Christian, Kosmol Jan et al. (2017): Urban Mining – Ressourcenschonung im Anthropozän. Im Auftrag des Umweltbundesamts. www.umweltbundesamt.de/publikationen/urban-mining-ressourcenschonung-im-anthropozaen

202 Bundesministerium für Umwelt, Naturschutz, nukleare Sicherheit und Verbraucherschutz (2023): Recycelte Baustoffe werden für Bauherren attraktiver. www.bmuv.de/pressemitteilung/recycelte-baustoffe-werden-fuer-bauherren-attraktiver

203 www.nabu.de/natur-und-landschaft/meere/lebensraum-meer/gefahren/24983.html
204 Gallagher Louise (2021): It is time to treat sand as a strategic resource, not an infinitely renewable material.
205 Steger Sören, Wilts Henning, Bergs Laura et al. (2022): Energetische Sanierung von Bestandsgebäuden oder Neubau: ökologische Bewertung hinsichtlich Materialbedarf, Primärenergieverbrauch und damit verbundenen Treibhausgas-Emissionen. Endbericht im Auftrag des Wuppertal Institut.
206 https://abrissmoratorium.de/Offener-Brief
207 Interview mit Architekt Anders Lendager. Video online auf: www.detail.de/de_en/radical-re-use-anders-lendager-on-circular-construction
208 Müller Kerstin (2022): Neue Häuer aus alten Häuser. In: Besser Weniger Anders Bauen. Kreislaufgerechtes Bauen und Kreislaufwirtschaft, S. 44 ff.
209 Eggers Frank (2022): Städte der Zukunft – Aktiv lleben, aktiv Klima schützen. Video online auf: www.zdf.de/dokumentation/planet-e/planet-e-staedte-der-zukunft-100.html
210 Beck Gabriela (2019): Vertical Farming – Hausgemacht. www.sueddeutsche.de/wirtschaft/vertical-farming-hausgemacht-1.4485265
211 www.next-biofilm.de/ngb/start/pages/de/home.php
212 Statista (2024): Anteil der Photovoltaik an der Bruttostromerzeugung in Deutschland in den Jahren 2002 bis 2023. de.statista.com/statistik/daten/studie/250915/umfrage/anteil-der-photovoltaik-an-der-stromerzeugung-in-deutschland/
213 Eggers Jan-Bleicke, Behnisch Martin, Eisenlohr Johannes et al. (2020): PV Ausbauerfordernisse versus Gebäudepotenzial – Ergebnis einer gebäudescharfen Analyse für ganz Deutschland. www.ise.fraunhofer.de/content/dam/ise/de/documents/publications/conference-paper/PV-Potenzial-gebaeudescharf.pdf
214 Hintemann Ralph, Hinterholzer Simon (2022): Steigender Energie- und Ressourcenbedarf der Rechenzentrumsbranche. Borderstep Im Auftrag des Institut für Innovation und Nachhaltigkeit. www.borderstep.de/wp-content/uploads/2023/08/Borderstep_Rechenzentren2022_final.pdf
215 https://eur-lex.europa.eu/legal-content/DE/TXT/?uri=CELEX:32023L1791
216 www.eco.de/presse/rechenzentrumsstandort-frankfurt-digitalisierung-ermoeglicht-klimaneutrales-heizen-bis-2030/
217 www.europarl.europa.eu/news/de/press-room/20240419IPR20590/recht-auf-reparatur-reparieren-einfacher-und-attraktiver-machen
218 Leprince-Ringuet Daphne (2021): A city that knows your every move – Sausi Arabia's new smart city might be a glimpse oft he future. www.zdnet.com/article/a-city-that-knows-your-every-move-saudi-arabias-new-smart-city-might-be-a-glimpse-of-the-future/
219 Kofman Ava (2018): Google's »Smart City of Surveillance« faces new Resistance in Toronto. https://theintercept.com/2018/11/13/google-quayside-toronto-smart-city/
220 Lobe Adrian (2019): Wie Technologiekonzerne die Stadt optimieren wollen. www.sueddeutsche.de/wirtschaft/smart-cities-algorithmen-daten-stadtplanung-1.4277905
221 Cabrera Marquis (2017): What is cognitive Government? https://medium.com/@IBMindustries/what-is-cognitive-government-d8bd30a13e8a
222 Hollands Robert G. (2015): Critical Interventions into the Corporate Smart City. In: Cambridge Journal of Regions, Economy and Society 8, No. 1, S. 61–77.

223 Greenfield Adam (2013): Against the Smart City.
224 www.boston.gov/innovation-and-technology/cityscore
225 Beck Gabriela (2022): Interview mit Stadtforscherin Tatjana Schneider – Wir diskutieren zu viel über Ästhetik. www.sueddeutsche.de/kolumne/stadtplanung-architektur-autos-bauen-1.5548460
226 Eggers Frank (2021): Unterwegs nach Utopia. Film online auf: www.3sat.de/kultur/kulturdoku/unterwegs-nach-utopia-100.html
227 Beck Gabriela (2021): Die Stadt der Zukunft. www.sueddeutsche.de/wirtschaft/metropolen-infrastruktur-wohnen-mobilitaet-daten-umwelt-1.5477974
228 www.giessdenkiez.de/
229 www.smart-city-dialog.de/modellprojekte-smart-cities
230 Günthner Stephan, Schweitzer Eva, Jakubowski Peter et al. (2021): Smart City Charta. Im Auftrag des Bundesinstitut für Bau-, Stadt- und Raumforschung. www.smart-city-dialog.de/system/files/media/181/1689337882/2021_Smart-City-Charta.pdf
231 https://dipas.org/
232 Brandt Sarah, Henningsen Jens, Hess Steffen et al. (2023): Digitale Zwillinge – Potenziale in der Stadtentwicklung. Im Auftrag des Bundesinstitut für Bau-, Stadt- und Raumforschung. www.iese.fraunhofer.de/content/dam/iese/publikation/smart-city-digitale-zwillinge-stadtentwicklung-fraunhofer-iese.pdf
233 Schubbe Nicole, Boedecker Mathias, Moshrefzadeh Mandan et al. (2023): Urbane Digitale Zwillinge als Baukastensystem: Ein Konzept aus dem Projekt Connected Urban Twins (CUT), zfv, 148. Jahrgang, 1/2023.
234 Lange Felix, Bitkom (2023): Smart City Index 2023. www.bitkom.org/sites/main/files/2024-03/Bitkom-Studienbericht-Smart-City-Index-2023.pdf
235 www.imd.org/wp-content/uploads/2023/04/smartcityindex-2023-v7.pdf
236 Haury Stephanie (2021): Neue Formen der Raumaneignung von unten – Die Bedeutung informeller Ansätze für die Sport- und Stadtentwicklung. https://playground-landscape.com/de/article/2541-neue-formen-der-raumaneignung-von-unten-die-bedeutung-informeller-ansaetze-fuer-die-sport-und-stadtentwicklung.html
237 Haury Stephanie, Willinger Stephan, Röding Anja et al. (2016): Frei Raum Fibel – Wissenswertes über die selbstgemachte Stadt. www.bbsr.bund.de/BBSR/DE/veroeffentlichungen/sonderveroeffentlichungen/2016/freiraum-fibel.html
238 www.bmwk.de/Redaktion/DE/Dossier/reallabore-testraeume-fuer-innovation-und-regulierung.html
239 https://norddeutsches-reallabor.de/projekt/
240 Beck Gabriela (2023): Neue Spielregeln! Bericht zur Konferenz Architecture Matters in München 2023. www.bauwelt.de/das-heft/heftarchiv/Neue-Spielregeln-3964128.html
241 www.architekturblatt.de/anne-hidalgo-buergermeisterin-von-paris-erhaelt-2023-den-weltweiten-uli-preis-fuer-visionaere-der-stadtentwicklung/

Gabriela Beck ist Dipl.-Ing. für Architektur mit Schwerpunkt Stadtplanung und schreibt seit vielen Jahren als Fachjournalistin zu nachhaltigem Städtebau und Zukunftstrends im Wohnwesen, u. a. für die *Süddeutsche Zeitung*. Sie ist zudem im Netzwerk Klimajournalisten aktiv. Als Münchnerin erlebt sie selbst die negativen Auswirkungen steigender Mieten und sich verstärkender Wohnungleichheit auf das Stadtgefüge. Langweilige Bauträgerarchitektur ist ihr darüber hinaus ein Dorn im Auge.